远驿集

杨钦章 著

中国海外交通史研究会
福建省泉州海外交通史博物馆 编

海洋出版社

2021年·北京

图书在版编目（CIP）数据

远驿集/杨钦章著.—北京：海洋出版社，2021.8
ISBN 978-7-5210-0812-8

Ⅰ.①远… Ⅱ.①杨… Ⅲ.①宗教史-泉州-文集②海上运输-交通运输史-泉州-文集 Ⅳ.①B292.2-53②F552.9-53

中国版本图书馆CIP数据核字（2021）第176090号

责任编辑：张　荣
责任印制：安　淼

海洋出版社　出版发行

http://www.oceanpress.com.cn
北京市海淀区大慧寺路8号　邮编：100081
廊坊一二〇六印刷厂印刷　新华书店北京发行所经销
2021年8月第1版　2021年9月第1次印刷
开本：787 mm×1092 mm　1/16　印张：20
字数：300千字　定价：158.00元
发行部：62100090　邮购部：62100072　总编室：62100034
海洋版图书印、装错误可随时退换

前　言

拙著《远驿集》即将由海洋出版社出版，首先，我要感谢我曾经就职的福建省泉州海外交通史博物馆的两任馆长王连茂和丁毓玲的关心与支持，才使拙著有幸成为海交馆系列出版物之一；其次，感谢在本书的编校过程中，海交馆陈丽华、李静蓉、陈少丰、林仪、肖彩雅、王丽明、林瀚、薛彦乔等付出了艰辛的努力；同时，还要感谢老朋友成冬冬至始至终给予的帮助，为每一张插图的拍摄、后期处理等做了大量的工作。

本书辑录了本人自1981年至1991年间的重要论文以及译文。其中很多论文曾经发表在国家重要学术刊物上，如《文史》《自然科学史研究》《中国史研究》《世界宗教研究》《中外关系史研究论丛》《南亚研究》，有些则以英文、法文刊载于英国的《国际航海考古和水下探索》、意大利的《传教士之路》、法国的《群岛》以及澳大利亚的《印度洋》《海洋考古学报》等学术刊物上。

本次编选时，分门别类地将相关论文列入"印度教研究""基督教研究""考古与航海文化研究"三个专题中，译文部分则单独列出。由于各专题论文中有部分图像都会相互提及，为避免重复，这次编选时，将各论文中的图像集中于每个专题之后，便于相互参见。

我的故乡泉州，是中国历史文化名城之一，保存着众多的积淀丰富的宗教历史、艺术、文化遗存，被誉为"海上丝绸之路"的起点。从厦门大学历史系毕业后，我便以泉州历史文化作为研究对象，选择了外来宗教史、海事史作为主要课题，长期坚持田野考古调查，同时从日益频繁的中外学术文化交流中获取了一些很有学术价值的外文文献资料。本人早期的研究成果，曾获得国际学术界一定程度的关注。1984年12月，我获邀参加澳大利亚西澳大学主办的第二届印度洋研究国际会议，在会上宣讲了论文《西班牙奥斯定会首次泉州之行》。会议期间我参加了考察活动，行程从太平洋边上的悉尼、墨尔本开始,到印度洋之滨的珀斯,受到各地学者的热情接待。使我感触最深的是,改革开放政策促进了中国与世界各地的接触和了解,我亦获益匪浅,成为当时的幸运者。

我们的研究工作跟上了新时代的脚步,文物征集工作亦有了令人惊喜的收获,一批海事文物以及弥足珍贵的宗教石刻得以发现。从1982年至1987年,我们先后在泉州的法石、浔美发现了三块石碇。由于国内尚无其他实物与资料佐证,对于这些石碇是否为宋元遗物,当时暂且存疑。后来我接待日本九州考古代表团时,他们赠送的《博多湾航海考古》期刊披露了元军攻打日本时在博多湾遗留的大量蒙元时期的石碇,这与泉州的遗存可以互为印证。1989年澳大利亚达尔文港召开海事考古的国际会议,由于种种原因我未能参加,但我提交有关石碇的研究成果,被多种国际学术刊物所刊载。

1988年7月,我获邀参加由大英博物馆主办的"古代印度洋考古国际会议",在大会上我宣讲了论文并展示了大量图片资料,如元代基督教石刻(应属景教)及印度教湿婆神的石雕等,这些反映宗教艺术文化联系的珍贵文物,再度引起学术界对泉州的关注。

毋庸置疑,20世纪90年代联合国教科文组织的海上丝绸之路综合考察活动掀起了海上丝绸之路研究的高潮。1991年2月,由联合国教科文组织主办的国际研讨会在泉州召开,我提交的论文《元代泉州与南印度关系新证》亦作为会上的重点发言之一。

1991年7月,应意大利佩鲁贾大学之邀,我作为访问学者来到意大利,其间亦先后在马德里、波恩等地做过交流和专题研究。此后我便旅居于罗马,迄今已有30年。我身为海外华侨,充分感受到祖国的日益强大。伴随着"一带一路"重大倡议的提出,丝绸之路研究再次掀起热潮。

我很高兴有机会能把我当年的一些论文结集出版,这些都是改革开放初期的研究成果,有些观点由于推断不够严谨,亦存在错误之处。例如,1988年1月8日我发现的基督教四翼天使尖拱形石墓碑,发表时认定是天主教方济各会的遗存,但实际上应属于景教(聂斯脱里派);另外在池店兴济亭发现的印度教嵌板石,我认为是湿婆"舞王"雕像,但在欧洲的波

前 言

恩大学比较宗教学图书馆和在巴黎国立图书馆、基梅美术馆接触到更多资料、图片时，才知道应属"杜尔伽"，即湿婆在南印度泰米尔纳杜邦地区的化身"难近母"像。凡此种种，这次汇编我不再修改、订正，但个别注释已按新版本校勘，敬请有关专家不吝赐教。

杨钦章

目 录

印度教研究

泉州印度教雕刻渊源考 ………………………………………（3）
对泉州湿婆雕像的探讨 …………………………………………（18）
泉州印度教毗湿奴神形象石刻 …………………………………（31）
元代泉州与南印度关系新证 ……………………………………（42）

基督教研究

对泉州天主教方济各会史迹的两点浅考 ………………………（71）
元代泉州方济各会遗物考 ………………………………………（77）
泉州景教石刻初探 ………………………………………………（93）
试论泉州聂斯脱里教遗物 ………………………………………（100）
泉州新发现的元代也里可温碑述考 ……………………………（113）
南中国"刺桐十字架"的新发现 …………………………………（122）
元代泉州天主教遗迹和遗物 ……………………………………（127）
元代南中国沿海的景教会和景教徒 ……………………………（133）
十四世纪意大利方济各会传教士在中国东南的活动遗迹 ……（145）

西班牙奥斯定会士的首次泉州之行 ………………………………… (154)

泉州外来宗教文化之研究 …………………………………………… (167)

考古与航海文化研究

泉州法石乡发现宋元碇石 …………………………………………… (193)

船舶石制碇泊工具初考——从泉州湾新发现的三块石碇谈起 ……… (195)

泉州法石古船试掘简报和初步探讨 ………………………………… (209)

宋代的海船与海员生活 ……………………………………………… (222)

海神天妃故事在明代的西传 ………………………………………… (226)

元代奉使波斯碑初考 ………………………………………………… (233)

从若干碑铭看清代中前期泉州的海关及贸易 ……………………… (245)

译　文

刺桐城墙的十字架 …………………………………………………… (267)

拉达出使福建记 ……………………………………………………… (284)

附　录

杨钦章与国际学者交流往来的信件选录 …………………………… (297)

图版目录

图版一　毗湿奴石雕立像 ……………………………（56）

图版二　印度式十六角形辉绿岩石柱 ………………（56）

图版三　原嵌在白耉庙焚香炉上的石刻 ……………（57）

图版四　大象与鳄鱼缠斗 ……………………………（57）

图版五　湿婆的苦行像 ………………………………（58）

图版六　毗湿奴的人狮形象 …………………………（58）

图版七　克里希那偷走七牧女的衣服 ………………（59）

图版八　神猴哈奴曼 …………………………………（59）

图版九　大象与林伽 …………………………………（60）

图版十　克里希那与甘尼拉的斗争 …………………（60）

图版十一　半人半兽石刻 ……………………………（61）

图版十二　半鸟半兽石构件 …………………………（61）

图版十三　蛇形雕刻 …………………………………（62）

图版十四　泉州临漳门外的石笋 ……………………（62）

图版十五　湿婆与林伽石刻 …………………………（63）

图版十六　湿婆与林伽石刻 …………………………（63）

图版十七　舞王湿婆像 ………………………………（63）

图版十八　四臂湿婆趺坐在莲花中 …………………（64）

图版十九　毗湿奴与两位伴侣 ………………………（64）

3

图版二十　毗湿奴化身幼童形象 …………………………………（65）

图版二十一　黑天战胜水魔后吹笛 …………………………………（65）

图版二十二　南印度泰米尔纳杜的舞王像 …………………………（66）

图版二十三　毗湿奴救象 ……………………………………………（66）

图版二十四　两神像与林伽 …………………………………………（67）

图版二十五　泰米尔文石刻 …………………………………………（67）

图版二十六　安德烈墓碑 ……………………………………………（180）

图版二十七　带翅膀的天使 …………………………………………（180）

图版二十八　八思巴文石刻 …………………………………………（181）

图版二十九　八思巴文石刻 …………………………………………（181）

图版三十　叙利亚文石刻 ……………………………………………（182）

图版三十一　十字架石刻 ……………………………………………（182）

图版三十二　基督教石刻 ……………………………………………（183）

图版三十三　基督教墓石 ……………………………………………（183）

图版三十四　叙利亚文石刻 …………………………………………（184）

图版三十五　也里可温石碑 …………………………………………（184）

图版三十六　也里可温石碑 …………………………………………（185）

图版三十七　四翼天使石刻 …………………………………………（185）

图版三十八　十字架石刻 ……………………………………………（186）

图版三十九　十字架石刻 ……………………………………………（186）

图版四十　阿拉伯文石刻 ……………………………………………（187）

图版四十一　阿拉伯文石刻 …………………………………………（187）

图版四十二　基督教石刻 ……………………………………………（188）

图版四十三　基督教石刻 ……………………………………………（188）

目　录

图版四十四　基督教挡垛石 ……………………………………（189）

图版四十五　八思巴文石刻 ………………………………………（189）

图版四十六　叙利亚文石刻 ………………………………………（190）

图版四十七　叙利亚文石刻 ………………………………………（190）

图版四十八　法石乡发现的宋元石碇 ……………………………（257）

图版四十九　古船试掘现场 ………………………………………（257）

图版五十　　清理后的古船后部 …………………………………（258）

图版五十一　竹帆残片 ……………………………………………（258）

图版五十二　棕绳 …………………………………………………（259）

图版五十三　弧形木构件 …………………………………………（259）

图版五十四　左:形木构件;右:凸形木构件 ……………………（260）

图版五十五　小口瓶 ………………………………………………（260）

图版五十六　瓷片 …………………………………………………（261）

图版五十七　木桶 …………………………………………………（261）

图版五十八　雕花木饰 ……………………………………………（262）

图版五十九　浔美村发现的两件宋元时期石碇 …………………（262）

图版六十　　博多港出水的蒙古碇石 ……………………………（262）

图版六十一　博多善导寺内放置的碇石 …………………………（263）

图版六十二　《蒙古袭来绘词》蒙古军船船艏的绞车 ……………（263）

图版六十三　《蒙古袭来绘词》部分船艚所系的石碇 ……………（264）

图版六十四　《蒙古袭来绘词》部分船艚所系的石碇 ……………（264）

图版六十五　元代奉使波斯碑 ……………………………………（264）

印度教研究

泉州印度教雕刻渊源考

我国东南沿海的历史名城泉州，古有"泉南佛国"之称，在城区郊外，佛教建筑比比皆是。使人感到意外的是，近40年来陆续发现了一大批用辉绿岩雕成的宗教石刻，与泉州佛教石刻迥然不同，数量之多，超乎伊斯兰教石刻之上，达200多方，令人耳目一新。首先引起人们广泛关注的是1936年泉州南校场汽车站发现一尊毗湿奴石雕造像（图版一），高达四尺许，雕工圆润浑融，别具一格。此后又在距离该地区不远的通淮门城墙、东涂方向的城基中不断发现窗头、柱头、门框石、底座、柱础、雀替、石梁架等，出土石刻大多完整，有的略有破损，雕工精细，手法特殊。这些与众不同的寺庙建筑构件，大多在通淮门城墙至南校场泉州汽车站这一地段发现。另外，1945年在开元寺大殿门楣发现雕有"御赐佛像"的石横匾，在大殿前须弥座发现74方辉绿石刻柱（图版二）。据《开元寺志》记载，明洪武年间该寺重建，上述石刻，显然是从他处移入的。在南门天妃宫发现一对十六角形辉绿石刻柱，同样系他处移入。在县后街模范巷白耇庙发现嵌在焚香炉上的两方生殖器崇拜石刻（图版三），在五堡街、义全宫、侨光电影院等地也有零散的发现。甚至在城西北隅幼师建筑工地亦掘获祭坛及其他建筑构件石刻一批。从这些已经出土或发现的石刻的形状、大小以及所雕的美丽花纹图案来看，它们可能是由一座规模宏伟的寺庙拆卸下来的，这些具有异域情调和雕刻风格的印度式石刻，现绝大部分保存在泉州海外交通史博物馆的宗教石刻陈列馆，使学术界增添了新的研究内容，填补了史籍记载甚微的状况。

对于这些印度式石刻的研究，几乎和它的出土相率进行。关于其建造时间，英国科技史家李约瑟认为印度式石柱是唐代雕刻的，具有锡兰的风格；① 曾任教于厦门大学的德国艾克博士倾向建于元代，乍看几疑出自印度匠人之手；② 《泉州宗教石刻》著者吴文良先生毕生搜集了近100方这类石刻，他指出，这些石刻是元代建造的极其壮丽的"番佛寺"建筑被毁后的遗物；印度学者阿南达·库玛拉耍弥则认为这些中国复制品和13世纪印度和锡兰的图案、式样何其相似，恐难早于明朝。③ 关于这些石刻的教门所属，学者们大多认为是婆罗门教寺所遗的石构件。④ 我个人的看法是：这些出土物既不是唐代也不是明代的，纯然是建于元代而毁于元末的印度教寺——并非婆罗门教寺——残存的石构件。然而，我们对泉州印度教雕刻有关问题的了解还有局限性，这不仅仅由于缺乏资料，而且这些资料又经常有矛盾；且不说唐宋时期尚无发现这方面的记载，即便元代有些碑文谱牒稍可弥补空白，但所获的材料也难以使我们对其有充分的认识。本文的目的是希冀通过遗留下来的史迹，根据种种参考资料来追溯印度教传入泉州的一些端倪。

一、"番佛寺"是元代建造的印度教寺

数目繁多的石刻，大部分出土于泉州汽车站附近，经实地考察，并参考有关民间传说，可以认为番佛寺址即宋元之际泉州提举市舶司长官蒲寿庚花园故址。有关这个教寺的情况，《元史》等均查对无着。作于元末而重修于明嘉靖三十二年（1553）的《清源金氏族谱》，其中有《丽史》一篇，才看到有关这个古寺的记载。谱云："泉州故多西域人……元君制世，以功封寿庚……至是元政衰……其婿西域那兀呐袭作乱，……即乔平章

---

① ［英］李约瑟：《中国科学技术史》第1卷第二分册，北京：科学出版社，1975年。
② 艾克（Gustave Ecke），《刺桐双塔》著者，在诣泉州考察之后，把印度式石刻绘图摄影寄给印度学者库玛拉耍弥，爰作考证。
③ ［印度］阿南达·K. 库玛拉耍弥（Ananda K. Coomaraswamy）：《泉州印度式雕刻》，刘致平译，载《中国营造学社汇刊》第5卷第2期。
④ 吴文良：《泉州宗教石刻》，北京：科学出版社，1957年；林惠祥：《1950年厦门大学泉州考古队报告》，载《厦门大学学报（文史版）》1954年第1期；蒋颖贤：《印度婆罗门教及其传入泉州》，载《海交史研究》1980年（总第2期）。

宅，建番佛寺，极其壮丽。"《丽史》是一篇历史传奇小说，夹带着虚构杜撰成分，以迎合情节的需要。无论如何，有一点是较可信的，那就是元时蒲寿庚花园故址确建有"番佛寺"，这可从该地大量出土的印度式建筑构件来证实。依照《丽史》的说法，番佛寺建在乔平章宅，蒲寿庚娶乔平章之女为媳，而所发现的石刻大都在靠近南校场花园故址，我们猜想两个私宅是相距不远的。番佛寺是一个被毁掉的古建筑遗址，在今南门汽车站水塔旁边。中华人民共和国成立前仅存一半被堵塞的小池，叫番佛寺池（俗称番婆寺池），当时池边还砌有二三块印度式雕刻。清乾隆时编写的《晋江县志》，简单记有："番佛寺池，在城南隅"，泉州民间传说亦提到元代泉州城南附近有一座番佛寺或番菩寺。

这一宗教的建筑雕刻，为一般寺庙所无，是泉州仅有的。难怪20世纪30年代毗湿奴像出土时，当地人把它看成毁弃的佛庙遗物，误以为与印度鹿野苑雕刻风格类似的释迦密宗立像[1]，于是作为金刚乘的菩萨搬到市西北隅大无莲心庵的佛龛内供奉，由此认为，此寺可能也是一个佛教建筑。事实上，人们很快就察觉：这种判断是多么站不住脚的。首先，"番"字到现在，泉州当地人还把它作为对外来的人和物的沿用久熟的称谓。例如"番仔"，不管他（她）来自美洲、澳洲、欧洲等地，还是有人种、肤色、语言的差异，都称其为"番"。番佛寺即外来的佛寺，显然区别于本地的流行的佛寺。元代的泉州，人们对另一个同是偶像崇拜的，发端于印度的宗教必然是陌生不了解的，否则为何在佛寺前冠以"番"字，以示区分。对于佛教，上下几百年，泉州谁人不知，何人不晓。早在公元6世纪的南朝，便有印度僧人拘那罗陀前来泉州，翻译佛经，这是有史可查的泉州和印度在佛学上的首次交往。自此以后，由于泉州港的兴起、繁盛，佛教寺院经济得到发展，"泉南佛国"处处留下佛教徒的足迹。那么，这个是否也源于印度的佛寺的教门所属呢？

元代的泉州港，正是发展的鼎盛时期，蒙古开拓了横跨亚欧的大帝国。为了维持封建王朝，达到统治人民的目的，便利用宗教来迷惑人心，

---

[1] 林英仪：《泉州最古石刻——释迦密宗立像》，载《晋江文献丛刊》，1946年。

软化人民，起蒙蔽作用。于是乎各种外来的宗教，竞相传播，任其发展，世界上流行的宗教——佛教、伊斯兰教、基督教，在元代泉州也都流行起来，甚至波斯的摩尼教等影响较小的宗教竟也能够在泉州找到立足点。泉州发现的印度式雕刻，既不是伊斯兰教，也不是古基督教，因这两个教没有偶像崇拜，泉州不是发现一尊神祇雕像吗？同样地，它也不是摩尼教，因为不具有波斯的风格和内容。如上所述，也不是佛教。据印度史料记载，自印度的孔雀王朝到公元7世纪，佛教对于发扬印度文明，曾有重大影响。佛教开始是从反婆罗门教产生的，它反对种姓划分、婆罗门特权和吠陀权威，在创教过程中也吸取了婆罗门教的一些教义。佛教艺术所表现的典型建筑形式，窣堵波（塔）、毗诃罗（庙）和支提（窟殿），很多地方显露了婆罗门教艺术影响的痕迹。公元1世纪以后，佛教的一些支派演变为大乘佛教和小乘佛教，传入泉州的便是占优势的大乘。公元7世纪，印度佛教由兴盛转向没落，湿婆教在南印度渐渐得势。大乘晚期，一些派别综合佛教、印度教和印度民间信仰发展成为密教（即金刚乘），把烦琐理论用于诵咒祈祷，宣扬偶像崇拜，"即身成佛"，此种密教艺术推源于柔润淳朴的笈多朝（公元4—6世纪）艺术，丰富的装饰题材与挺然直立的立像，对繁杂的点缀物及尖拱的运用。因此，在神像雕饰等艺术，密教和印度教确有类似之处，无怪乎毗湿奴雕像最初出土时，有人从史岩著的《东洋美术史》中得到启示，认为出土物很像插图中的释迦密宗，因而属于佛教之说一时口耳相传。但随着拆城、辟路和基建，一大批与佛教建筑不同的石构件相继出土时，国内外一些学者对泉州不断发现的这类石刻颇感兴趣，很多学者认为这些宗教文化遗存为婆罗门教雕刻，"番佛寺"即婆罗门教寺。

婆罗门教和佛教一样，同是源于古代印度，在印度的贵霜王朝时期，曾是比肩齐立、两水分流的宗教。由于种种历史原因，婆罗门教没能在中国得到发展，因而中国人对此是较陌生的。婆罗门教是印度古代奴隶社会的产物，起源于公元前2000年产生的吠陀教，公元前1000年左右，吠陀教演化为婆罗门教，这一宗教主张吠陀天启、祭祀万能和婆罗门（祭司）至上。在印度一直以这个形式延存到公元7世纪。婆罗门教的主要经典是

《摩诃婆罗多》和《罗摩衍那》两大史诗，《吠陀》《梵书》《奥义书》《森林书》《摩奴法典》等，上述经典都是公元前2000年到公元4世纪成书的。番佛寺所遗的石雕，无论在建筑规制、风格和形式内容上都和佛寺有显著的不同。仔细观察这些石雕我们可以知道，无论是庙宇的建造还是偶像的塑造传统上，这批遗物都和大乘晚期的佛教建筑大相径庭。其中有一部分是描绘印度古代人民生活的浮雕，充满古代民间传说和神话故事。这些雕刻内容分别浮雕在印度式石柱、龛状石刻、门框石之上，显然不是取材于佛教《本生经》中的流行故事。据印度学者库玛拉耍弥等的考证，这些内容是：象鳄互斗，象王获得解救（图版四）；牧童从妖术中解脱；湿婆立足在象征男性生殖器座前；大自在天（湿婆）立莲座上，恒河及新月，以发之左右像之（图版五）；十臂人狮举着圆盘和法螺，撕裂恶魔的心脏（图版六）；七个牧女入浴于阎摩那河，衣服被克里希那偷走（图版七）；罗摩帮助美颈猴王，在大颔神猴（即猴国中神通广大的哈奴曼）配合下，战胜瓦林（猴王之兄），使之恢复猴国之王的地位（图版八）；蜘蛛和白象的斗争，幼年的圣者以牛奶奉献于湿婆（图版九）；克里希那和甘尼拉的角力，互相扯成"卍"字形等二十多种优美的故事（图版十）。据此，吴文良先生认为这些内容皆取材于古婆罗门教的伟大经典《摩诃婆罗多》与《罗摩衍那》，毗湿奴雕像即婆罗门教崇拜的主神之一，出土的石刻系番佛寺后殿堂屋宇以至房间墙壁的建筑物。番佛寺是一个婆罗门教寺①。

不可否认，这些已发现的建筑雕刻构件是有名的印度式样，有些雕刻的取材内容，确与婆罗门教有关，"以至当你第一眼看到它时会以为那是印度的工艺品"②。这些雕刻用料，辉绿岩石显然不是舶来品，不是从印度或其他国家搬运来的。经调查，雕刻宗教故事部分的辉绿岩产于离泉州不远的惠安县西北之林仙，史称"玉昌湖"。③这种石料，质地非常坚硬，年久月深也不容易风化，是最为理想的石雕材料。建筑构件所用辉绿岩大

---

① 吴文良：《从泉州婆罗门教石刻的发现谈到中印关系》，泉州海交馆油印本，1962年。
② ［印度］阿南达·K.库玛拉耍弥：《泉州印度式雕刻》。
③ 林英仪：《泉州最古石刻——释迦密宗立像》。

部分为邻近泉州的南安丰州、码头和晋江灵源所产,俗称"土青"。就石刻的雕刻艺术来看,这些雕刻的题材和形式多出于当时在泉州侨居的外国僧侣所授意,而雕塑的手法则出于泉州地方石匠之手。这里应该提到惠安工匠,惠安是我国著名的石工之乡,这里出产的花岗岩,数量多,质地好,而且以打石为生的匠工特别多,工艺超群,具有传统。因此,在石刻上常可发现糅杂有许多素为我国人民所喜爱的传统图案花纹,如双凤朝牡丹、双狮戏球、鹿猴教子和生命之树以及其他莲瓣、海棠形、卷草花纹、菊花图案等,充分显示出早期中印两国民间艺术交流痕迹。但如果仔细观察这些雕刻内容,我们会发现,有些神话的题材,超出婆罗门教尊奉的经典之外,它取材于婆罗门教衰亡之时,印度以新形式重新塑造的新印度教。早在印度笈多时期,宗教史的一个重要方面是古代婆罗门信仰向现代印度教的转变。公元8世纪,南印度哲学家商羯罗吸收佛教和耆那教某些教义,仍沿袭婆罗门的种姓制度以及因果业报、人生轮回等主要教义,经过改革而形成印度教,"印度教乃是婆罗门把一切教义以及民间奉祀尽纳入其正统宗教范围之内而进行的诸教混合的结果"①。它崇拜各种神,突出崇拜创造神梵天,保护神毗湿奴(遍入天)和破坏神湿婆(大自在天),这三个神是一个神在三方面的表现——"三位一体"。主要经典除沿袭婆罗门教之外,又有《往世书》《古史集》《阿笈摩》《丹特罗》等。《往世书》这部经典,"传说、传奇、神话、教义、仪式、道德清典和宗教、哲学原理的一个仓库"②,其起源可追溯到更早的时期,但是它是在笈多时代才形成目前格式,被赋予一种新形式,是作为笈多时期以后发展起来的新印度教的教规编写的。宗教的冲动,赋予印度的雕刻和建筑以新的活力。在12—13世纪的南印度,《往世书》的文学故事,成为印度教寺的雕刻题材,有些最精美的印度教雕刻可追溯于此。在泉州的雕刻品中,许多人忽略了《往世书》中的神话故事,而这又是至关重要的,恰恰是可以提

---

① [法]雷奈·格鲁塞:《东方的文明》第二卷,《印度的文明》,常任侠、袁音译,北京:商务印书馆,1965年。
② [印度]恩·克·辛哈、阿·克·班纳吉:《印度通史》,张若达、冯金辛等译,北京:商务印书馆,1973年。

供其所属教门的根据之一。例如，开元寺百柱殿后檐东边印度式石柱西面之上部所雕刻的童子被系住，用力拉倒魔树的神话。克里希那（Krishna）是毗湿奴降凡时主要的人身，为印度多神教中最富于人性的神，他出生在阎摩那河畔秣菟罗的耶达婆王室。在《薄伽梵往世书》等崇拜克里希那（黑天）的著作中可看到他一生的主要事迹。[①] 他在这里化身幼孩出现，被拴在重木臼上，骤然用力拉倒魔树，于是附身在树下的俱毗罗（Kubera）的两个孩子遂得获救。西边石柱南面之上部所雕刻的阎摩那河七女出浴故事，克里希那在这里以化身牧童，偷窃了入浴牧女的衣服，众女很着急，皆裸体至树下乞求，才把衣服还给她们。西边石柱之中部所雕刻的克里希那和水魔斗争的故事，图中克里希那化身黑天出现，战胜占据阎摩那河的水魔，并把它踩在脚下，作吹笛舞蹈之状。上述三石雕，都取材于《往世书》中一些引人入胜的故事，把克里希那奉为英雄和神。还有蜘蛛和白象的斗争，同样出自《往世书》中的故事，这个故事创作流行之年代，据印度学者的研究，当在公元12—13世纪间。雕刻的内容还不止于此，还有龙王本生故事，象鳄互斗的神话；十臂人狮撕裂魔鬼心脏的传说。因此，我们有理由说明，在印度笈多帝国之后，传入泉州的不是原来形式上的古婆罗门教（虽然在某些地方它还可以找到继续存在的条件），而是已崭露头角的新的印度教。

下面再从雕刻的风格和年代来做一些考察。在中世纪，印度教成为建筑界和雕刻界中强大艺术运动的启发力量。印度教的雕刻庙宇，装饰繁丽，具有栩栩如生的独特风格；南印度帕拉瓦时代的庙宇，例如摩诃巴利补罗、摩婆里补罗的寺院，顶饰飞檐方尖塔的柱廊，金字塔状的大堆石块，上面雕镂繁密。我们可从番佛寺风格各异的石雕上得到印证，泉州发现的毗湿奴石雕神像，恰恰是印度教艺术的再现，我们可从印度学者卡尔帕纳·S.德赛的著作中找到根据，[②] 即现保存于印度马图拉博物馆的石雕。《丽史》中提到修建此寺靡费巨资，备极壮丽。"备极壮丽"一语也突出了

[①] ［印度］阿南达·K.库玛拉耍弥：《印度艺术画册》，刊于美国，波士顿美术馆。
[②] Kalpana S. Desai, Iconography of Visnu (In Northern India, Upto The Mediaeval Period), Abhinav Publications, New Delhi, 1973.

印度教寺在造型和雕刻艺术上的独特气派。如果说中国人对印度教雕刻艺术不够了解，记述难以准确，那么印度研究宗教艺术的学者的见解不是更有说服力吗？库玛拉耍弥认为，这雕刻的式样和13世纪南印度及锡兰的Polonnāruva艺术是如此相似，这是所能设想的最早时间。Polonnāruva艺术受惠于南印度的雕刻艺术，源出一辙。当时南印度是印度教艺术新的前进基地，据《丽史》的说法，番佛寺建于元代后期而毁于元末战乱，即14世纪上叶到中叶这段时间。这还可以从通淮门城墙掘获大量建筑构件和移入开元寺的石柱得到说明，通淮门一带城墙是明洪武五年（1372）重修的，开元寺亦是明洪武年间重修的。由此可见番佛寺的拆毁应在元末。印度教在泉州的传布，从时间推测，可两相比较，互为印证。

番佛寺遗址的发现，田野考古的收获，使我们确信元代修建的这座寺庙，乃是源于南印度的印度教寺。

二、南印度林加派教寺雕刻的翻版

南印度亦是以丰富的地产和海上贸易著名，南印度人用商船把贸易品运往东西方，印度南部有希腊人的居留地，中国的舶商和僧人与之来往不断。北部印度经常受到战祸和入侵的威胁，而南方较少受骚扰，成了古老艺术传统的中心。宋元时代泉州和南印度就有着和平的海上交通和商业活动的友好关系。伴随着贸易之风而来的是宗教信仰和文化的相互影响。碑铭和文献记载说明，早在笈多时期，印度的航海家和商业活动家便把印度教及其艺术带到南洋群岛及附近国家。有史以来，印度教的一切新思想运动，印度宗教和哲学的重大改革都起源于北印度。但从8世纪开始，骤起变化，印度宗教改革和思想的支配地位转移到南方去，新的法律和秩序带来了文化的繁荣，几乎各种艺术都有了很大的发展，南方因此变成印度教正统派的根据地。

英国学者文森特·史密斯说："印度的建筑和雕刻史在南方是以6世纪末在帕拉瓦的统治下开始的。"纯粹印度教雕刻风格的遗迹，主要是在南印度发现的，南印度是帕拉瓦风格的天下；比如坎奇普兰，有1 000多座较大的印度教寺庙。11—13世纪，南印度的印度教雕刻和建筑，有一个伟大的复兴，教寺林立。教寺建筑的另一显著特征是雕刻装饰的富丽堂皇，由于灵感的丰富，幻想力的无穷和雕刻题材的多式多样，产生了强有力的装饰，庄严而极其气派，每根柱子都是由大石块雕刻成的，并且饰以各种各样的形式，有的浮雕着印度教经典里的民间故事、神话故事。这种建筑的目的似乎是要通过丰富多彩的形式和优美炫目的图案来取胜于人①。我们从泉州保存下来的印度教雕刻中，可以发现南印度雕刻艺术的再现。例如，开元寺百柱殿后檐的两根石柱，是典型的印度式样，十六角形，柱腰间为方块形，其上刻圆盘，各面的圆雕镶嵌着印度教徒所熟悉的神话故事，生动有趣，"乍见几疑出自匠人之手"②。天妃宫发现的两根石柱形式上亦大体接近，唯内无神话题材之雕刻。此外在通淮门掘获的数段残缺的印度式石柱，线条分明，造型准确，生动活泼。可以想象，这些石柱如排列在教寺的殿堂上是多么壮观。城墙掘获的几十方雕刻有莲瓣及其他图案花纹的辉绿岩石刻，按它们原来的建筑形式连缀之，形成一长列的寺庙基址石刻。同样地，明洪武年间重修开元寺移入大殿前须弥座的73方石刻，亦用神话题材，相间刻以狮或人狮，雕工精细，手法高妙，等量齐观。其他的建筑构件如门框石、壁龛石、雀替、石栏板等，庄严别致，手法纤巧，装饰的形式变化多端，纷美并呈，都是具有历史意义和艺术上特殊风格的文物。犍陀罗艺术给予南印度雕刻艺术一种形象结构的新风格，刺激了神祇的雕塑和庙宇的装饰，泉州的石刻上也带有相当浓厚的古希腊艺术风格，如哥林多式柱头石、半人半兽柱础石（图版十一）、半鸟半兽门楣石（图版十二）以及用蛇作为图案的祭坛石（图版十三）皆是，这些作品亲切、柔和，透露着希腊艺术的美感，像埃及的美术品那样富于写实风味。

泉州番佛寺印度教雕刻的派属，是值得进一步探讨的问题。在12—13世纪，印度出现许多印度教教派，盛行于南印度的是湿婆教林伽派。林伽

---

① ［印度］许马云·迦比尔：《印度的遗产》，王维周译，上海：上海人民出版社，1958年。
② ［印度］阿南达·K. 库玛拉耍弥：《泉州印度式雕刻》。

派形成于13世纪初,这一派在南印度人数较多,目前还有相当影响。林伽派反对吠陀和婆罗门权威,信徒在祭神仪式上佩戴湿婆生殖器标志。公元1157年南印度卡利阿纳的朝代,在印度教史上占有重要地位,大臣巴萨瓦是"林伽"教派的创始人,以林伽的形式,宣传崇拜湿婆。毗湿奴派,这一派宣传崇拜善神毗湿奴;湿婆悉檀多派(即湿婆教义派)为南印度的一个重要哲学派别,宣传教徒只有崇拜湿婆,才能使灵魂获得最后解脱;塞伊吠派,这一派崇拜生命最后阶段的湿婆神,认为过着严格简朴的生活才可以获得启示。在泉州的印度教雕刻中,很多地方可以看到对林伽(湿婆崇拜)崇拜的痕迹。泉州临漳门外的笋江畔有一石笋(图版十四),高3米余,底部直径1.26米,系用五段直径不等的白臼杵一样,也极似竹笋,故俗名石笋,古人为之作咏的甚众。从其形状看,即像男性生殖器,印度语叫林伽(Linga)。[①] 笔者最近到石笋所在的山川坛查访80多岁的老人,经了解,解放初石笋被移位,离现在安放的地方有七八米,移动前石笋下面有近似磨盘(子宫)的基座,由两块石头叠在一起,其中一块中间有凹下。当地人传称为"仙脚印""仙尿盆"等,现在老地方,尚可看到圆形石的一段露出地表。附近居民传说,崇拜这石祖,可以使不育的妇女怀孕,使家畜繁衍,五谷丰登。乾隆《泉州府志》曾记北宋(1011)泉州郡守高惠连击断石笋,明成化郡守张岩补而属之,这说明石笋之存在最迟在北宋之初。我们尚找不到北宋印度教传入泉州的直接证据,不过可以肯定,对印度教主神湿婆(以林伽形式)的崇拜作为一雕刻艺术形式,在南印度、尼泊尔和东南亚的存在和流传由来已久,远在宋代就已影响到泉州。曾任南宋泉州提举市舶使的赵汝适,在其著作《诸蕃志》里提到东南亚国家"王命国师作法,诵咒书符,投民死所。"[②] 可见印度教僧侣地位的重要。再看看出土物,《泉州宗教石刻》图111和图112的两方印度教龛状石刻,出土地点靠近番佛寺遗址,龛中各刻一尊湿婆(Siva),坐在莲花座上,其一左边竖立一座塔状的林伽,挺然直立在磨盘(女性生殖器)上

[①] 蒋颖贤:《印度婆罗门教及其传入泉州》,载《海交史研究》1980年(总第2期)。
[②] (宋)赵汝适:《诸蕃志》,"占城国"条。

（图版十五和图版十六）①。这是中世纪南印度林伽教派雕塑家们常用的表现手法。作为印度教三主神中的破坏神湿婆，在本质上乃是一个复合的神祇，被称为大自在天，在其信奉者眼中，他代表了不可驾驭的大自然力量，在印度哲学世界里，象征着在宇宙进化底层的破坏势力——超越了善与恶，超越了仁慈与残酷，超越了有与无，作为他的象征接受膜拜的乃是林伽即男性生殖器的象征。

当然这也夹带哲学上的含义：林伽（男根）在磨盘（子宫）中挺立着，显示了破坏神与创造神为同一，死乃是生殖的源泉②。《泉州宗教石刻》图113和图114两方龛状石刻各镶嵌着湿婆神像，其中一尊湿婆面貌丑恶，怒发冲冠，用他的一足踏在一个俯卧在地上的人，另一足高高翘起。在早期的湿婆阳物崇拜中，按照《往世书》的说法，有这样一个故事，湿婆的岳父（创造之神）曾举行一次献祭大会，邀请女婿赴宴，独未请湿婆，湿婆的妻子因丈夫受侮辱遂愤而跳入献祭的火焰里，于是湿婆大怒，就跳了他著名的毁灭舞③。这两方石刻的出土地点也距离番佛寺的遗址不远。其次，开元寺百柱殿后檐西边石柱东面之中部所雕刻的两个角力的人，与1946年在涂门城垣靠近南校场一段的城基下掘出的上部已残断的印度式石柱，其样式、大小极为类似，正中圆圈内同样雕刻着两个角力的人，克里希那及甘尼拉（Canura），互扯手足呈"卍"字形，在两角士的两腿中间，引人注意地裸露着十分写实的棒形物——林伽（图版十）。再者，泉州模范巷白耇庙焚香炉嵌上的两方神话浮雕，意匠精微，令人叹止：其一刻一母牛，亲乳林伽并作舔护之状，右侧刻尊者（已毁）坐树下（图版三）。此故事描述幼年的圣者欲以牛奶奉献林伽，其父怒击之，圣者亦回击创父，后来湿婆现身帮助其父复原；另一石浮雕一象，用鼻子向林伽献一朵莲花，那摇动的长鼻中显示着活跃的生命，庞大笨重身体却有轻快步伐，常见于印度艺术。此故事谓树林中林伽每日受一白象以花水顶拜，又有一蜘蛛，亦在林伽上织网以防树叶零落其上，象认为不雅，屡次

---

① 吴文良：《泉州宗教石刻》，第41页。
② ［法］雷奈·格鲁塞：《东方的文明》第2卷，《印度的文明》。
③ ［印度］许马云·迦比尔：《印度的遗产》，王维周译，上海：上海人民出版社，1958年。

去之，蜘蛛怒而钻入象鼻，象创痛甚，乃往来摔摇其鼻，直到同归于尽。到过南印度考察的厦门大学已故的林惠祥教授说，象和牛都是印度教徒所崇拜的神兽，他曾在印度神庙中看到有很大的林伽矗立在磨盘之上，参拜者将花放在林伽的周围①。以上雕刻内容和形式，大部分创作灵感的理论来源自然是湿婆崇拜，即崇拜象征宇宙力量，象征创造与破坏进行不已的神祇。

目前在国内，只有泉州保存有独特的印度教寺遗址，这也有其深刻的历史原因和社会原因。元代泉州港空前繁盛，对外贸易是一大宗收入，统治阶级对宗教是重视的，各种宗教同时并存，迅速发展。当时泉州占多数的是佛教徒，林伽派虽然是印度教的一个流派，兴起较迟，但和佛教一样，含有"神秘论"的成分，这一教派不承认种姓划分，反对斋戒、祭祀和朝圣，从这一角度来说，跟佛教"众生平等"的教义较为接近。宋元时期这一教派在南印度是很活跃的，所以它能越过远水遥岭，在古刺桐港获得暂时的传布良机。

三、印度教可能是经由爪哇的海道传入的

印度教如何传入泉州？是直接从南印度，还是经由东南亚传入的？这是一个有待解决的问题。但是，由于缺乏足够的资料可证，本文对此只能作一些推论，以期得到对这一问题有兴趣的同志从各方面进行探讨。

日本真人元开撰《唐大和上东征传》偶然记有"天宝九年（750），（广州）有婆罗门寺三所，并梵僧居住……江中有婆罗门、波斯、昆仑等舶，不知其数，并载香药、珍宝，积载如山，其舶深六七丈。"② 这段记载说明了，早在唐代，印度教曾传入南方名港广州，这种异国宗教的传入，是海上交通发展、航海技术进步，中外人民友好往来日益增多的结果。中印海上航路开辟之后，泉州的舶商就跨过南海进入印度洋。宋元时代，泉

---

① 林惠祥：《一九五〇年厦门大学泉州考古队报告》，载《厦门大学学报（文史版）》1954年第1期。

② ［日］真人元开著，汪向荣校注：《唐大和上东征传》，北京：中华书局，2000年，第74页。

州是个"涨海声中万国商""船到城添外国人"的国际都市。泉州的海船曾多次穿过南海,经南洋群岛,向西航行,入印度洋,孟加拉湾,在南印度入境。《诸蕃志》《岭外代答》《岛夷志略》等宋元古籍记载了从泉州到南印度的航程,元世祖还先后派唆都、杨庭璧、亦黑迷失等出使马八儿、俱兰等南印度国家。① 然而,并无可靠的材料说明,印度教僧人直接进入泉州传教并兴建教寺,我个人更接近于认为是间接传入的,即印度教可能是经由爪哇,再由爪哇向泉州发展。

泉州和南印度固然有来往,但因印度洋的风浪险恶,不能说是很密切的;反之,泉州和东南亚,特别是爪哇、苏门答腊有广泛的商业来往,对于爪哇等地的风土人情、宗教信仰乃至奇异现象非常了解。② 泉州和印度海道上往来的商舶,需要以印度尼西亚海域的港口为中转站、居留地,停留数月以等候季风航行。摩洛哥旅行家伊本·白图泰被派出使中国,就是在南印度长期漫游之后,取道爪哇前来中国。因而首当其冲,爪哇、苏门答腊成了印度文化的传播地。

爪哇是一个印度教的国家。远在纪元初,印度移民东徙,印度文明在爪哇扎下根。那里通行的语言直到现在还是印度尼西亚语夹用梵文的词,有名的爪哇和巴厘舞是由印度传来的。③ 据5世纪时之碑铭所示,宗奉忻都神毗湿奴者,亦乃在阇婆(爪哇)境内。④ 公元8世纪以后,由于和南印度频繁交往,印度教极为兴盛。印度—爪哇式艺术出现了,当时在岛中部迪恩高地曾兴建许多建筑物,包括旃底般陀提婆和旃底毗摩神庙,都是湿婆教的庙宇,因为此前臣服于室利佛逝王朝的当地君主是崇奉湿婆教的,这些庙宇中的神像,和印度笈多王朝秣菟罗派美术相近,是一望而知的。⑤ 从建筑学的观点来看,迪恩的庙宇一般都具有线条极为鲜明的立体式构造的外观,方形殿堂,前部为宽的门廊或列柱廊,其余三面则由半露

---

① 《元史》卷131。
② (元)汪大渊:《岛夷志略》。
③ [印]贾瓦哈拉尔·尼赫鲁:《印度的发现》,齐文译,北京:世界知识出版社,1956年。
④ 姚枏、许钰:《黄金地考证》,见于《古代南海史地丛考》。
⑤ [法]雷奈·格鲁塞:《东方的文明》第2卷,《印度的文明》。

柱划分为许多纵长部分，其中满布凸出的壁龛或雕琢的嵌板，殿顶式样不一。中爪哇国王珊查耶公布过一个诰文，文中叙述了珊查耶在梧基尔山上建立林伽，接着是对湿婆、婆罗门和毗湿奴的颂赞，珊查耶信仰的即是湿婆教派，因为他所建立的林伽是作为建立王国的一个标志。好几个世纪中，印度尼西亚人开辟新村时，将木桩插在土中，使它成为新村的中心。[①]这种风习使我们联想到泉州的一种物证。9世纪中叶，爪哇的印度教帝国再度兴起，在扩大疆域之后，宗教的热情使壮丽的雕刻艺术和建筑得到空前发展，例如在爪哇的普兰巴南境内，建造了一群雄伟壮丽的印度教寺，湿婆、毗湿奴、罗摩、黑天等许多故事传说，都用半浮雕予以刻画，它的雕刻艺术，仍遵循着印度古典艺术的规范，但融入了马来的民族形式。[②]甚至到今日爪哇还保存有印度教寺并出土不少印度教文物。爪哇酷好兴建巨大的石头建筑物，特别是建筑的顶层及下层的建筑石雕，和泉州发现的印度教雕刻极为相似。湿婆和毗湿奴雕像等和泉州的雕刻风格也非常接近。爪哇的印度教寺陈设金花、布帛，供养的物品有金鸡、金龟、金猪等，用小片金属做的符箓分别献给湿婆等神祇。[③]印度人称之为"撒殿"，[④]《丽史》记有掠金帛贮积于番佛寺，或许也是作为教义祭祀品，经常用金帛撒在殿里，奉献于神。

南宋中叶迄元代，泉州的海外交通日臻繁盛，当时从我国到东南亚各地的贸易者，大部分在泉州扬帆发舶。[⑤]《元史》卷210载："爪哇在海外，视占城益远，自泉南登舟海行者，先至占城，而后至其国……大率海外诸蕃国多出奇宝，取贵于中国……"泉州和爪哇的接触与商业往来，随着爪哇新帝国的崛起，更趋频繁，满者伯夷帝国（1338—1365）继三佛齐而成为东南亚最有力量的国家，"这个印度化的印度教帝国……它主要的事务

---

① [印度尼西亚]萨努西·巴尼：《印度尼西亚史》，吴世璜译，北京：商务印书馆，1959年。
② 常任侠编著：《印度与东南亚美术发展史》，上海：上海人民美术出版社，1980年。
③ [印度尼西亚]萨努西·巴尼：《印度尼西亚史》，吴世璜译，北京：商务印书馆，1959年。
④ "撒殿"之说，见庄为玑：《元末外族叛乱与泉州港的衰落》，载《泉州文史》1980年（总第4期）。
⑤ （宋）吴自牧：《梦粱录》。

是从事经营从南印度到中国的贸易"①。有鉴于此，并考虑到爪哇印度教昌盛的历史，我们有理由推测可能是居留爪哇的南印度或当地僧侣把印度—爪哇的宗教艺术带到泉州，印度教传入泉州，爪哇曾起友好使者的作用。

其次，爪哇的印度教和佛教有过和平共处的历史，不能不说是奇特的历史现象。爪哇人具有融合统一愿望的能力，早在公元5世纪，受了印度笈多王朝的影响，"湿婆与佛教成为两个独立和受尊敬的体系曾长期和平共处"②。从10世纪到14世纪末伊斯兰教侵入之前，佛教与印度教一直是融合的，这就不难解释，为什么在元代的泉州，印度教的神像也被称为佛像，进而出土了辉绿岩雕的"御赐佛像"横匾。

泉州印度教雕刻的出土和发现说明了泉州和南印度、南洋群岛人民的宗教文化交流是源远流长，并且相当广泛的。

原载于《世界宗教研究》1982年第2期，《泉州文史》1982年第6、7期合刊。

---

① ［印度］贾瓦哈拉尔·尼赫鲁：《印度的发现》，齐文译，北京：世界知识出版社，1956年。
② ［德］海因茨·贝歇特：《印度尼西亚的佛乘》，陈贞辉译，载《世界宗教文化》1980年第4期。

对泉州湿婆雕像的探讨

近几十年来，对泉州元代印度教寺庙遗址的调查以及对出土的建筑构件的研究都取得了不少成果。泉州的元代印度教寺庙是目前我国发现的规模较大的印度教文化遗存，它的发现引起了中印关系史、宗教美术史研究者的关注，特别是近十方辉绿岩雕刻的湿婆崇拜物的发现（现陈列于福建省泉州海外交通史博物馆）为研究泉州印度教的传入、派属以及雕刻艺术提供了难得的实物资料。近几年来，随着整理研究工作的逐步深入，提出了不少新的问题：如湿婆形象的石雕内容；从泉州发现的毗湿奴形象的石刻，何以推断番佛寺（泉州印度教寺的俗称）是湿婆派寺庙；其雕刻题材和艺术形式与印度湿婆造像学有何区别与联系等。

一、关于湿婆雕像的内容

据不完全统计，泉州发现的印度教寺庙的建筑构件，遗留下来的近三百方，大部分出土于刺桐城墙（以唐末五代泉州城环植刺桐而得名）。这些用坚硬的辉绿岩雕成的艺术品，技法谨严，构思精微，其中最有名的就是湿婆像的雕刻。

南印度湿婆派寺庙以规模宏伟和雕刻精细见称于世，泉州的印度教文物正是源于南印度。[①] 元代，泉州是"梯航万国"的世界名港，也是印度教文化的传播地。印度教的艺术造型，如天空河流、飞禽走兽、花草树木，以及印度教万神殿里的主要神祇，如湿婆、毗湿奴、黑天（克里希那）、婆婆娣、拉克希米、哈奴曼、迩娄晓等形象在泉州都有发现，为人

---

① 杨钦章：《泉州印度教雕刻渊源考》，载《世界宗教研究》1982年第2期。

们研究印度教文化提供了丰富的材料。这些大约完成于元代中期的雕塑品表现了《摩诃婆罗多》《罗摩衍那》《往世书》等印度教经典里的各种故事,线条柔和,富于美感,尤为突出的是几幅表现四臂神湿婆的浮雕。已故的文物工作者吴文良先生曾不辞辛劳搜集此类石刻,编著出版了《泉州宗教石刻》一书,书中部分内容涉及了湿婆崇拜的雕刻。印度宗教美术家阿南达·库玛拉耍弥也曾对此做过初步考证,认为这些雕塑品和印度或锡兰的艺术风格极为相似,好像出自印度匠人之手。[1] 库氏是位有鉴赏能力的艺术家,著有《湿婆的造像》《湿婆的舞蹈》《印度艺术画册》《中古锡兰艺术》等书,吴文良在文中即采纳了他的观点。但库氏的解释并非尽善,他的考述不是从宗教学角度出发,多着眼于艺术内容,一些看法尚可商榷,况且20世纪30年代他能够接触到的只是德国人艾克所提供的几幅绘图摄影。

泉州发现的湿婆像雕刻不多,不过我们还是可以依据这些雕刻品去追溯其艺术渊源。

根据印度肖像画家描绘的资料,湿婆像通常有四臂:上边两臂或执手鼓、或执牡鹿,下边两臂则作施与印与无畏印势;有三只眼睛;骑一头大白牛。男性生殖器林伽的石像是他的象征。这是古代的生殖器崇拜的遗物,后来跟这位大神结合为一了。其主要相貌为慈悲相、破坏相、苦行师相三种。在泉州发现的四件龛状石刻呈四方形,整体刻成屋宇形,屋顶结构很像佛教的华盖,屋脊分两层,顶层高踞一狮子头像,这是印度特有的建筑饰物。屋顶正中上部又刻有一钟形屋顶,屋面绘有火焰。内刻类似波斯风格的复杂花纹,屋子下左右各刻一多层叠合的石柱,可能为印度的莲花柱。柱旁各立小塔,塔尖为葫芦状。龛内刻神祇及崇拜物。吴文良认为,从石质、形状和风格来看,这可能是同一寺庙建筑的遗物。从雕刻的内容看,它们不像是佛教石刻,而可能与印度古代的婆罗门教有关。[2] 但吴先生的论断还可斟酌,因为他把古婆罗门教和印度教(新婆罗门教)混

---

[1] [印度] 阿南达·K.库玛拉耍弥:《泉州印度式雕刻》。
[2] 吴文良:《泉州宗教石刻》,北京:科学出版社,1957年,第49页。

为一谈了,因而认为这些遗物属婆罗门教石刻,而事实上应属印度教石刻。或许由于当时的条件所限,吴先生没有来得及对神像的内容做进一步的考察,他所作的说明只是较早的记录,但是有着重要的意义。现在让我们对每幅石雕逐一加以考察。

石雕一(图版十五):正中右边刻着一尊四臂神像,两手合于胸前;后两手一持圆鼓,一持兜鍪,趺坐在莲座上。左边竖立一座塔状的"磨盘",印度称之为林伽—约尼(Lingam-Yoni),象征着印度人所崇拜的生殖器形象。这种长有四臂、手执不同标志物的神祇所持物为印度教"三位一体"的主神梵天、毗湿奴、湿婆所特有。依据雕像的形体和所执武器来看,所刻神像显然是湿婆。湿婆最基本的化身是林伽,左边竖立的塔状磨盘就是他潜在能力(性力)的象征。湿婆以这种原始的"男根"形象而受人祀奉,有时是传统形式的,有时则是十分写实的。

石雕二(图版十六):石龛雕刻形式与第一像并无二致,龛内左边为林伽,右边为湿婆。湿婆肌体纤细,身躯未加修饰,头戴发髻冠,散开如光轮形。雕像采用著名的莲花座势,脚掌向上翘,手结转法轮印,很像印度鹿野苑的佛陀雕刻——作永恒梦想的姿态,神态宁谧。在这里,湿婆作化身相。作为印度教三大主神中破坏神的湿婆,在本质上乃是一个复合的神祇,早在吠陀时代湿婆即有"福神"这个别号。信徒们称他为摩诃提婆大天,即宇宙间的唯一大神,所有其他诸神都自他而生。[①]

石雕三(图版十七):龛内正中刻四臂神湿婆,面貌呈愤怒状,左上手捧一团火焰,象征谬误的毁灭与真理的传播,右上手执兜鍪,左下手手掌向地面垂下,表示"有我在此,不必惧怕"之意,右下手手掌向天翘起,表示"不要惧怕"。一只脚向上举,象征超脱世间的一切羁绊和纷扰;另一只脚踩丑陋的巨魔,这乃是在死者尸体上的舞蹈,意味着战胜邪恶。站在湿婆背后的两个目击者为女神,其一戴孔雀毛所做的扇形冠,应为湿婆的妻子婆婆娣。婆婆娣是雪山女神(喜马拉雅山的女儿),有两个降魔化身,一是难近母(杜尔迦),一是时母(迦梨女神)。婆婆娣有时被描绘

---

① [法]雷奈·格鲁塞:《东方的文明》第2卷,《印度的文明》,第94页。

成娇柔动人的美女，而当她以可怕的形体出现时就叫作迦梨或难近母，乃是恐怖的女神，或者可以说是血腥的女神。另一女神可能为七母神，这是南印度在民间流传的信仰，她常常和婆婆娣一起追随湿婆。她们两个也像湿婆一样，都是生和死、创造和破坏的象征。①

第四件龛浮雕中的湿婆是另一种形象（图版十八）：胸阔肩宽，细腰，上身与现藏底特律美术院的一件11世纪的湿婆铜像相似。② 上两手一持拂尘，一持念珠，下两手则作无畏手印，下半部罩以"灯笼裤"，这是一种古代印度跳舞的服装。画面的湿婆趺坐在一个莲花座中。莲花是泉州印度教雕刻中大量采用的装饰，起源于印度，以后成了印度教、佛教神像的承座和一种建筑装饰图案。在古代印度人心目中，莲花代表美，代表力量、吉祥平安、光明和神圣。③ 在这里，湿婆所表现的不断创造生命的爱之本能像莲花一样开放，全身流露出温柔、慈祥的光辉。

众多的故事题材在其他雕刻上也得到表现。有一雕在印度式十六角形刻柱上的四臂神湿婆，手执三股叉、神圈和兜鍪，脖子上缠绕着一条蛇，挺立于莲座之上，发长过腹，额上饰有恒河与新月。新月曾被作为湿婆的象征，恒河则令人想起恒河女神的故事。据说，以前恒河圣水只是在天上流淌，幸车王为了祈求圣水下降以洗净土地，忍受苦难，躬自修行。后来，由于降水过多，眼看洪水就要暴发，湿婆慈悲众生，同意以头接水。水在他的发辫间环流了一千年，然后才由喜马拉雅山分七道水流冲下。④

泉州发现的另外几幅关于湿婆的浮雕，虽没有湿婆现身的神像，但多与湿婆派的传说故事有关系，用意是一目了然的。

长方形嵌板石雕有大象用鼻子向林伽献花的象祀神图（图版九），库玛拉耍弥引证说：此故事谓湿婆化身作苏达罗（Sundara）于摩吒罗的六十四轶事之一。因陀罗大神于摩吒罗附近某处树林中为林伽建龛以祀湿婆，

---

① ［法］雷奈·格鲁塞：《东方的文明》第2卷，《印度的文明》。
② ［美］苏珊·密歇尔：《底特律美术院的亚洲藏品》，景山译，载于《美术研究》1982年第4期。
③ 薛克翘：《印度雕刻艺术对中国华表的影响》，载《南亚研究》1982年第2期。
④ ［法］雷奈·格鲁塞：《东方的文明》第2卷，《印度的文明》。

适有性急尊者以花环相赠，因陀罗随手将花放到象的头上，象移之至足下践踏，于是尊者被贬到下界为凡象。库氏恐有误，又作另一解释：白象每天以花水膜拜湿婆的化身林伽，有蜘蛛在林伽上织网以防树叶零落，象以为不雅，扯下蛛网，蜘蛛发怒钻入象鼻，象疼痛难忍，往来甩动象鼻，结果二者俱亡。①

另一嵌板石形式如上，刻牛祀神图（图版三），表现湿婆派圣徒旃底娑的故事。画面左边为林伽，右边为牛。相传旃底娑生为婆罗门，幼年时见牧人痛笞一孕牛，心中不忍，遂自荐牧牛。牛与旃底娑相亲，竟不再思念牛犊。圣者欲以牛奶奉献湿婆，于是用泥沙捏成林伽。牛为之感化，遂自以乳敬神，以致引起村人的不满，竟挑唆圣者父子相斗，于是湿婆和婆婆娣遂现身，愿为圣者的父母对其加以保护。象和牛都是印度教徒所崇拜的神兽，湿婆的骑乘便是公牛南迪。据印度教经典的说法，牛从头到尾全身都是圣物。

在一印度式石柱上刻有两个角力的人，互相扯着对方的手足，呈"卍"断字形，在二人的胯下各有一根棒形物，即林伽（图版十）。此处所刻像克里希那和甘尼拉的角力，或为毗湿奴另一个化身黑天的哥哥大力罗摩（Balarama）和穆希帝迦（Mustika）的角力。② 在印度神话故事中，黑天是一位理想中的英雄，被看作是人民的朝夕相处、休戚与共的朋友，爱憎分明、刚直不阿的卫士，人们喜欢用轻松愉快、节奏明快的图案（如嬉戏角力）来刻画这个品格高尚、富于人性的神。

使人常迷惑不解的一处雕刻是位于泉州临漳门外的石笋（图版十四）。吴文良称之为大独石柱，是石器时代原始宗教延续的遗迹。但实地观察时，我们很难相信石器时代能雕出这么精细的、高4.5米的石笋。据《泉州府志》（乾隆本）记载，石笋于北宋初年就已存在。蒋颖贤很正确地指出这就是林伽。③ 依据雕刻的形式，这无疑是湿婆的化身林伽。在南印度和尼泊尔的湿婆派寺庙里，大抵都供奉林伽。关于它的起源，印度教有这

---

① ［印度］阿南达·K.库玛拉耍弥：《泉州印度式雕刻》。
② ［印度］阿南达·K.库玛拉耍弥：《泉州印度式雕刻》，第71页。
③ 蒋颖贤：《印度婆罗门教及其传入泉州》，载《海交史研究》1980年（总第2期）。

样一个传说：有一次湿婆因行为不检而遭众神讥讽，他羞愧得无地自容，便在一个晚上变成林伽石柱。湿婆向信徒宣称："羞愧令我获得新生，这就是林伽石柱，它是万物之源，如我一样无上至尊，从今后尔等要视它如我，向他祈祷定能遂心如愿。"远在北宋初年，印度教的文化艺术已传到中国大陆的东南沿海，这处石雕就是明证。

如上所述，泉州通淮门至南门城墙地段发现的印度教石刻，内容多是湿婆派崇拜智慧和性力的祭礼，"乍见几疑出自印度匠人之手"[①]。它们呈现出一种和我国的宗教雕塑传统不同的全新景象，反映了印度教艺术的丰富多彩而又富于想象力。

二、泉州印度教寺庙中出现毗湿奴神的原因

湿婆与毗湿奴是印度教的主要神祇，对这两个大神的崇敬产生了湿婆派和毗湿奴派。印度教的崇拜对象无疑是多种多样的。根据印度教神话，主神、佑护神、男神、女神，数量多达三亿三千三百万个。[②] 虽然印度教徒信仰和崇拜的对象很多，但他们仍然是一神论者，他们信仰的最高的神是伊尸伐罗、那罗衍或摩诃沙克蒂。他无始无终，永恒不变。最高神在凡界的代表是三大主神，即三位一体的梵天、毗湿奴（遍入天）和湿婆（大自在天）。

梵天是印度教万神殿中传统的主神，是创造之神，可是威力并不很大，只能掌管创造。在古代印度，最受崇拜的是毗湿奴和湿婆。

毗湿奴也称"毗纽天""诃哩"或"那罗衍那"，是最古的印度诸神之一，是宇宙之源和保护者，为了救世曾经十次化身（或为动物或为人）降临人间。在中世纪的印度教时代，毗湿奴的肖像有四只手，各执法螺、神杵、莲花及轮宝，他骑在大鹏金翅鸟背上，并有象征财富的女神拉克希米（吉祥天）及大地女神作为伴侣；在大海中他躺在一条巨蛇身上，在雕

---

① ［印度］阿南达·K. 库玛拉耍弥：《泉州印度式雕刻》，第68页。
② ［苏联］阿·基列巴里耶夫：《印度教的神及其传说》，朱明忠译，载《世界宗教文化》1982年第4期。

刻及绘画中常见的一个化身是人形狮子。

湿婆被称为战胜毁灭之神、苦行之神和舞蹈之神，代表着生与死、变化、衰亡和再生的力量，通常隐藏在阴暗无光、充满灾难的地方，战争、瘟疫、饥荒以及其他自然灾害都在他的控制之下。虽然湿婆能以各种形象使信仰者崇敬或恐怖，但他自己却因在发怒时把梵天的五个头毁掉了一个而隐居在喜马拉雅山顶上修道。

南印度的湿婆派和毗湿奴派可上溯至公元后的最初几个世纪。公元13世纪前后，佛教实际上已经灭亡，印度教诸神的形象是较古的《往世书》和奥里萨以及迦阇饶的神庙和爱罗拉石窟雕刻所表现的形式。① 湿婆派在较长时间里占有明显优势，但毗湿奴派也在流行。

《往世书》里的神话故事重现于元代泉州印度教建筑的浮雕群中，这绝不是偶然的事，泉州港内印度教文化的兴起无疑是当时社会的产物，这种在宗教形式下进行的文化交流在13—14世纪自有它存在的合理性，这种文化交流是一个港口城市繁荣的海外贸易引起的。宗教的来往和传播是中外文化交流的重要手段，研究湿婆派和毗湿奴派的区别对于探讨从南亚传入泉州的印度教派属问题是十分重要的。

人们也许要问，凭什么确定泉州的印度教寺是湿婆派的寺庙，这里首先要说明的是，印度宗教有它独特的一面，形式上崇拜一尊天神，或为湿婆或为毗湿奴，但它是以丰富多彩的神话为装饰的一神教，可以在尊崇一神的同时把其他神祇的神话也反映出来。② 因此，在印度教中常常出现崇拜湿婆与毗湿奴神的混合体，即诃里诃罗（Harihara），其形象通常是二面四臂，两面分为湿婆与毗湿奴，各有两臂。

泉州印度教寺庙遗址和遗物的调查结果表明，出土雕塑品不仅包括湿婆形象的雕刻，还有一部分是表现毗湿奴形象的。表现毗湿奴故事的石雕在20世纪30年代已有发现。1936年在番佛寺遗址发现的毗湿奴石雕造像高达四尺（图版一）。更富特征的此类雕刻是明洪武年间移入开元寺的印

---

① ［英］查尔斯·埃利奥特：《印度教与佛教史纲》第1卷，李荣熙译，北京：商务印书馆，1982年。
② ［英］查尔斯·埃利奥特：《印度教与佛教史纲》第1卷，第24页。

度式石柱以及须弥座石刻。它们分别是：象被水怪擒获，毗湿奴骑金翅鸟现身救象；毗湿奴的十臂人狮象，用手撕裂凶魔的肚子（图版六）；毗湿奴端坐于莲座，他的爱妻拉克希米（吉祥天）和布米德维（Bhumi Devi）陪伴于左右（图版十九）。另外有四幅跟毗湿奴有关的石雕：第一幅表现为象鳄互斗的神话，据说两兽为毗湿奴的信士。第二幅表现为黑天的神话传奇（图版二十）。在《往世书》里，据说他是毗湿奴的第八个化身。[①]圆雕上刻着被系的幼童（黑天的化身）在用力拉倒魔树。第三幅表现为阎摩那河七女出浴故事（图版七）。第四幅表现为黑天战胜水魔后吹笛舞蹈的形象（图版二十一）。后几个故事都取材于《往世书》。

进行这样一番对比就很容易发觉，反映湿婆崇拜的石雕作品在泉州寺庙构件中占重要地位，这是因为湿婆本身的形象多有表现，对林伽的崇拜充斥于雕塑之中。也许有人要问，既是湿婆派寺庙，为何又有那么多尊崇毗湿奴的雕刻凑集在一起呢？可以这样认为，湿婆派和毗湿奴派都具有泛神论的色彩，都不否认对方所信之神作为天神的存在。从泛神论的意义上说，他们各自以自己的神祇为造物主，认为对方的神祇不过是有势力的神而已。他们认为湿婆和毗湿奴以二神混合的形式出现会更加受人尊敬。[②]泉州的印度教雕刻也受到这种特点的影响。

考察泉州印度教寺的修建时间及其建筑、雕刻的内容，就会感到推断泉州印度教寺庙为湿婆派内容具有较充分的理由。寺庙创建的时间虽然于史无证，但族谱和考古学上的证据可以表明该寺是建于元代，可能是14世纪中期。尼拉坎塔·萨斯特里、雷奈·格鲁塞和哈斐尔等学者对这个时期南印度宗教史的研究表明，湿婆派作为最有活力的宗教长时间盛行不衰，它经由海道传播到了东南亚的广大地区。泉州是东西文明的海上交汇点，接受这种异域传播来的湿婆崇拜是不足为奇的。史籍记载，元代泉州与南印度马八儿、俱兰等地的海上贸易十分兴盛，印度的很多客商、传教士等曾居住在泉州。例如，元初马八儿国王子孛哈里曾侨居并归葬于泉州。[③]

---

① [英] 哈斐尔:《印度艺术手册》，伦敦，1920年，第168页。
② [英] 查尔斯·埃利奥特:《印度教与佛教史纲》第1卷。
③ 陈高华:《印度马八儿王子孛哈里来华新考》，载《南开学报》1980年第4期。

马可波罗返国经过刺桐港,目睹印度船只"运载香料及其他贵重货物,咸集往此港"。泉州珍贵的泰米尔文碑刻记载了船主挹伯鲁马尔1281年居留泉州的史实。① 可以想见,聚集于泉州的南印度人因祭祀、传教等宗教上的需要而建立教寺是很自然的。

为了以各种形式来拯救世界,毗湿奴扮演了各种不同的化身,因此罗摩和黑天的传说以及他的第七个和第八个化身在毗湿奴派的雕刻和诗画中占了绝大部分,② 这一点从北印度毗湿奴派的寺庙可以看出来。但他们在泉州现存的遗物中并不占有重要的位置。对毗湿奴的崇敬集中在"虔诚之道"(Bhakti,即对神的绝对地服从和诚信)。但这些宗教传统③很少在泉州留下痕迹。

南印度湿婆派的雕刻丰富多彩,泉州湿婆崇拜的丰富内容便是渊源于此。湿婆和林伽混合形式反复出现,这是奉献给生死之主的;表现湿婆驯服恒河的故事像是在赞美湿婆的慈悲;至于踩在巨魔尸体上的舞蹈则包含着一种英雄气概和冷酷无情的毁灭形象。其他如象祀林伽、牛祀林伽这类浮雕则宣扬众生灵必须崇敬湿婆。湿婆派信徒希望湿婆比其他众神能受到更多的崇拜。尽管出土浮雕只是劫后所遗,给人美感的艺术品仍相映成趣,富于启示。

另一方面,从雕刻的形式来看,泉州出土的湿婆像雕刻在典雅精致的龛状石刻、长方形的嵌板(石)和印度式石柱的圆雕之上,除了一尊雕像以外,毗湿奴形象的雕刻仅在印度式石柱的圆雕或基址、须弥座和束腰部分的石刻上得到表现。如果同爪哇的印度教建筑资料相对照,似乎可以为我们推测泉州印度教寺为湿婆派寺庙提供另一方面的旁证。

从建筑学的观点来看,泉州寺庙有点接近南印度泰米尔纳杜邦的湿婆派寺庙或马杜赖的米纳希寺(Minakshi Temple)的风格:单座式,立体构造,神殿是一简单的方形殿堂,前部正面列柱廊,顶上是由多层梯阶形成的方形尖塔式构造,其中施用凸出的石龛或嵌板。泉州教寺虽没有印度的

---

① 根据日本大阪大学文学部教授斯波义信最近所译泰米尔文碑刻的译文。
② [英]哈斐尔:《印度艺术手册》,第172页。
③ [英]哈斐尔:《印度艺术手册》,第73页。

繁密错杂，但仍受着传统结构形式的支配。我们注意到，泉州的湿婆像是雕刻在建筑的主要构件如殿身的石龛、嵌板之上的，而毗湿奴像雕刻在主体建筑突出部位的则特别稀少。

国外学者在考察爪哇普兰巴南陵庙、① 爪哇迪恩高地毕玛陵庙②的印度教寺庙的派属时，即根据殿顶各层的尊像种类以及排列位置等，判断这些寺庙为湿婆派教寺，其最高神祇是湿婆神。

以下事实也应引起我们的注意：几百年来，本地居民称元代泉州印度教寺庙为"番婆寺"，毗连的池子叫"番婆寺池"。"番婆"或许是泉州人对外国湿婆神的俗称。对此，吴捷秋先生从另一角度提供了说明。据其族谱记载，明万历乙酉（1585）之前，其先世在吴厝池建有供奉龛状神像雕饰的池亭，即上述四石龛中的三方，称为"池公池妈"（池婆），世代相传。③ 吴厝池距"番婆寺"遗址不过五六百米，三方石刻可能来自元末排外运动时被毁的印度教寺，至少我们是这样认为的。与之相类的形式可在南印度看到，许多达罗毗荼式的湿婆教寺院，寺旁有一为瞻礼节作宗教沐浴用的大池，叫筏池（Teppakulam），据说在宗教节日常用筏子把湿婆神像载到水中的神龛上去。④

总之，探讨泉州印度教寺的派属问题，最有力的证据就是上述的湿婆派雕刻。

三、南印度湿婆造像对泉州印度教寺中石刻的影响

泉州湿婆形象雕刻的发现使我们得以了解南印度宗教艺术的一个方面。这些反映印度古代宗教神话、人民生活的地下藏品，虽有我们自己的民族艺术特色，但在侨居的外国僧侣的影响之下，自有其独特的艺术

---

① ［日］仓田勇原：《神秘的岛屿》，载《世界风物志·东南亚》，台北：地球出版社，1978年，第71页。
② ［日］伊东照司：《以婆罗浮屠为中心的爪哇遗迹与美术》，载《世界风物志·东南亚》，台北：地球出版社，1978年，第83页。
③ 吴捷秋：《泉州婆罗门教三石刻见知录》，载《泉州文史》1982年6、7期合刊本。
④ ［英］A. A. 麦唐纳：《印度文化史》，龙章译，北京：中华书局，1948年，第70页。

风格。

笈多王朝以后,婆罗门教成为印度的主要宗教,宗教艺术也进入新阶段。中世纪的印度建筑雕刻是为扩大宗教影响服务的,它起源于象征主义。中古印度的印度教建筑包括三大派:马拉他派、奥里萨派以及10世纪以后泰米尔人治理下的紧那利派。将泉州出土的建筑雕刻(如台基石、须弥座、石柱、柱础石、柱头石、石门框等)与印度湿婆派的建筑相比较(例如,自公元11—17世纪南印度坦佐尔的毗摩那、泰米尔纳杜和马都拉的大庙宇),我个人认为,泉州湿婆派教寺属于紧那利派。这类建筑一般包括有:"曼达波",即神殿前面的柱廊或列柱厅;"瞿布罗",顶上建塔的门;殿堂本身,即所谓"毗摩那",上面建有像截了顶的方尖形多层大塔。①

南印度象岛、奥里萨、爱罗拉、玛莫拉普拉姆等地的湿婆派寺庙充满了种种刻画入微的神祇和动植物图像,具有强有力的装饰效果,给人一种具体深刻的印象。泉州湿婆造像艺术正是发源于这条宽阔的艺术之河。

印度雕刻师通常把湿婆刻成人的样子,长长的头发往后披散着。南印度爱罗拉4号石窟表现湿婆驯服恒河故事:圣河从发中流过,降低了速度,再缓缓流向大地,众神在两边簇拥着。泉州印度式石柱的圆雕是同一题材的重复,不过构图极小,取消了众多的陪衬和烦琐的细部,好像是印度石雕原型的撷片。

印度教具有两重性,一方面倡导苦行主义,自我折磨;另一方面又宣扬纵欲享乐。因此,人们把湿婆既看成是苦行之神,又看成是舞蹈之神。湿婆还被尊为印度舞蹈的始祖,有舞王之称。据说湿婆表演的舞蹈不下108种,从平稳、轻盈的滑动直到情绪激昂的狂舞。最著名的舞蹈名为丹特瓦,描写怒气冲冲的湿婆神以不可思议的速度狂舞着,最后导致世界的毁灭。而踩在巨魔尸体上的舞蹈是11—14世纪南印度雕刻的突出特点之一,有的刻在石头上,有的用脱蜡法塑成青铜像,这是达罗毗荼人的创

---

① [法]雷奈·格鲁塞:《印度的文明》,北京:商务印书馆,1965年,第103-104页。

造。① 在泰米尔纳杜、马德拉斯、爱罗拉以及法国的基梅美术馆经常可以看到这种类型的雕刻艺术。如泰米尔纳杜邦的布里哈迪什瓦拉寺殿身墙面的石龛内所刻的"舞王"造像，② 形象逼真。这类富于特色的雕刻在泉州的石龛上也可以看到，二者有令人惊异的相似之处（图版十七和图版二十二）：泉州石刻中湿婆脚下践踏的巨魔尸体与孟加拉崇祀的迦梨女神相同，都是复仇之神的象征。湿婆手握火焰，飞拂的肩巾显示宇宙运动的迅速，在盘旋中赋予世界以生命，又予以毁灭，一只右手却做着使人安心的"无畏印"。不同的是，南印度的许多舞王造像周边有不断旋转的火焰光环，③ 代表着为他所充满而且逾越的世界之环，意味着将宇宙间的一切活力变成物质世界。由此可见，泉州石刻与传统的印度宗教艺术有着一脉相承的关系。

在早期的印度雕刻中，湿婆都是雕成人形的，公元后开始有多头多手足的主神雕刻出现。随着湿婆崇拜的盛行，这种雕刻形式越来越多。神祇手持许多标志物，比起两只手来，就可以执行更多的任务，崇拜者要想象它显示这种形象，艺术家就毫不迟疑用色彩和石料来表现他。在南印度的雕刻中，湿婆的形象照例有四臂，分执战斧、达莫如鼓、三股叉和法宝，婆罗门式的发髻上戴有新月、骷髅等。这些特有的标志，每件都与湿婆一生中的某些经历有关。湿婆造像的这些特点在泉州石刻中随处可见。

湿婆与林伽混合雕刻的形式屡屡在泉州出现，这与印度的宗教艺术是一脉相通的。例如，公元1009年修建的坦佐尔湿婆派教寺，每一层分隔间雕有神像，殿堂里竖立一个很大的林伽，表示这破坏之神与创造之神为同一，而死亡在印度教中意味着是生殖的源泉。其次，圆盘中角力者与林伽的图案，已在古代印度屡加采用。艾克指出，以湿婆故事为题材的象祀林伽、牛祀林伽这类浮雕，乃是印度原物的中国摹本，刻于 Lingam－Yoni

---

① 参见常任侠：《印度与东南亚美术发展史》，上海：上海人民美术出版社，1980年。
② ［印度］K. V. 桑达拉·拉詹：《印度文化一瞥》，德里，1981年。
③ 请参阅［印度］阿南达·K. 库玛拉耍弥、罗丁等著：《湿婆的造像》，载《亚洲艺术》卷3，图1~图12。

(指磨盘)座下的云头莲花等尤为明显。①

另一种对湿婆崇拜作出贡献的是仪式上的姿势。泉州石刻中有几种手印为湿婆教所特有,使得佛教手印相形见绌。我们从雕刻中可以看到,湿婆摇鼓的手作"摇鼓手相",拿火焰的手作"半月手相",手执法宝作"金镯手相",舞蹈时作"无畏手印",还有"施与印"等。②

在这些气韵生动的浮雕群像中,白象、牛、狮子、鹿、猴、五头蛇、金翅鸟以及鳄鱼这些灵动的鸟兽无疑是来自于印度的雕刻艺术。热带丛莽里的眼镜蛇蜿蜒相交,组成一幅幅几何图形,在石雕中比比皆是;步履轻快、栩栩如生的象酷似摩婆里普拉姆雕刻中的大象。我们发现,在描写动物时,印度不曾失掉它的伟大传统,而这传统是和孔雀王朝、笈多王朝的艺术有联系的。

泉州的湿婆派建筑传布时间较晚,其形式随使用目的而定,柱面、墙面雕刻得简洁雅致,神殿的内部处理和浮雕不像印度雕刻那样复杂,构图也没有那么宏大。二者内容上虽然相近,但造像艺术不尽相同。泉州湿婆像雕刻在质地坚硬、全无纹理的辉绿岩上,虽可雕刻较细的条纹,但石料坚硬,所以线条比较粗犷,不像印度工匠能在沙石上那样运用自如地雕凿,创作大型的、繁复细密的雕刻品。

古代泉州的能工巧匠以南印度湿婆造像学为蓝本,熟练地采用浮雕、透雕和立雕等技艺,创作了一批形象生动的艺术品,放射出恒河与古希腊文化艺术相结合的异彩,渗透着中国雕刻的传统艺术风格,充分显示了中外劳动人民的高度智慧与才能。

泉州印度教寺庙遗址的发现证明了元代泉州与南印度之间所进行的频繁接触和交流,随着研究和发掘工作的深入,我们相信,有关泉州湿婆派传入的准确时间、教寺的建筑复原构式和其他令人感兴趣的问题将能得到进一步的解决。

原载《南亚研究》1984 年第 1 期

---

① 转引自[印度]阿南达·K. 库玛拉耍弥:《泉州印度式雕刻》,1933 年,第 10 页。
② [法]雷奈·格鲁塞:《东方的文明》第 2 卷,《印度的文明》。

泉州印度教毗湿奴神形象石刻

印度教肇源于古代印度，是目前南亚次大陆最重要的宗教之一，分布在印度、尼泊尔等国家。中印两国人民自古以来就有友好往来，在哲学、文学、宗教、音乐、艺术诸方面都互有影响；汉代，印度佛学通过西域传入我国，从此丝绸之路上的僧侣作为传播东西文化的使者而络绎于途，他们的业绩促进了中印间的思想文化交流，并把印度教带入了中国。日本真人元开撰《唐大和上东征传》记唐代天宝九年，广州"有婆罗门寺三所，并梵僧居住……江中有婆罗门、波斯、昆仑等舶，不知其数"。印度教传入福建泉州当在北宋之后，元代的泉州港是当时世界上几种主要宗教活跃的地区，据有关谱牒资料记载，印度教徒在这个时期不仅作为商旅进入该城，而且在这里兴建了规模恢宏的印度教寺庙，被当地居民称为番佛寺。作于元末而重修于明嘉靖三十二年（1553）的《清源金氏族谱》附著《清源丽史》云："泉州故多西域人……建番佛寺，备极壮丽。"这个壮丽的印度教寺在元末的战祸中遭受摧毁，所幸的是近百年来不断出土了作为建筑构件的印度教雕刻品，绝大部分为泉州海外交通史博物馆收藏。其中最为突出的是大神毗湿奴和湿婆的雕像，或为单体石刻，或雕于印度式石柱之上，或塑造于嵌板石之中，反映出印度教僧侣和建筑师奇特的想象和巧妙的构思，也呈现了糅杂着我国雕刻工匠喜闻乐见的图案花纹和传统技巧。泉州印度教遗址是中印两个文明古国宗教、文化和艺术互相交流的结晶。

毗湿奴和湿婆，同为印度教圣典中最伟大的神祇，它们共存于泉州印度教寺，各具特色，但又有某种宗教形态的表现。有关泉州印度教寺的派属和湿婆雕像内容等问题，笔者已做过初步考证[①]。本文仅就导致毗湿奴

---

① 参见拙稿《对泉州湿婆雕像的探讨》，载《南亚研究》1984年第1期。

崇拜的经典故事和传说，泉州毗湿奴及其化身的雕刻题材，它们与印度、东南亚印度教雕刻艺术的比较研究等几个方面加以论述，不妥之处，请学者们教正。

一、毗湿奴崇拜的形成及经典故事

印度教主神之一毗湿奴和众多化身的雕像在泉州存在，常使人们感到惊奇。直至近代，许多学者总认为印度教根本没有传入我国。刺桐港考古的新发现打开了人们的眼界，毗湿奴的形象屡屡重现于浮雕群中，在构图上表现着这位保护神超人的伟大力量和传奇故事。它们无疑是在宗教的热忱之下塑造的，具有印度人心目中伟大神格的印记，从不同角度体现了印度教教义和思想观念。

印度教是在婆罗门教的基础上吸收了一些外来民族的信仰与佛教、耆那教等的教义和仪式而形成的，主要信奉梵天、毗湿奴和湿婆三个大神，每个大神代表绝对权力的一方面。据印度的传说，最初的梵天创造了原始的水，在水中放了种子，那种子变成了金蛋。创造神梵天即由金蛋中产生出来，他出世后便以金蛋的两个半壳创造了天与地。据另一传说，梵天是从毗湿奴肚脐中长出一朵莲花产生出来的。印度教在中世纪得到广泛的传播和发展，又逐步形成毗湿奴派、湿婆派和性力派三大派别。毗湿奴派是印度教中有势力的派别，主要分布在印度的北部和西海岸地区，拥有深厚的历史根基。毗湿奴和湿婆并不是直接互相敌对矛盾的，而是各有自己的社会基础，代表不同倾向而互相补充的。在这里，若不追溯印度毗湿奴崇拜的形成及传说故事，对泉州元代印度教寺众多毗湿奴雕像及化身的存在，那些集中表现在对神的威力，通过想象、夸张、象征、变形的艺术手法创造出来的崇拜形象，是难以理解的。

毗湿奴最初出现于纪元前1000年成书的《梨俱吠陀》中，是印度最古的诸神之一。传说婆离是毗卢遮那之子，曾战败成群的神仙，包括因陀罗和天神，在三界中大名鼎鼎。他常宣称自己的王国跨越天地三界。其来由是毗湿奴托生在太阳神阿底提胎里，变成侏儒缚摩那，要求婆离赐给他三步可以跨过的土地，其结果是毗湿奴三步就跨越天地，把三界交还因陀罗，又建成天帝释的世界①。《梵书》中毗湿奴得到新的属性，在祭祀中成为神格化的人。表现形成毗湿奴崇拜最重要的阶段是在纪元初成书的大史诗《摩诃婆罗多》中，其神格由深蓝色来表示，逐渐成为主神。《往世书》的出现表明毗湿奴的慈悲性质已经促成，"对于所有生活要求的兼收并蓄，给予印度宗教以巨大的活力"②。人们期待自然神话和神灵的帮助，因而演化成毗湿奴的"下凡"，采取"显现"与"化身"两个重要手段。前者是为创造、维持、破坏宇宙；后者则为拯救世界，击败恶魔，以自己本身或部分在凡间的化身。

《薄伽梵往世书》中描写了遍入天（即毗湿奴）曾化作鱼、龟、野猪、人狮、侏儒、持斧罗摩、罗摩、黑天、佛陀、喀尔金十次下凡救世的故事。

渊源于南印度的泉州印度教寺③，主要是元代大量的印度船商、僧侣和移民来到泉州定居并且在此地布教的产物。在泉州印度教寺废墟中发现的众多毗湿奴石刻题材，则反映了即使重洋阻隔，这种虔诚的信仰仍然保持着不变的信条和独特的祭祀形式。

二、泉州毗湿奴神及其化身的雕刻题材

泉州印度教寺遗存的建筑构件，可以看到与印度本土印度教雕刻内容存在着一种内在的联系，似乎也表明，在泉州曾经存在过一个模仿正统的印度教源流的以印度僧人、船商为首的侨民社团。诚如在当时的南印度、爪哇、柬埔寨和越南占婆等地，湿婆教占有最显著的地位，但毗湿奴神也在宗教生活与祭祀中受到重视，从泉州残存下来的印度教雕刻中，仍然充分表现出对保护神毗湿奴的敬奉与颂赞，教徒既尊崇湿婆，又讴歌毗湿

---

① ［印度］蚁垤：《罗摩衍那》，季羡林译注，北京：人民文学出版社，1980年。
② ［印度］许马云·迦比尔著：《印度的遗产》，王维周译，上海：上海人民出版社，1958年，第53页。
③ 拙稿《泉州印度教雕刻渊源考》，载《世界宗教研究》1982年第2期。

奴，两者有着奇怪的平行性。如前所述，崇拜毗纽天的信徒创造了遍入天下凡的理论，后来集中表现在《薄伽梵往世书》里，这些故事的宗教轮廓在全印度往往趋于一致，但各地却赋予它们不同色彩的外衣。

近几十年，在泉州出土或发现的数十方有关毗湿奴崇拜石刻造像，或强壮有力，富于情感；或姿态各异，富于变化，很多雕刻图案的题材和特征具有印度古老传统的特色。

1934年在泉州南校场掘获的毗湿奴石雕造像（图版一），高1.15米，头戴权力冠，挺然直立，具有修长的体态和高贵优美的风采，宽胸博肩，长有四臂；上两臂左手拿着海螺（即法螺），右手持法轮（转轮刀，一种投掷的兵器），下臂左手倚着神杵，右手伸出做无畏印势，立于半月形的莲座上。在《薄伽梵歌》里，毗湿奴被描绘成天国的支撑者，午夜海洋的复苏者，誉称为雅利安武士之王，全身用可畏的武器装束着。海螺象征着繁荣，可作乐器，象征着无所不在的虚空的声音。《摩诃婆罗多》的诗里赞颂它是一种宝贝。圆盘是普遍力量的象征，即使在佛教雕刻中也是很突出的。莲花则代表神圣纯洁。在上述执持物中，神杵是最有力的武器，《摩诃婆罗多》有许多段落描述了用这种武器厮杀的故事。例如"因陀罗一扬手臂，投出了百节金刚杵"。

述及毗湿奴石刻，不能忽视移作开元寺后檐柱的辉绿岩柱雕。德国汉学家艾克和瑞士戴密微所著《刺桐双塔》描述了他们乍一发现石柱的惊喜印象。显然，这种十六角形刻柱的设计来自印度，精雕细琢和错落相间的图案给人一种既新颖又和谐的双重印象。有两幅浮雕内容相互关涉，构成了一个完整的故事题材，即取材于《往世书》里的象鳄互斗、毗湿奴骑金翅鸟现身救象的神话。此故事肇源甚古，象和鳄都是毗湿奴的信士，因惹动其他神祇而被贬低，彼此争斗不休，历经千余年，其后象猛然想到毗湿奴大神，以鼻举莲花向毗纽天求救；大神果然骑着金翅鸟飞临杀死鳄鱼，解救了大象（图版二十三）①。金翅鸟是喜马拉雅山里的一种半人半鸟的神鸟，象征天力。据说它从哪里起飞，哪里就成为圣地。在印度教徒心目

---

① ［印度］阿南达·K.库玛拉耍弥：《泉州印度式雕刻》。

中，毗湿奴如此受到推崇，不仅仅由于过去的丰功成绩，还因为他随时能协助信徒或者为真正教义提供证据。

另一幅浮雕刻毗湿奴的人狮化形（图版六）。画面中的毗湿奴凶猛强悍，令人望而生畏。大神伸展着套有腕镯饰有臂钏的十个手臂，执持惯常使用的盘螺等武器，把俘获的凶魔希拉尼亚卡西布放在膝盖上，用手擘裂其肚皮。神话故事表明，诚然有无数恶魔，但也有无数善神对抗恶魔。

在另一幅雕刻中，四臂神毗湿奴端坐于莲座上，两个美丽的女神各踩一朵莲花浮现于两旁（图版十九）。这两个性力女神是毗纽天的仙侣拉克希米（称吉祥天）和布米德维。拉克希米是财富、幸运与繁荣之女神，在太初搅海的故事里，她从无尽的深海浮现，给人们带来完美、富足的祝福，她的温柔的微笑洋溢着甘美的琼浆，这是印度常见的雕刻题材。泉州发现的这幅雕刻，可能取材于此。

泉州开元寺大雄宝殿前月台的束腰部分，嵌饰着印度教雕刻中常见的毗湿奴化身：人面狮身或狮子73方，有昂首伸爪，作吞噬状；有向前驰突，回头顾盼状。人狮曾救过忠诚信徒波罗罗陀，因波罗罗陀之父阿修罗魔王企图夺取主宰宇宙的大权。群狮怒吼驰驱所反映的凛然气氛，活生生地再现于昔日印度教寺的殿堂。印度教经典里还有这样的记载：阿修罗有一次非常傲慢地侮辱了毗湿奴的命令，高叫："如果他像人们所说的无所不在，他何以不在这柱子内？"边说边用拳头捶击宫殿中的柱子。就在此时，一声厉吼，一只可怕的恶兽跳出来，"幻化成人狮之形，双目红赤，如火中金，颜面盆形巨大"①。

印度多神教中最富于人性的神克里希那（即黑天）雕刻在辉绿岩刻柱上，计有5幅，是泉州印度教雕刻中引人入胜的佳品。这些来自印度的传说和神话，被表现得十分生动。它们分别是：幼年黑天奋力拔倒魔树，解救财神俱毗罗的两个儿子；在阎摩那河出浴的七女向爱神祈祷黑天能成为她们的夫婿，但黑天偷走她们的衣服登上高树，经牧女们亲至乞求始交还。它隐喻了印度哲理：凡求见天神，需舍弃一切，呈献出赤诚的心；神

---

① ［法］雷奈·格鲁塞：《东方的文明》第2卷，《印度的文明》。

童战胜扰害阎摩那河黑色蛇王的情景则是英雄崇拜的产物；克里希那和甘尼拉的角力等。克里希那是毗湿奴的重要化身，并且是毗湿奴教最早典籍《薄伽梵歌》的主要人物①。《薄伽梵歌》是一部通过故事宣传克里希那神的哲理书。这部书在印度家喻户晓，被奉为圣典，影响极大。克里希那被认为是万能之神的化身，非常受人们敬重。他出生在阎摩那河畔秣菟罗的耶达婆王室，因生就一幅美丽的容貌和一身蓝黑色的皮肤而得名，有"永恒迷人的男子"之称。他小时候异常顽皮又惹人喜爱。叔父甘撒王因听信预言，对他心怀厌恶，遣人欲置之死地。这孩子和弟兄大力罗摩藏在牧人南陀家里，才得幸免，日后在牛群中消磨时光，所以这一阶段的名字叫牧童②。克里希那长大成人后，毅然前去完成降生人间的神圣使命，把甘撒王杀死在宝座上。印度著名史诗《摩诃婆罗多》称黑天是阿周那的御者和谋士，足智多谋的英雄，叙述了在俱卢家族和班度家族的浴血大战中，克里希那站在弱小的受欺凌的班度家族一边。在千百年的岁月里，印度人民把自己对人生的美好理想寄托于"黑天王"，发挥了丰富的想象力，精心塑造了这样一位理想中的英雄。印度的许多宗教节日与黑天有关，例如黑天诞辰节、霍利节等。在印度如此，即使远隔重洋的泉州城，雕刻品中依然凝聚了丰富的想象力和宗教情感。

毗湿奴的另一伟大化身是罗摩，《罗摩衍那》中的英雄，理想中的印度王。泉州印度教寺废墟中所遗石刻，没有发现罗摩的形象，使人不无遗憾。所幸的是，与罗摩卓越的经历紧密相连的大颔神猴哈奴曼，体现于门框石中。哈奴曼神通广大，尾巴长得很长。在脍炙人口的《罗摩衍那》的故事中，哈奴曼为帮助罗摩王子去战胜凶恶的魔王，救出美丽的悉多，纵身一跳，从印度跳到楞伽岛（斯里兰卡）。在《战争篇》中，罗摩兄弟身受重伤，哈奴曼去北方草药山采回仙草救活罗摩兄弟。这块门框石中哈奴曼手上拿的可能就是这种仙草。人们把扬善除恶的猴神哈奴曼当作捍卫正义的化身加以崇拜。南印度许多寺庙雕有上述形象③。尼泊尔尚有以哈奴

---

① ［英］查尔斯·埃利奥特：《印度教与佛教史纲》第1卷，第37页。
② ［法］雷奈·格鲁塞：《东方的文明》第二卷，《印度的文明》。
③ ［日］中野美代子：《孙悟空的诞生》，东京：玉川大学出版社，1980年，第193页。

曼命名的猴神之宫。

　　印度教诸神具有的主要特征是权力，他们能控制自然界的秩序，消灭凶恶的势力。1943年从泉州通淮门城墙获得的另一门框石，浮雕着一位身形庞大、精力旺盛、双手合十的神祇，左臂下有一根棒形的金刚杵。吴文良先生推断该神为武士①，但值得怀疑。此神"拟人化"程度相当高，根据形体和手执的武器，这个双肩宽厚的神祇应是帝释天——因陀罗。因陀罗神是由吠陀期以前继承下来的印度雷电之神，后来完全人形化。成为雅利安人的守护神，有"堡垒破坏者"之称。雅利安人为了在战争中赢得胜利，常敬奉因陀罗。诚如毗湿奴在大洋的搅动中打败了黑暗势力，因陀罗的最大战绩是用霹雳战胜蛇妖婆利达，《罗摩衍那》描绘他骑着伊罗婆陀，手持百节金刚杵，有雷霆万钧之力。

　　上述雕刻只是毗湿奴神多样性题材的一部分。经典故事总是编制在宗教经验和教徒的希望之上。毗湿奴派主张虔诚，对复兴印度教起了很大作用。北印度的罗摩虔诚派就是由毗湿奴的信徒倡导的，著名的罗摩奴阇曾担任毗湿奴派的大师和领导人。泉州印度教寺有关毗湿奴崇拜的雕刻，无疑占有一定的分量，无限丰富的细节和装饰既表现宗教的热忱，又体现教义，它们对于研究印度教传播史、宗教艺术史，具有很大的价值。

三、与印度、东南亚毗湿奴雕像的比较研究

　　印度艺术的花朵在宗教世界首先绽开的是佛教。佛教美术的隆盛期自公元前3世纪的孔雀王朝到公元5、6世纪的笈多王朝。笈多王朝处于婆罗门教的复兴时期，印度教的建筑、雕刻艺术达到新的阶段。笈多的毗湿奴雕像神态优雅庄严，雕刻手法精练、谨严，南方艺术的发展是在帕拉瓦的统治下开始的，"南印度是帕拉瓦风格的天下"②。这些艺术品的鼎盛阶段属于公元6—13世纪，南印度的爱罗拉、马德拉斯、泰米尔纳杜、奥里萨

---

① 吴文良：《泉州宗教石刻》，北京：科学出版社，1957年，第54页。
② [印]恩·克·辛哈、阿·克·班纳吉合著：《印度通史》第一册，张若达、冯金辛、等译，北京：商务印书馆，1973年，第173页。

等地的印度教寺与石窟比比皆是，有着无数装饰繁丽、细节丰美的雕像。不仅神像如此，动物、植物、自然景物及其他形象，亦被用来点缀建筑物的内壁与外观，使整个寺庙看起来亦像是繁丽的雕刻群。印度教诸神是以自然力与自然物为基础的神祇，由此产生了数不清的神。为了表现其不同的特色，形象外表都极富变化，与佛教以人类为对象而描绘的尊神不同，印度教的神像注重表现超人的类型，如创造出多头多手臂的形象，诸神常常摆动胳臂，以各种变幻的姿态显现，这与佛像以内心的静寂为依归成了显著的对比。

保护神毗湿奴由于三步能跨越宇宙而成为诸神之中最优越者，对他的崇拜千百年来绵绵不绝，雕刻和塑造了无数的神像。限于篇幅，要对许多神像进行讨论是不可能的，笔者只是把泉州幸存的部分毗湿奴及其化身雕像，与印度、东南亚的印度教遗存作一初步比较研究。

毗湿奴较早的神像是两只手臂，《摩诃婆罗多》说那罗衍那手里只拿着圆盘和神杵。到了贵霜王朝，始有毗湿奴四只手的神像，现在有一些收藏在摩杜罗博物馆。神像的大小、姿态和饰物好像是预先规定的，和泉州出土的著名雕像很相似。上面那双手是从双臂伸出来的，手持圆盘、海螺、神杵等武器，冠冕和衣饰使人联想到早期的夜叉形象：冠盖高高的，神杵的制作简单；宽胸细腰，具有同样端庄而又神秘的姿容以及匀称有力的肌躯。印度教易于使一切艺术成为象征性的因袭惯例。印度勒克瑙博物馆保存的毗湿奴雕像，属于公元10世纪的作品，在雕刻艺术风格和装饰方面，同元代泉州毗湿奴雕像仍然有惊人的一致性。具有同样吸引力的是受印度文化影响的印尼爪哇和普兰巴南，那里几尊公元7、8世纪以后的毗湿奴立姿造像，一般处理得简洁朴素，还有一些细节是当地所特有的。令人感到："对于统一性和连续性的迫切要求，也表现在印度艺术发展的一切形式中，印度教是建筑在多样性的统一的原则上面"①，如果我们寻找差异的话，西印度维鲁巴加萨寺的几组毗湿奴雕像以及勒克瑙博物馆的藏品，比泉州的神像显得精致，因为印度雕刻家所选用的砂岩，抚之感有小微

---

① ［印度］许马云·迦比尔：《印度的遗产》，第74页。

粒，因而采取了更为遒劲的手法并且富于装饰性；例如较豪华的冠盖，带着耳环，脖子上围着项圈等。

因为印度的诸神最初缺少个性，所以雕刻家则给大神们添加一个负载神像的驮兽。即如因陀罗骑的是一只象，湿婆骑着公牛南迪，毗湿奴的骑乘则是金翅鸟。驮兽是用以表示神祇超人的神力及其特有的个性。在泉州现存印度教雕刻中，有好几方刻有金翅鸟的图形。其中比较出色而又带有夸张色彩的是毗湿奴骑金翅鸟现身救象；羽翼之上抖动的煞有介事的人面，双脚作腾跃状，使人久久难忘。乘坐金翅鸟的毗湿奴在东爪哇也有出现，贝拉汉的陵墓中就刻有这种非凡的雕像①。对毗湿奴的崇拜同时发现于柬埔寨吴哥窟，其中心神殿供奉了跨着金翅鸟的毗纽天。这种神鸟张开宽阔的翅膀，其姿态比泉州的雕刻显得更灵活生动。在尼泊尔的雪山脚下，对金翅鸟的崇拜也极为流行，加德满都斯瓦扬布那塔寺的两幅雕刻②，吸引了游客惊奇的目光。

关于毗湿奴的居处与创世，印度、东南亚许多精致的石雕作品中都有反映。有的刻毗湿奴在创世之前居于乳海之中；有的刻于乳海北岸"海豚"的心脏；有的刻于海中大蛇悉沙的身上，毗湿奴披着黄色的外衣，胸部有牛的标志③。摩诃巴里婆兰与阿胡尔的雕刻，乃是用自然主义手法表现活的形体的范本。毗湿奴以"皇家安逸"的姿势，躺在大蛇阿难多的卷带上，两个优美的女蛇仙，在周围轻歌曼舞，整个浮雕画面洋溢着依归毗湿奴神的喜悦场面。这类型的印度雕像尽管构图雄大厚重，尽管生气勃勃并且有可惊的动感，但被过分的繁丽压倒了。泉州寺庙由于规模不太大，没有这种过于堆砌的装饰。作品力求准确，突出主题，构思鲜明，有合乎比例之感。例如，四臂神毗湿奴倚着神杵立于莲座，吉祥天从海浪中升起的圆雕，这个主题在印度雕刻中屡加采用。在玛莫拉普拉姆华丽的雕刻中，拉克希米等女神洋溢着青春气息，身躯呈现著名的"三道弯"，线条

---

① [英] D. G. E. 霍尔：《东南亚史》上册，北京：商务印书馆，1982年，第103页。
② 常任侠选注：《佛经文学故事选》，神鸟二图，北京：中华书局，1958年。
③ [日] 松涛达诚：《印度的神话》，载《世界文明史·印度文化圈》，台北：地球出版社，1978年。

的优美和动感跃然在画面上，相比较之下，泉州的雕塑平稳简练，线条粗放，放弃了繁复的镂刻。

在泉州发现的那些形神兼备、姿态生动的神像雕刻中，毗湿奴擘裂凶魔肚皮的画面简直像是从印度原型直接临摹下来的，大神具有同样的十臂，手臂的舞动与半蹲身的架势几乎一模一样，甚至带着腕环的手插入肚皮的位置也极为相似。这些怪异雄浑的造型充满了生命力，表明古代艺术家希望树立自己的英雄——保护神来战胜一切凶魔，包括不可理解的大自然。如果说到区别之处的话，印度本土的十臂人狮头部更为渲染，鬃毛蓬松，宝冠更为华丽，周围有摇旗呐喊的活泼小神，且衬托以苍莽雄浑的原野景色①。

柬埔寨的吴哥、巴普昂、班台斯雷，印度尼西亚的爪哇等地，遗留不少有关毗湿奴的雕像：既有《摩诃婆罗多》中的战斗场面，又有《罗摩衍那》史诗中的图景，以及《薄伽梵往世书》中的毗纽天搅海和克里希那的灵异事迹。这些地方的印度教文化无疑是由印度传入的，但与当地土著文化有了融合，反映克里希那的动人经历在宗教建筑中有充分的表现。班台斯雷的浅浮雕，如同沙石的花挂毯，刻着年轻的克里希那和兄弟在林中的图景，这种清新的极富自然情调的牧歌式画面，刀法异常柔和，即使点缀其间的七头蛇，也装饰得富丽精工，昂起的头好像一把扇子②。唯有宗教的启迪，才使泉州的浮雕具有同样的感染力。牧童黑天被表现为一个吹笛的漂亮青年，常和牧女嬉戏，他与危害阎摩那河的蛇王迦里亚的战斗场面令人瞩目：大蛇迅速缠绕他，他极轻易地将有五个头的眼镜蛇摧毁，跳起不可言状的舞蹈，使得蛇王也和他一齐跳动。在克里希那头顶上浮动着的圆盘和海螺，象征着这位英雄使用的就是毗湿奴用以克敌制胜的法宝。C.F.卢卡从印度搜集到的跳着蛇舞的幼年黑天铜像③。描绘同一故事，且也是五头蛇，神情俱足，该像现藏于法国基梅美术馆。所不尽相同的是，印度许多迦里亚——黑天雕刻，表现黑天在得胜之后似乎不吹笛子。吹笛

---

① ［印度］P. 多默斯：《印度宗教风俗习惯》，孟买，1975年。
② 常任侠：《印度与东南亚美术发展史》，上海：上海人民美术出版社，1980年，第99页。
③ ［印度］许马云·迦比尔：《印度的遗产》。

子的克里希那大都表现于牧草地，表现他在南陀的牛群中与牧女罗达的爱情故事。另外，泉州石刻反映的大多是黑天幼年的功业，他成年以后继续发生的英雄事迹，如在斗技场一战击败疯象和甘撒王派遣的敌手，与鲁克弥妮的婚事和对阿修罗巴那的胜利等，这类题材在泉州尚没有发现。

产生于吠陀的印度教，在其发展过程中，每个神都有复杂的变化，不同时期的印度教雕刻，都有这种变化的痕迹。有人过分强调宗派的重要性，把毗湿奴与湿婆派的雕刻及祭祀形式生搬硬套地加以区别，都是不妥的。殊不知在印度教教理中，也有梵天、毗湿奴、湿婆三大主神共同作用于宇宙之说。以为大梵天创造世界，毗湿奴维持世界，湿婆破坏世界。这可能是试图将独自发展的三种神融合为一体而加以合理化的表现。

泉州印度教文化遗存的发现，使得我们对印度古代的宗教形态、印度教的传播史、建筑雕刻艺术有了进一步的了解。根据已获的有关毗湿奴神及其化身的造像，我们可以认为，毗湿奴崇拜在泉州与在其发源地几乎完全一样。在元代泉州港的鼎盛时期，中印两国人民和睦相处，互通有无，一度矗立在泉州城区的印度教寺就是一个佐证，同时这也是中印两国人民通过佛教和印度教文化的传播已建立起来的友好关系的继续。

我们有理由感到欣慰的是，迄至今日，泉州还有印度教神像及石刻的精品继续出土，研究工作尚须大力拓展，我们冀望于将来。

原载《世界宗教研究》1988年第1期

元代泉州与南印度关系新证

引言

在元代初期,蒙古的征服带来了巨大的变化,穿越中亚的商路重新对穆斯林商人开放。泉州(马可·波罗称为 Zaytun)成为我国同印度洋、波斯湾沿岸国家贸易的主要港口,来自西域的蒲寿庚家族长期担任提举市舶司一职,说明当时的贸易范围多么广泛。印度人和古泉州亦有着频繁的海外交通和宗教文化交流,互相发生影响,传播这种影响的主要途径是通过南海的海上丝绸之路,它为近半个世纪来泉州发掘出来的大量印度教历史文物所证明。过去,笔者曾经就泉州印度教雕刻渊源,教派所属,雕刻内容和神像艺术等方面的问题发表过一些文章。[①] 本文并不妄图将考古学上及艺术上的许多资料予以详尽论述。笔者只希冀通过近几年考古调查所获的部分印度教石刻、教寺建筑构件从中考察其历史背景,深入研究传承途径以及它们的价值,进一步阐明通过著名的海上丝绸之路,泉州和南印度之间深远的友好关系。

一、印度教石刻的新发现

为了说明元代泉州与南印度交流史上的重要篇章,考古学上的证据日益显得重要。20世纪30年代以来,弃置或掩埋于泉州一带的城墙、荒野、

[①] 参见拙稿《泉州印度教雕刻渊源考》,载《世界宗教研究》1982年第2期;《对泉州湿婆雕像的探讨》,载《南亚研究》1984年第1期;《泉州印度教毗湿奴神形象石刻》,载《世界宗教研究》1988年第1期。

池塘、道路和城乡小庙的印度教雕刻不断地被发现。它们是印度教传入我国的历史见证,以印度教主神和有关神话、传说和中国传统装饰纹样为题材,创造了一种表现外来宗教内容独特的艺术风格。《中国日报》《泰晤士报》《德国东方美术周刊》《印度时报》《印度邮报》等对此做了专门报道或评价,引起很大的反响。近来,随着泉州考古不断有新发现,更加确定泉州已有的外来宗教史证据具有较多含义。

1984年年底,我们在距离通淮门城墙遗址约两里地的东海乡下围村,发现了一方很有韵味的印度教石刻,砌在流经村庄的河沟边,被茅草所掩蔽。该石刻呈长方形,高47厘米,宽57厘米,厚22厘米,用辉绿岩雕成。主体部分刻成屋形方龛,龛顶正中为一钟形雕刻装饰,屋脊顶层饰有狮子头像,屋宇下左右各刻一根多层相迭的莲花柱。龛内正中雕刻一塔状的磨盘(印度语称为Lingam-Yoni)由盛开的莲花所承托。其左右各刻一神像,头戴宝冠,颈上缠绕念珠,饰有臂钏,手腕套镯环;乍一看来,两神像造型极为相似,且采取同一态势,跌坐在莲座上(图版二十四),犹如菩萨,充满尊严和超越世俗的表情。当地居民传称此尊神像是释迦牟尼和观世音,并煞有介事地说,菩萨很灵验,由于祭祀此石,村子里不会闹水灾。但依据雕像的形体来看,所刻神像很可能是印度教破坏神湿婆或追随者,而塔状的磨盘,毫无疑问是湿婆最基本的化身林伽。印度教认为,破坏之后必然要创造,湿婆虽是破坏神,但也有再生能力,所以男性生殖器是其象征。在印度教的万神殿里,湿婆的崇拜者最多,形象最复杂;其相貌又有四种区分:破坏相,一个常带着兀鹰出没于火葬场所的赤身苦行者;行乞的苦行师相,几乎是裸体的;舞王相,象征着大神的最高活动能力;三面相,这使他能够同时展现三种面貌。这方龛状石刻,反映的是湿婆崇拜的题材,尽管像的塑造挟带有泉州佛教艺术痕迹,很可能是呈三面相湿婆的造像,即湿婆和其主要表象林伽,或者是湿婆妻子的两个化身在护卫着林伽。此石显属印度教寺建筑外观的饰物,普遍嵌在内殿的层楼顶上。20世纪50年代初期,已故的吴文良先生曾搜集到这种类型的龛状石。①

根据泉州出土印度教寺残存构件的尺度与式样，对照中世纪南印度神殿建筑实物，可以推测出元代泉州印度教寺概略形象。但若作复原之研究，目前资料还不够，有待更多这方面各式各样石刻的出土。令人欣慰的是1985年以来，笔者在泉州的津头埔、东门外、新门街、伍堡街等地调查征集到一批各种样式的建筑石刻，其中有"花朵式"柱头石两方。其一高25厘米，宽98厘米，方形平面，前后两面各刻莲瓣及十字形的花朵。两侧的花朵作对称式向下垂着，另一石高26厘米，宽86厘米，形式与上一块接近。在泉州出土的花朵式柱头种类很多，仍然是南印度雕刻的摹绘作品。更确切地说具有印度的希腊化艺术（犍陀罗）的特征，柱子和柱头仿照罗马式样，即科林斯柱头。中世纪印度乌耶劳尔神殿的刻柱10多根，每个柱头都呈"花朵式"，个个都有束莲向下垂着。② 在南印度马杜赖、斯里朗加姆等地的许多神庙里，巨大的雕刻饰以细致的艺术手法增加了有柱的大厅和长的柱廊，那些颇有特色的柱头、柱身和泉州发现的印度寺建筑构件石柱基本相同，稍有区别的是方块上无圆盘而已。津头埔村民在修建东大路时掘获的石横枋，残长73厘米，高21厘米，宽33厘米。两边刻有花纹。左刻眼镜蛇蜿蜒相交的变形图案，边缘还有一石榫突出（3厘米×3厘米×1厘米）；右边长方形框内，刻有海棠花，边缘一侧雕有斜形莲瓣（图版十三），此石大概是廊柱柱头檐子之间架置纵横方向的梁枋。此外，笔者于1988年5月在泉州伍堡街旧石店的围墙基发现另一横枋石，高22厘米，宽131厘米，边缘刻斜形莲瓣，砌筑在一起的还有几方印度教寺构件和基址石刻。1956年，吴文良正是在同一地点发现两方泰米尔石刻，我将在下文中提及。叶道义先生1985年在南门港仔（墘）获得的希腊式柱头石，宽57厘米，高30厘米，一端作八角形，石顶刻莲瓣两层，四周各刻剑形垂柱，这种奇异的造型有着强烈的装饰效果。1989年6月，在鹿园灵山附近发现的葫芦状柱顶石位于柱身顶端的部分，极为罕见。石雕宽32厘

---

① 吴文良：《泉州宗教石刻》，北京：科学出版社，1957年，图111-图114。
② ［日］伊东忠太：《东洋建筑之研究》，东京龙吟社，昭和十二年。

米，高64厘米，上部雕一葫芦形，下部宛如十六角形刻柱的一段。四方形的台座，四面椭圆盘，内刻缠枝花图案。它们互相交错的排列，反复循环的图样，与垂直的石柱互相照应，使人想象到泉州印度教寺的无比风韵。

神像雕刻在艺术家手中已经证明它们是表示信念、信仰、思想和感情的重要寄托手段，特别是精湛的印度雕刻术和用稳健的手法塑造出许多有感染力的艺术形象。1987年7月，晋江文管会的黄世春先生谈起池店旧街兴济亭壁龛上有一来历不明的印度式雕刻。当我前往该地考察时，只见雕像上方悬挂着"兴济亭佛祖"的横布幅，旁边围护的木栅栏镌刻着对联，匾额上书："观自在"；左右联分别为："兴风境国泰民安""济万物风调雨顺"。当地村民一直坚持认定此神像为观音菩萨，是明代池店大富豪李英搬到池店的，每年的观音诞辰，全村居民都来上供，香火旺盛。经实地查看，笔者发现这不同寻常的"菩萨"乃是广泛流行南印度的印度教艺术造型，即深受印度教教徒尊崇的破坏神湿婆的"舞王相"。此石刻系元代泉州印度教寺的嵌板石：长66厘米，高48厘米，中间浮雕着四臂神湿婆，宽胸博肩、细腰，四只手分别拿着常用的降魔法宝：达莫如（Damaru）鼓、眼镜蛇、长枪、铃铎（Chanta）。大神一脚踩着仰卧在地的巨魔，另一脚盘在莲座上（图版十七），欲作舞蹈之状。舞蹈从最早的时期开始，就一直在印度艺术中形成了如此重要的因素，以至于世界上可能没有其他国家像印度那样在宗教雕刻和绘画中频繁地出现舞蹈形象。"舞王"湿婆的构思是中世纪南印度艺术中少数有价值的贡献之一。[①] 在湿婆左右伫立的两位女神，她们是"舞王相"的目击者，可能是神妃婆婆娣或乌摩。印度教万神殿有一系列女神的崇拜，其中最有声望的是湿婆的妻子婆婆娣，她常表现为不同形象，因而有不同的名称，一般被描绘成站在湿婆身旁的年轻美女。这幅新发现的"舞王"造像，雕工精细，形神兼备，无疑是汲取印度教艺术，从南印度原型直接临摹下来的。但耐人寻味的是，池店、下围的村民长期把有关湿婆崇拜的印度教石刻视若观音，顶礼膜拜至今，这

[①] ［印度］R. C. 马宗达、H. C. 赖乔杜里、卡利金卡尔·达塔合著：《高级印度史》，北京：商务印书馆，1986年，第255页。

到底是村民对元代印度教的生疏，抑或是异化了的宗教现象？值得我们做深入地探讨。法国学者龙巴尔（Denys Lombard）教授在印尼华人社区亦发现类似的情形。无论如何，这一事实反映了来自同一国度的两种宗教在古代泉州人心中的认识混同状况。

元代泉州印度教寺早已不复存在，所存者仅是那些积淀丰富，反映印度教某些特点的残柱断石。从新发现的柱头、柱顶、龛状、嵌板石等建筑构件来看，其外露部分都以不同程度深浅的浮雕形式镌刻精美的纹样。显然它明显地体现了南印度帕拉瓦、朱罗艺术的风格。但希腊、罗马对这种建筑设计有所贡献的观点是不容否认的。作为一个整体，泉州出土的印度教石刻提供了最生动的佐证：元代独特的社会历史环境使泉州兴建的印度教寺呈现出独特的风貌，聚居于泉州的印度教徒所拥有的惊人人力与金钱资源。新发现的湿婆崇拜雕刻同样具有新的含义；从建筑学的观点看，这两方龛状、嵌板石显然砌筑在神殿上的突出部位。众所周知，印度教神庙的尊像种类以及排列位置，往往是精心设计的，为了表现教派的祭祀特点和仪式，即使在今日的南印度，湿婆仍然以类似形状受到几乎普遍的崇拜。湿婆神像的再次发现恰恰证明笔者以前所推断的：泉州印度教寺渊源于南印度的湿婆派寺庙。

二、海路的湿婆教文化圈

古代的南印度以航海和对外贸易著称于世，东西海岸许多城市成为国际贸易的重要场所。南印度的建筑和雕刻历史是从帕拉瓦庙宇开始的。取代帕拉瓦王朝的朱罗王朝是伟大的建筑者，罗阇罗阇大帝在坦焦尔修建的大湿婆庙或许是这风格的最好典范。泰米尔纳德地区，享有"寺庙之乡"的称号；例如坎奇普兰因为拥有众多结构精美，风格奇异的神殿而久负盛名。据说这里原来有 1 116 座建于不同朝代的印度教寺庙，其中湿婆教神庙 1 008 座。[①] 马杜赖作为印度教的圣地，更是以宏伟的寺庙建筑、精湛的

---

① 朱明忠、姜国涛：《印度教的圣地》，载《世界宗教资料》1990 年第 2 期。

雕刻艺术而闻名于世。最壮丽的当推湿婆派的米娜克希（Minakshi）神庙，神龛中供奉着林伽和大宝石。伴随着贸易之风和移民，南印度人开始在印度洋的航运和贸易业上扮演重要角色，并把色彩浓郁的宗教带到其足迹所到之处。

南中国海是人们所谓亚洲东西方交流商品和思想的主要通道，位于两次季风所必经之道。因此，它非常适合于季风期的航行。公元4世纪以来，大量的商船，僧侣移民通过这海域与岛屿之间的海道，中国文明、印度文明几乎同时从不同的方向向这一地区传播。综观从南印度南端——东南亚——泉州的印度教遗存，不难发现，南印度人通过海洋东部的坚强纽带到达泰国与柬埔寨，这条纽带一直向东伸展到印尼群岛。公元以后，有两次大的迁徙扩大了印度在东南亚的影响，越南南部的占姆人和柬埔寨的克美尔人曾建立过印度的或印度化的王朝。① 南印度的泰米尔诸王朝曾多次入侵东南亚国家，例如，11世纪初朱罗王朝征服缅甸、爪哇和苏门答腊等地，随之而来的是泰米尔的大量移民。② 印度教的湿婆派开始获得广泛的传播并在东南亚国家的宫廷与社会生活中打下很深的烙印。

迄今为止，已经在东南亚广大地区发现许多印度教神像或有关的碑铭，在印度尼西亚古王国爪哇的所在地，人们可以看到印度教三大主神的雕像。从出土情形分析，地位最高的显然是湿婆神。在婆罗洲发掘的属于4世纪的碑文中刻有笈多式的印度教诸神，如湿婆神、公牛南迪、象头神等等。另外，在爪哇5世纪中叶的碑铭中曾提到信奉婆罗门教的礼仪。公元413—414年，我国高僧法显从爪哇返国，他在自传中写道："耶婆提国外道婆罗门兴盛，佛法不足言"（《法显传》）9世纪，爪哇中部出现马打兰王国，4位君主都信奉湿婆教；其中之一达克夏在普兰巴南建立了156座神庙，这些雄伟的建筑物都有湿婆派的特征。③ 苏门答腊和南印度的密切关系，还可以从婆罗师附近发现的用泰米尔文书写的碑文（1088）看出

---

① ［法］雷奈·格鲁塞：《东方的文明》第2卷，《印度的文明》，第138页。
② 始步：《世界上的泰米尔人》，载《南亚研究》1983年第4期。
③ 黄心川：《世界十大宗教》，北京：东方出版社，1988年，第96页。

来，根据碑文的内容，可以判定是泰米尔商人建立的。①

古代柬埔寨是受到南印度文化影响的许多地区之一，宇宙创造之神梵天的雕像已经发现，但最为普遍的是湿婆神像。在这里湿婆以各种名字出现在人民的日常生活中，许多梵文铭刻强调湿婆无所不在，说他的宇宙之光照破黑暗。7世纪初，国王伊奢那跋摩一世把柬埔寨首都改名为伊奢那城（意即湿婆之城），足见此神影响之大。②

占婆是受印度教影响很深的古国，它的范围大致相当于现今越南中南部、柬埔寨和泰国的一部分地区。从碑铭和考古材料中，我们得知9—14世纪印度教在占婆很流行，破坏神湿婆占据最重要的地位。在占婆发现的130处碑铭中，有92处提到湿婆神。③ 像在印度或泉州那样，湿婆既用人的形象，也用林伽形状表现出来。

泰国虽然是小乘佛教国家，但在8—9世纪时就接受了柬埔寨的印度教影响。在泰国的考古和碑铭中遗留不少印度教三大主神的资料，在曼谷的物波（Vatpo）还发现一块湿婆林伽。在东南亚古王国的宫廷中，绝大多数都长期供养着一个数目庞大的婆罗门僧侣集团星占学家和建筑家，国王的思想和言行甚至受到他们的左右。

综上所述，我们看到了南印度人在东南亚的文化扩张与宗教渗透，湿婆派信徒的建庙活动以及传布情况，他们沿着海上丝绸之路节节推进，有效地扩大其传教区域，最后甚至远及南中国的海岸。泉州成为湿婆教文化圈内奇异的一环，无疑是远东地区印度教传播史上一首灿烂而又被人遗忘的插曲。在泉州，在东南亚古国，印度人的宗教思想和做法几乎没有多大改变地传入，并被全盘接受下来，上述地区的印度教寺遗存，都具有南印度湿婆教艺术不可磨灭的特征。湿婆既用人的形象，也用林伽形状表现出来，湿婆崇拜的经典故事屡屡出现于浮雕群中。不同的是，泉州的湿婆派

---

① ［印尼］萨努西·巴尼：《印度尼西亚史》，吴世璜译，北京：商务印书馆，1972年，第140页。
② ［印度］维贾伊·塔吉尔：《古代柬埔寨的湿婆教》，马鹏云译，《南亚与东南亚资料》1983年第1期。
③ 王士录：《婆罗门教对东南亚的影响》，载《世界宗教资料》1988年第2期。

寺庙，比东南亚的神庙及遗迹，不论在造型、结构、细节等方面更忠实于原著，很少有大的变动。在南印度的神庙中，十六角形的刻柱占有重要地位。巨大建筑物从底层到顶端都布满雕刻和装饰的线条图案。但对南印度、泉州神庙构成如此重要附属物的柱子，在东南亚的印度化王国的神庙中却完全没有。从东南亚的神像雕刻所反映的情况看，印度教对这些古国的宫廷产生过巨大影响。国王们常把自己神圣化，以王神合一面貌出现，让人们加以崇拜。例如，在柬埔寨的吴哥古迹中，雕像很多是国王或王族的化身，他们死后被当作神祇供奉，并取得神的谥号。而在中华文化根深蒂固的泉州，从未显露过这种痕迹。另外，许多东南亚国家的湿婆派寺庙，虽未脱出南印度美学影响之窠臼，但已融合了具有本地特色的民族艺术，即如爪哇迪恩高地的神庙，有一些细节是当地所特有的，如诸神所乘的坐骑已不再是动物，而是兽面的人体；又如湿婆乘坐的神牛南迪为牛首人身的形象所代替。① 然而在泉州的湿婆派寺庙中，神像艺术几乎是南印度雕刻的翻版，一般都被处理得简洁朴素，反映这种特点的另一手法是工匠在打制中加进了一些中国传统的装饰图案，使之与印度教内容杂糅在一起，更易为人们理解和接受。

在我国和南亚、东南亚长期的历史交往中，我国很多僧侣、商人、学者和使节通过实地观察和了解，写出为数众多的反映南亚各国历史地理、风土人情的著作，其中记述了印度教活动的情况。我国古籍如《晋书》《南齐书》《梁书》《隋书》《新唐书》《通典》等都有关于南亚和东南亚婆罗门教、印度教活动的记载。② 但有关印度教徒在泉州建庙及过程，除了谱牒资料《清源金氏族谱》有一处令人生疑的记录之外，尚无其他可证。近年来，随着泉州的印度教石刻的新发现，对遗留的泰米尔文碑的顺利译解，有关元代南印度泰米尔人在泉州的建庙活动以及泉州与南印度在历史上的密切联系，正逐步露出端倪。

---

① ［法］雷奈·格鲁塞：《东方的文明》第 2 卷，《印度的文明》，第 127 页。
② 黄心川：《世界十大宗教》，第 101 页。

三、元代泉州与南印度的频繁交流

泉州在南朝陈文帝天嘉四年（563）即有印度高僧拘那罗陀来泉州的记载。① 五代时有印度僧人航海到泉州，住居开元寺。唐代后期泉州已成为一个对外贸易的港口，进入宋朝以后，更加繁荣。据《诸蕃志》记："雍熙间（984—987），有僧啰护那（Rahula）航海而至，自言天竺国人……买隙地建佛刹于泉之城南，今宝林院也。"到了元代，随着海外贸易的极盛和大批外国人的在泉州聚集择居，泉州港以其空前的繁荣和多色调的都市风貌，为世人所注目，故当时的诗人描写泉州有"缠头赤脚半蕃商，大舶高樯多海宝"②之句。元初，印度次大陆东南部有一个在南海一带号称强盛的马八儿（Mabar）国家，宋代称为注辇，即今南印度泰米尔纳杜邦及其邻近地区。中国的记载说它"比余国最大""足以纲领诸国"。③ 关于这个王国的历史，我们过去所知甚少，只知马八儿在中国与波斯湾及其南亚地区的交通中占有特殊重要的地位，并且与泉州港有过相当密切的关系。《元史》卷210《马八儿传》的记载，使我们对这件史实有更多的了解：（至元十八年）四月，元朝使臣哈撒儿海牙、杨庭璧至马八儿国新村马头登岸，其国宰相马因的谓："官人此来甚善。本国船到泉州时，官司亦尝慰劳。"可见马八儿常有商船至泉州。至元二十八年（1291），马八儿国王子孛哈里（不阿里）因"与其国王有隙，奔于元"。④ 终身侨居在泉州。由于南印度和泉州交通的频繁，泉州商人乃至官吏在地理概念上，对海外地区有了更多的认识。"海外诸番国，惟马八儿与俱蓝（南印度半岛之西南）足以纲领诸国，而俱蓝又为马八儿后障。自泉州至其国，约十万里。"⑤

---

① （乾隆）《泉州府志》卷7，"山川·九日山"条。
② 宗泐：《题清源洞图》，载《全室外集》卷2。
③ 《元史》卷210，《马八儿国等传》。
④ ［朝鲜］《东国通鉴》卷40，《忠宣王一》。
⑤ 《元史》卷210，《外夷列传》。

元初，蒲寿庚的部将，泉州人尤永贤暨随行副将等30余人，曾充任元廷的使臣，率团往南印度的马八儿国访问。《闽泉吴兴分派卿田尤氏族谱》记其事云："……进镇国将军加九锡，又授占城马八儿国宣抚使尤永贤公……于至元十三年归元，授虎符昭威将军，管军万户……十七年（1280）入觐……授占城，马八儿国宣抚使……奉旨招谕，盖南毗（Malabar）也。航海逾年，始至马八儿国，宣上威德，国人从风而靡，治舟以归……"元政府派出以泉州人为主体的大型使团，说明泉州港在对南亚的交通具有多么重要的地位；而当时中外使节的往来，大多也是由这里进出的。

元代南印度商人的纷至沓来，亦屡屡见于西人的记载，诚如意大利旅行家马可波罗所称："应知刺桐港即在此城。印度一切船舶运载香料，及其他一切贵重货物，咸莅此港。"他还提到马八儿与俱兰为前往中国最近之城，中国人到此地的特别多。非洲摩洛哥游历家伊本·白图泰1347年来华，从泉州港登岸，在各地旅游数年后复抵泉州，然后搭乘由此驶向印度的商船西归。他在《游记》中写道，"余抵港之日，见前往印度差使某君，其人携送礼物至印度朝廷"，并注意到一艘由泉州解缆正要开往印度的货船，船中满载货物。① 他记述泉州烧制的瓷器非常精美，大量运往印度诸国。此外又记录了驰名海外的刺桐缎。1342年元顺帝派遣使臣去印度，馈赠其国王摩罕美德锦缎500匹，其中就有百匹是在泉州织造的。终元之世，泉州和印度之间的经济文化交流和友好往来，从未间断过。

元代泉州和南印度的特殊联系，还被出土的碑刻所印证。1956年12月，已故的吴文良先生在五堡街豆芽巷的旧石店围墙发现两方碑铭（图版二十五），白花岗岩琢成，系一石断为两截，碑高32厘米，长分别为55厘米、66厘米，上刻6行"未被认识的文字"，其照片最初由吴发表于1957年出版的《泉州宗教石刻》上，列为补图1和图2。近10年来，首先是印度学者萨布拉玛尼恩（T. N. Subramaniam）指出所刻文字为南印度的泰米

---

① 马金鹏译：《伊本·白图泰游记》，银川：宁夏人民出版社，1985年，第551、565页。

尔文，并一一辨读出来。① 后来日本东京大学的辛岛昇亦作了译解，② 结果如下："向庄严的合罗（湿婆神）致敬，愿此地繁荣昌盛。时于释迦历1203（1281）哲帝莱日（4—5月）圣班达·贝鲁玛，别名达瓦·查库拉瓦蒂（尊称）蒙契嘎察伊汗的御赐执照，为了契嘎察伊汗的健康，建造了乌代耶尔·铁尔迦尼·舒拉代耶尔神的神像。"

首先必须注意到，碑文表达了对湿婆神的敬奉之情。合罗是印度教徒对湿婆的称呼。湿婆的性格有两种特征：其一是可使人病、死，乃毁灭世界的破坏者；其二，能给人恩惠，司音乐、戏剧、舞蹈，并司苦修，对虔诚的苦修者赐予恩惠。在举行祭礼时向湿婆致敬，此风行于南印度。其次，泰米尔铭文表明了建碑人圣班达·贝鲁玛是来自印度泰米尔纳杜地区（马八儿国）的泰米尔人。泰米尔纳杜是泰米尔人的故乡，印度境外各国家和地区的泰米尔人皆源于此地。碑文对尊贵的圣班达·贝鲁玛采用复数语尾、尊称，又隐含这是一富商或有权势的宗教人物。由于泰米尔文碑不是以第一人称而是采用第三人称叙述，又表明建碑者与撰文者并非同一人。换言之，元初泉州港肯定聚集着相当数量的泰米尔人。

另外，碑文的祝词与叙述文句反映了居留此地的南印度人为了建立神庙，塑造神像，希冀获得元廷的敕许。很容易猜测，颂扬文句是奉献给入主中国的元世祖忽必烈，由于其对海外贸易的重视和鼓励，遂使东西方文明的交流空前广泛，各种宗教，皆依其信仰而自由活动。日本学者辛岛昇以为元初忽必烈的长子（即真金太子）曾患疾病，定居在泉州的泰米尔商旅为了获得占据地盘，建立教寺，进行宗教活动的权利，立碑效忠元廷，举行宗教仪式祈求忽必烈之子恢复健康。但是，契嘎察伊汗一名，从对音来看，与忽必烈的发音不太相近，这个问题值得进一步探讨。顺便提一下，元初途经泉州港的马八儿使节可能向元廷传递泰米尔人聚落要求建立宗教活动场所的信息。从官方记载来看，至元十八年（1281）到成宗大德

---

① T. N. Subzamahiam Zuyyuz, Subramaniam, T. N., "A Tamil Colony in Mediaeval China," South Indian Studies, Madras 1978.

② ［日］辛岛昇：《13世纪末南印度与中国之间的交流——围绕泉州泰米尔石刻与〈元史·马八儿等国传〉》，汲古书院，昭和六十三年。

元年（1297）这17年中，元廷和马八儿国互派的使节，就有十多次。

泰米尔文碑的发现和研究具有积极的意义，这是迄今在泉州发现的唯一有文字依据的涉及泉州印度教的考古学证据。它对核对并增补其他来源资料有着特殊的重要性，而且本身亦有独立的信息价值，可以帮助我们澄清笼罩已久的迷雾，例如，元代泉州印度教寺的创建时间，建造人以及相互关涉的问题。

元代泉州建造的印度教寺，史乘记载近乎空白，过去人们引以为据的，只是一条线索，即作于元末而重修于明嘉靖三十二年的《清源金氏族谱》，其中有《丽史》的一段记事："至是元政衰……其婿西域那兀呐袭作乱……那兀呐既据城，大肆淫虐，选民间女儿充其室，以金豆撒楼下，命女子掇取以为戏笑，即乔平章宅建番佛寺，极其壮丽，掠金帛贮集其中。"上面提到的番佛寺即印度教寺，几乎成定论，但印度教寺建立于元政衰的中晚期，且是由蒲寿庚的女婿那兀纳所建，却大成问题。蒲寿庚家族和那兀纳皆是回族巨贾，信仰伊斯兰教的阿拉伯商人主持建造印度教寺，无论从情理或逻辑上都令人难以置信。再者"元政衰"的时期，是元末泉州穆斯林发动战乱的十年，那兀纳最后成为战乱祸首，无情地拉下泉州港极盛历史的帷幕，在这段杀戮残酷的乱世，无论如何都不可能建造备极壮丽的神庙。诚如诸野史稗文常有杜撰或移花接木之处，那兀纳建番佛寺之说是不可信的。

那么，泉州印度教寺究竟是谁建造的？泰米尔文碑刻的记载，向我们提供了很有意义的线索。此碑出土于五堡街旧石店围墙，刚好是泉州西南地段城墙故址。诚如前述，笔者于1988年5月正是在此地再度获得六块印度教石刻，围墙地基的伴随出土物并没有伊斯兰教或其他教门的石刻，由此可以推知，泰米尔文碑刻与元末被毁的印度教寺石构件一起被遗弃在古城基。显然，碑主即具有尊贵头衔的圣班达·贝鲁玛与稍后兴建的番佛寺（印度教寺）有着莫大的关系。似乎可以这样认为，是圣班达·贝鲁玛或其泰米尔商旅主持兴建了规模恢宏的泉州湿婆教神庙。

再从建造时间来考察，冠以圣班达名字的泰米尔商旅，无疑是来自南印度的马八儿国。由于元帝国的建立，中国同印度洋沿岸国家的接触，从未如此直接和频繁。其时之巨贾大商多为阿拉伯、波斯人，他们在很大程度上垄断了泉州的香料与丝瓷交易。但是，诚如马可波罗、伊本·白图泰所揭载的，印度商人，特别是马八儿国的泰米尔人亦是一支不容忽视的商旅。在古代，泰米尔诸王朝（朱罗、潘地亚和哲罗）曾几次长期地统治过南印度大部地区，国势强盛，航海和对外贸易十分发达，东西海岸许多城市成为国际贸易的重要场所。泰米尔人的商船队经常往返于埃及、罗马、中国、阿拉伯及东南亚国家之间，到这些国家的泰米尔商人络绎不绝。泰米尔人于1281年在泉州立碑并蒙元廷恩准建立神庙这一事实，说明泉州港在印度洋贸易圈中举足轻重的地位，也显示了在宋末元初的泉州南门，已经存在着一个庞大的有雄厚经济实力的泰米尔侨民社团，他们迁徙自由，熟悉泉州商业市场，并积累了巨大的个人财富，其中一部分用于满足宗教的需要。这些移民的构成包括商人、僧侣、占星家、通译及杰出的建筑师。可以想见，大量聚集的南印度人因祭祀、传教和文化扩张等需要而建立神庙是很自然的。因而我们认为在泉州的元代印度教寺建立于元代初期。这个巨大的印度教寺，并非短时间能够完工，起码要耗费 8~10 年。在这些石刻文物中，南印度泰米尔纳杜地区湿婆庙的强大影响随处可见，令人惊异的规模，优雅的装饰设计，"乍见几疑出自印度匠人之手。"① 产生这种影响的渠道是多样化的：大量南印度人来到泉州；印度的蓝本或艺人的输入；以及对传入这个国家肖像原稿的描绘等。泉州的印度教遗存提供了生动的佐证，说明南印度移民所拥有的宗教精神与巨大财富。

  再次，泰米尔文碑刻记载的元廷敕许建庙的有趣资料，业已被发现的石匾额证实。该石于1945年被发现于开元寺大雄宝殿的大门横楣上，显系从他处移入。该石刻作长方形，宽115厘米，高45厘米，属于印度教寺石匾额的上部，匾内浮雕"御赐佛像"四字，左右各刻一飞天，天使头戴印度式的冠盖，细腰，两耳垂肩，即印度梵语中的 Vidyadhara（维德亚特罗），飞翔的天使，通常表现为悬浮空中，不带双翅。此处皇帝御赐的"佛像"显然不是指佛教的菩萨，而是"番佛"，印度教诸神。

---

① ［印度］阿南达·K. 库玛拉耍弥:《泉州印度式雕刻》，第68页。

泉州印度教石刻的新发现以及遗物中有南印度泰米尔人所书碑铭这一史实，对研究元代泉州港的宗教文化、社会生活及经济政治关系具有特殊的意义，此事只能从泉州—南印度关系之历史发展背景来看才能充分理解。

原载联合国教科文组织海上丝绸之路综合考察泉州国际学术讨论会论文集：《中国与海上丝绸之路》，福州：福建人民出版社，1991年。

图版一　毗湿奴石雕立像

(1)

(2)

图版二　印度式十六角形辉绿岩石柱

图版三 原嵌在白考庙焚香炉上的石刻

图版四 大象与鳄鱼缠斗

图版五　湿婆的苦行像

图版六　毗湿奴的人狮形象

图版七　克里希那偷走七牧女的衣服

图版八　神猴哈奴曼

图版九　大象与林伽

图版十　克里希那与甘尼拉的斗争

图版十一　半人半兽石刻

图版十二　半鸟半兽石构件

图版十三　蛇形雕刻

图版十四　泉州临漳门外的石笋

图版十五　湿婆与林伽石刻

图版十六　湿婆与林伽石刻

图版十七　舞王湿婆像

图版十八　四臂湿婆趺坐在莲花中

图版十九　毗湿奴与两位伴侣

图版二十 毗湿奴化身幼童形象

图版二十一 黑天战胜水魔后吹笛

图版二十二　南印度泰米尔纳杜的舞王像

图版二十三　毗湿奴救象

图版二十四　两神像与林伽

图版二十五　泰米尔文石刻

基督教研究

对泉州天主教方济各会史迹的两点浅考

一、泉州基督教石刻的派属

近几十年来，泉州城根及其附近地段，不断出土雕有十字架的古基督教墓碑、石墓盖等，大多数用辉绿岩和白色花岗岩雕成，图案特殊，蔚然可观。现在保存下来的有31方。这些宗教石刻文物，曾引起中外研究宗教史，特别是基督教史学者的注意和探讨。

元代泉州基督教，不仅有聂斯脱里派（景教），还有天主教方济各会。关于这些石刻的派属，吴文良先生曾在其专著《泉州宗教石刻》中提出：从墓石及碑刻的雕刻来看，图71~图75属于西方的圣方济各派，其余如图76~图80、图83~图89等归属景教，但区分的根据及二者的特征，吴先生没有说明。又谓：墓碑与墓顶石的十字架与莲花的雕刻，则东西两个教派的雕刻艺术往往相同，很难分辨属于哪一教派。[①] 对此，西方和日本的学者亦未能考定。

在泉州发现的古基督教墓石，大部分来源于刺桐城墙。据《泉州府志》，城墙最后一次大修是在明洪武年间，也就是说这些教徒的坟墓，至少在明初已被毁坏拆除，整批砌在城基上。墓石全部是花岗岩雕成，大小不一，型制多样，有的保存较好，有的残缺不全。墓碑有圆拱、尖拱、弧形、长方形四种形状，基本上属于壸（kūn）门图形（佛教装饰艺术的一种窟龛形图案）。石墓有须弥座，是一种台座式的坟墓，和北方的木棺式、寝棺式石墓迥然不同。这些石刻，极富图案装饰，雕刻有十字架、天使、

---

① 吴文良：《泉州宗教石刻》，北京：科学出版社，1957年，第37—38页。

带翅膀天使、瑞云、漩涡状云彩、海水、火焰、莲花、西番莲、束莲座、变体莲花等十多种图案。雕刻文字有叙利亚文、拉丁文、八思巴文、叙利亚字母拼写的突厥文（可能是元史所载的亦思替非文字）①、中文。据学者考释，明确标明年代的有五方，年代为1311年、1313年、1324年、1332年（？）、1339年，即元代的中期和后期。

要区别出土基督教墓石的派属、年代和雕刻艺术，首先应注意1946年在靠近通淮门城墙掘获的辉绿岩石刻。此石刻经英国学者的考证，为元代来华的意大利方济各会传教士安德烈·佩鲁贾墓碑（图版二十六）。碑顶作尖拱状，上半部有残缺，浮雕已经磨损，尖拱下浮雕两个天使，似合扶着"圣物"，飘浮的帷幕表明它们在飞翔着，整个图案具有虚幻的效果。十字架下浮雕一朵莲花。碑面上阴刻拉丁文字九行，第一行前和末尾各刻一小十字架，文字自左至右横写，是一般拉丁文语系的写法。毫无疑问，这是一块天主教方济各会碑刻。首先约翰·福斯特等学者早已辨认出其中的拉丁文有安德烈·佩鲁贾字样。据查，安德烈·佩鲁贾为意大利传教士，曾任元代刺桐方济各会主教。再者拉丁文内容是明显的西方教会语言，与叙利亚文铭词判然有别。其次，浮雕的天使图案有不同的雕饰特征。泉州基督教石刻中有十块浮雕有天使图像。飞翔的天使和振动双翅的天使，伸出双手或扶着圣像，可能导源于《约翰福音》中"两个穿白的天使"，《使徒行传》中"两个穿白服饰的人"，而天使加百列（Gabriel）和米加勒（Michael），主题图案则是受到西方古典雕刻术"带翅膀的胜利"所影响。7世纪以前，受希腊文化启发的天使在意大利祭坛、大理石雕、壁画等罗马公教的建筑装饰上，是广泛运用的。而远东聂斯脱里派的石刻，把这种模型加以发展，属于叙利亚、波斯或亚历山大学派。波斯萨珊王冠头饰、僧帽、僧服、曼伸的罩袍末端在空中拂动等形象，是完全波斯式的，与1906年英国斯坦因在敦煌千佛洞劫去的景教画像颇为相似。我们判定为景教的八方天使像，有的刻有明显的胡须，佩戴耳环等蒙古制品，有的还刻有该教在中国的用字，叙利亚文、八思巴文。但《泉州宗教石

---

① 韩儒林：《所谓"亦思替非文字"是什么文字》，载《考古》1981年第1期，第63页。

刻》图 74 和图 81 两方辉绿岩墓碑则是例外，应确认为天主教雕刻品，没有胡须，而胳膊富有希腊式的美感。1952 年扬州旧城墙拆除时，在南门水关附近，续得两方意大利天主教传教士墓碑，其中一方碑顶雕刻飞翔的天使，同是不戴僧帽，① 这一发现可以作为此推断的佐证。

泉州发现的方济各教徒墓石，可以辨认清楚的有八块。除了上述两方天使雕像外，另外几块，可在《泉州宗教石刻》的图 71、图 72、图 97、补图 19，及 1978 年从泉州东门仁风街吊桥护城河西岸断崖中出土的两方十字架石墓盖中寻找到。这些碑碣的共同特征是：希腊式的十字架，其上下左右长度相等，末端稍大，十字架下几乎没有景教墓石传统的莲花、莲座、夸张的莲花柱脚。其纹饰主要是漩涡状云片，瑞云环绕，有的边缘伸出几道火焰，有的边缘刻有卷草纹或水云日的装饰，如《泉州宗教石刻》补图 19 所见。云彩图案源于新旧约全书，如"上圣从云端降临"（《旧约全书·约伯记》），"人子从云端下来"（《新约全书·马可福音》）。英国奥丁堡的奈斯教授指出：西方早期基督教的艺术，多是带有云片、漩涡以及与生命之树较有联系的十字架。② 泉州方济各会士遗物的图饰和边缘绘较简单，是相当古典形式的，一望而知，比景教墓石更少远东形式，更少波斯的影响，更少与中国传统图案的糅合。

与此不同，散布在泉州的景教墓石，另有其特色。唐代西安景教碑、北京房山景教碑、元代扬州景教碑大都有异曲同工之处。如西安景教碑碑顶，篆额上阴刻十字架，下边有莲座，左右两侧有云气纹，呈莲瓣形，值得注意的是十字架中间有圆圈，臂端各附加二至三颗宝珠，这是景教所特有的。饶有兴趣的是泉州现在还遗有四方同类型的景教遗刻，碑面阴刻叙利亚文，可见从唐至元，历经变易，这种景教雕刻手法依然留有痕迹。综观泉州 30 多方遗物，几乎所有景教十字架，都有莲花或莲座的装饰，吴文良先生以为东西两个教派十字架与莲花的雕刻相同，显然不妥。

---

① 耿鉴庭：《扬州城根里的元代拉丁文墓碑》，载《考古》1963 年第 8 期，第 450 页。
② 见 John Foster, "Crosses from the Walls of Zaitun", *The Journal of the Royal Asiatic Society*, 1954，P. 21.

二、泉州方济各会教堂遗址

天主教方济各会入华传教，是在忽必烈统一中国后，自意大利人约翰·孟德高维奴（1247—1328）开始的。此后为孟德高维奴在华传教，教皇又派七人来华，但仅3人到达中国。他们是哲拉德（Gerard）、裴莱格林（Peregrine of Castello）和安德烈（Andrew of Perugia），这三人都相继为泉州（刺桐）的主教。[①]

裴莱格林于1318年1月3日从泉州写给"东方教区诸兄弟、总牧师……兄弟、神父教士"的一封信，因仅见于一个抄本，又属于一个以作伪著称的叫阿半索·西卡列里（Arbonso Ceccareli），曾被认为是仿造。但是经过仔细研究，现在学者们越来越多地认为它不是赝本，其中记刺桐的一段话如下："现在我被任命为刺桐的主教，我在这里和平、安静地尽力和三位虔诚兄弟为上帝服务。这几个上帝的仆人是格里马底的约翰兄弟、蒙特卡诺的阳玛诺兄弟及萨列扎纳的文图拉兄弟。……在这座刺桐城，我们有一座好的教堂，那是一个亚美尼亚妇人留给我们的，以及一所房屋，而她为我们自己，以及为那些其他要来的人，提供生活的必需用品。在城外我们有一块树林的美好地方，我们要兴建屋舍和一所教堂。我们只需要有教友，我们期待着他们……"[②]

这个记述和裴莱格林的继承人安德烈主教的信函中的说法一致："（刺桐）有亚美尼亚某妇人，富于资财，在此建教堂一所，雄壮华丽，为一方冠。……余乃于附近小林中建美丽教堂一所。堂距城仅四分之一迈耳（mile，英里——引者）而已。堂中有办公室，足敷二十二僧之用。另有四室，皆可为教务上高官之行台。"[③] 教皇派驻波斯国丹尼亚城总主教约翰·可拉（John de Cora），在报告书《大汗状况书》（约1330年著）中提道：

[①] 张星烺：《中西交通史料汇编》第一册，朱杰勤校订，北京：中华书局，1977年，第231-231页。

[②] C. Dawson, *The Mongol Mission*, London, New York, 1955, pp. 233-244.

[③] 张星烺：《中西交通史料汇编》第二册，第132-133页。

"总主教（指孟德高维奴）又在刺桐城建堂二所，刺桐临大海。距汗八里可三月行。有小级僧人二名，在两教堂内充主教，其一为佩鲁贾之安德肋。其他即佛罗伦市之彼得也。"① 此泉州有两所教堂，一座在城内，另一座在城附近的树林里，后者为安德烈时建成。

截至今日为止，教堂遗址、天主教碑刻已初步发现。其一是在泉州城内靠近东门城根的邻近地段。实地调查表明，已辨认出的两方方济各墓碑，正是在拆除东门城楼时发现的。此外，1978年还有更重要的发现。泉州建筑工人在东门城墙护城河挖土砌岸时，发现天主教石墓碑两方②，白色花岗岩雕成，台基式，底层长1.48米，宽0.52米，高0.3米。两方雕制形状、花纹和风格大体一致，横侧上部一端雕刻十字架，下为瑞云，和泉州发现的景教石墓惯常用的莲花柱脚不同。另外，断崖层里还发现了七八段白色花岗岩大圆柱。最长一段约3.4米，也有1~2米的，长短不等。在圆柱的柱头和上部，都可以看到分别凿有约25厘米×10厘米×2厘米和10厘米×10厘米榫孔，显为建筑构件。更有先例，1946年吴文良先生在东门城外围楼城基注意到一圆形大石柱的出土，此柱长约4米，砌有石雀替的碑，当时许多罗马天主教堂主殿堂的列柱廊正是由许多大石柱支撑，使建筑内部加大空间和高度。查东门城墙至东鼓楼一带，明代以前无其他宗教寺庙建筑，天主教在此营建教堂较有可能。这是所要说明的第一个天主教堂遗址。

其二，城墙所掘获的十字架墓石，很多得之于城墙东隅与北隅交界处，为元代遗物。色厝尾是外国人墓地，正是处于这一位置。这里至东门城墙的距离，与前述安德烈主教信件所说"距城四分之一迈耳"颇相符合。据吴文良、许清泉先生的调查，此地本为古时大厝（大厦）。③ 这里掘地时，经常掘到柱子残段及砖石一类建筑构件，年前还是泉州天主教堂的墓葬地。在东门城外的色厝尾实地踏勘，发现有许多迹象表明这里作为教

---

① ［英］亨利·玉尔：《东域记程录丛：中国古代闻见录》第3卷，1915年，伦敦，第100-101页。

② 吴文良：《泉州宗教石刻》，第43页。

③ 同②。

堂是极适宜的：比城区稍高的坡地，河水在旁缓缓流过。我们知道西方教堂，常选择在近郊的有树林的幽僻处，可开辟墓地，安葬教徒。色厝尾不仅具备以上条件，且为频繁出土的遗物所证其不误。这是所要说明的第二个教堂遗址。

考古收获，泉州基督教石刻大部分是在东门至北门邻近找到的，数量较多的穆斯林石刻主要来自东门至东南方向的通淮门城墙及附近地段，印度教文物是在通淮门至南门的城墙中间，这也就是说，石刻遗物按教门不同相对地集中。近年来有关清真寺址[①]和印度教寺遗址的研究可作说明。

原文与何高济合撰，载《世界宗教研究》1983年第3期

[①] 庄为玑、陈达生：《泉州清真寺史迹新考》，载《世界宗教研究》1981年第3期。

元代泉州方济各会遗物考

近几十年来，泉州城根及其附近地段，不断出土雕有十字架的古基督教墓碑、石墓盖等，大多用辉绿岩和白色花岗岩雕成，图案特殊，蔚然可观。现在保存下来的有31方。泉州海外交通史博物馆宗教石刻陈列馆内，藏有22方；从泉州采集或送交厦门大学人类博物馆陈列的，有7方；运往福建省博物馆陈列的有2方。单就数量而言，这么多丰富的宗教石刻文物在一地掘获，于国内实属少见，故引起中外研究宗教史，特别是基督教史的学者的注意。英国摩尔[1]、意大利德礼贤[2]、日本佐伯好郎[3]、英国约翰·福斯特[4]以及泉州吴文良[5]等，都做过专门的探讨。他们的研究工作揭示出：这些石刻资料大多是元代基督教活动的遗物，有的可以上溯到唐宋，元代泉州不仅有信奉基督教的，存在过方济各会，即法兰西斯修会管属的天主教区，还存在过聂斯脱里派（Nestorianism，即景教）、天主教方济各派，这两个中世纪基督教重要的派别共处于泉州的迹象。但是，元代官方并没有留下多少有关文献，只不过残存些零碎的记载而已。研究者大多身居异邦，没能到文物出土地点亲自考查，所获的资料照片许多是间接的、不完整的或引述他人的，遗留下来的墨迹尚不能系统深入地阐明元代泉州基督教史的复杂问题。本文试图在前人研究的基础上，通过实地勘查和考古收获，集中探讨元代方济各会在泉州的存在、影响及其遗物、遗迹特征。

---

[1] A. C. Moule, *Christians in China before the Year* 1550, London, 1930.
[2] ［意］德礼贤：《中国天主传教史》，王云五主编，上海：商务印书馆，1933年。
[3] ［日］佐伯好郎：《支那基督教研究》，《景教研究》，日本春秋社松柏馆，昭和十八年。
[4] John Foster, "Crosses from the walls of Zaitun".
[5] 吴文良：《泉州宗教石刻》，北京：科学出版社，1957年。

一、刺桐十字架的发现和初步研究

基督教（这里主要指天主教）何时传入泉州？传入路线如何？刺桐十字架的发现提供了珍贵的实物资料。我们知道，基督教徒重视十字架，凡入教者皆以十字架为其标志。墓地上的十字架表示死者从罪恶之中得到解救，得到永生。因此在研究基督教入华传播史时，十字架雕刻实物特别受人重视。明天启三年（1633），古都长安发现大秦景教碑，轰动了欧洲具有扩张野心的耶稣会教士，以此作为入华宣传圣教的历史根据。1644年，耶稣会阳玛诺著《唐景教碑颂正诠》，记有1619年泉州南邑西山出土十字碑，移桃源堂；1638年耶稣复活瞻礼节后四天，泉州仁风门外东禅寺附近发现古十字架石；同年耶稣受难瞻礼节前一天，又将泉州城外水陆寺十字架石移入教堂。卷末刊载实物的摹绘之物，这三方是泉州最早发现的基督教墓碑。1906年，西班牙天主教士任道远（Serafin Moya）在泉州奏魁宫发现一胸前及头上有十字的天使石刻，由伯希和将其揭载于1914年12月发行的《通报》，称为景教遗物。纯然由于这些新发现的启示，摩尔（A. C. Moule）等欧美学人把上述十字架石称为刺桐十字架，继而为全球教会所传扬。据记载，教皇悉知此事，屡函泉州、厦门、漳州各处司铎，嘱调查泉州古代基督教史迹及外籍教士墓地之所在。可惜过去的几百年这些基督教石刻已荡然无存。

1937年日本的侵略震撼了刺桐城，随后沿海十几个县、市的迁移，当局迫令拆毁城墙，使一块又一块，有时甚至是垒叠在一起的十字架石刻重见天日。古基督教石刻主要出土于东门靠近北门、小东门，即城墙的东隅与北隅交界处。在东门外色姓坟地（俗名色厝尾）、仁风街、通淮门，还有市区的一些地方也多有发现。由于战乱，改造屋宇，致使数百方十字架石刻受损和散失，劫后所遗的不过是30多块了。这些石刻的整理和研究，所反映的教派及影响程度，长期以来疑窦丛生，答案远非令人满意。

吴文良先生曾对其中29方进行初步整理，在《泉州宗教石刻》中提出：中世纪在泉州的基督教，约可分为聂斯脱里派及天主教的圣方济各派，从墓石及碑刻的雕刻来看，图71~图75是属于西方的圣方济各派，其余如图76~图81、图83~图89等归属景教。其根据，怎样区分？各自特征又是如何？吴先生没有交代，接下去写道：墓碑与墓顶石的十字架与莲花的雕刻，则东西两个教派的雕刻艺术往往相同，很难分别属于那一教派。① 佐伯好郎以为，泉州三个古圣架碑式②是否景教遗物，还是14世纪初来泉州的天主教圣方济各会的遗物，没有可以作出决定的适当证据。③ 方豪持有同样的见解：这些十字架石究为景教抑或方济各遗物，不可考。④ 福斯特尽管力图推测考证，或许由于接触到的只是D.W.苏特医生转送的7方石刻的照片，故其结论未免差强人意：大部分石刻，是景教或天主教的，至少在目前，权作为未定的来源。⑤ 诚然，这些涉及雕刻内容、艺术含义及其文字解释的石刻研究，由于参考资料的缺乏，从来都是棘手的难题。在这里，我们依据遗物和考古学上的证据，稍做初步分析，如果所列举的分析能引起进一步的讨论，便有希望为那久远年代以前曾经远来的基督教徒，增添一章有趣的历史。

二、溯源于意大利的天主教碑碣

公元1世纪中叶，基督教产生于古罗马奴隶制帝国，在欧洲进入封建社会的过程中，传播到欧洲各国。传入中国的古代基督教主要分两派：罗马公教（Catholic Church，亦称加特力教，我国通称天主教）；景教，由叙利亚人聂斯脱里创立，亦称聂斯脱里派。据汉籍记载，在公元635年基督教的一派——景教由陆路从波斯传入我国。在唐武宗毁灭佛教同时，景教在我国内地遭禁绝，但残余势力仍在边疆地区保持影响。13世纪由于成吉

---

① 吴文良：《泉州宗教石刻》，第37-38页。
② [葡萄牙] 阳玛诺：《唐景教碑颂正诠》，明崇祯甲申岁武林天主堂梓，上海土山湾慈母堂印第三版，第70-71页。
③ [日] 佐伯好郎：《福建泉州的景教遗迹》，载《支那基督教研究》，日本春秋社松柏馆，昭和十九年，第516页。
④ 方豪：《中西交通史》第三册，台湾中华文化出版事业委员会，1953年，第96页。
⑤ John Foster, "Crosses from the Walls of Zaitun".

思汗及其后裔的东征西伐,东西交通的贯通,使流行于西亚的景教恢复了在我国境内的活动,并且引进了基督教正统的一派——意大利罗马天主教。

在关于基督的神性和人性的争论中,天主教和景教的观点是极端对立的。景教提倡耶稣基督为二位二性说:即基督有二主体,一为有形可见之人,一为无形不可见之天主圣子,认为圣母玛利亚是人不是神,耶稣之母只能是人母而不是神母,其教徒不拜玛利亚。这和当时基督教正统派天主教固守的基督是神人两性合一同体,玛利亚为天主之母的观点是针锋相对的。公元431年在以弗所召开宗教会议,景教为反对派斥为异端,后被逐,转向东方发展,组织迦尔底教会(亚述利亚教会)。[①] 文献资料和出土遗物表明,这两个派别在元代初期和稍后时期传入泉州,而不是更早,已发现的实物资料,每一个特征都显示了文物是属于元朝,景教是先于天主教传入。已发现的泉州基督教石刻,标明年代最早的一块为1311年,即是景教墓碑。有关景教传入泉州的时间、路线、影响以及与天主教相互关系情况,将在其他地方专门谈论,这里不再赘述。

在泉州发现的古基督教墓石,如上所述,大部分来源于刺桐城墙。据《泉州府志》,城墙最后一次大修是在明洪武年间,也就是说,这些圣教徒的坟墓,至少在明初已被毁坏拆除,整批砌在城基上。余部是花岗岩雕成,大小不一,型制多样,有的保存较好,有的残缺不全。墓碑有圆拱、尖拱、弧形、长方形四种形状,基本上属于壶(kūn)门图形(佛教装饰艺术的一种窟龛形图案)。石墓有须弥座、须弥座祭坛式两种,它是一种台座式的坟墓,和北方的木棺式、寝棺式石墓迥然不同。这些石刻中,极富图案装饰,颇具特色,这在西方、远东、日本[②]等处也很少见。雕刻有十字架、天使、带翅膀天使(图版二十七)、瑞云、漩涡状云彩、海水、火焰、莲花、西番莲、束莲座、变体莲花等十多种图案。雕刻文字有叙利

---

① 罗香林:《唐元二代之景教》,香港:中国学社,1966年,第2页。
② 参见[日]片冈弥吉:《探访大航海时代的日本》丛书中的《南蛮文化·基督教墓碑》,东京,1980年,第136页。

亚文、拉丁文、八思巴文（图版二十八）、突厥字母拼写的波斯文①、中文等。据学者考释，明确标明年代的有：1311年、1313年、1324年、1332年（？）、1339年共五方，即元代的中期和后期。

区别出土基督教墓石的派属、年代和雕刻艺术，有一块拉丁文墓碑应该引起足够的注意。1946年在靠近通淮门城墙掘获的这方辉绿岩石刻②，经英国学者的考证，为元代来华的意大利方济各传教士安德烈·佩鲁贾。碑顶作尖拱状，上半部有残缺，粗的浮雕已经磨损，尖拱下浮雕两个天使，飘浮的帷幕表明它们在飞翔着，似合扶着"圣物"，十字架下浮一雕一朵莲花，整个图案具有虚幻的效果。碑面上阴刻拉丁文字九行，第一行前和末尾各刻一小十字架，文字自左至右横写，是一般拉丁语系的写法。对这个新发现，我们不必再思索一般远东基督教（聂斯脱里）的影响。毫无疑问，这是一块天主教方济各派碑刻，约翰·福斯特等学者早已辨认出其中的拉丁文有安德烈·佩鲁贾字样。据查，安德烈·佩鲁贾为意大利传教士，曾任元代刺桐方济各会主教。墓碑文字系拉丁语系，这在14世纪来说，该语系所在之方济各会管领的教区，早已摒弃聂斯脱里教，而斥之为异端邪恶。再者拉丁文字内容是明显的西方教会语言。如果对照叙利亚文铭词，试举一石为例，则其中有"在天父及子名内"及"圣灵"等文句③，同伯希和1908年在敦煌石窟发现的景教经典《三威蒙度赞》内容中对"圣父、圣子、圣灵"三神威的赞颂相似，属景教祈祷文句无疑，与方济各会，判然而不混同。

其次，浮雕的天使图像也表明了不同的雕饰特征。泉州的基督教文物中，有十块浮雕着这种图案。飞翔的天使和振动双翅的天使，伸出双手或扶着圣像，可能源于《约翰福音》中"两个穿白的天使"，《使徒行传》中"两个穿白服饰的人"；而在新约命名的天使加百列和米加勒。主题图案是受到西方古典雕刻术"带有翅膀的胜利"所影响。7世纪以前，受希

---

① 韩儒林：《所谓"亦思替非文字"是什么文字》，载《考古》1981年1期，第63页。
② 吴文良：《泉州宗教石刻》，第29页。
③ 引用的为伦敦东方及非洲研究学院的施固尔博士（Dr. Segal）及戈德门先生（Mr. Goodman）翻译。

腊文化启发的天使在意大利祭坛、大理石雕、壁画等罗马公教的建筑装饰上，是常见和广泛运用的。稍后，远东聂斯脱里教派都联系这种模型加以发展，这种艺术类型属于叙利亚、波斯或亚历山大学派，因而有人曾把景教艺术称为神像艺术；威廉·卢布鲁克1254年在中国西北边疆看到的景教教堂的大厅堂设置的耶稣肖像和建筑式样，曾为之惊奇。泉州的有天使的雕刻中，绝大部分溯源于此，即如波斯萨珊王冠头饰、僧帽、僧服、曼伸的罩袍末端在空中拂动等形象（图版二十九），这些飞翔的天使完全是波斯的，与1906年英国斯坦因在敦煌千佛洞盗窃去的景教画像极为相似。我们判定为泉州景教的八方天使像中，有的刻有明显的胡须，佩戴耳环等蒙古制品形象，有的还刻有该教在中国普遍的用字：叙利亚文（图版三十）、八思巴文。唯独两块是例外，应该确认为天主教的遗物，这就是《泉州宗教石刻》图74、图81两方辉绿岩墓碑。尽管拉丁文的碑面磨损较厉害，尽管很像是不同的教派而具有同样的雕刻风格，我们还是能够找到差别：天使不戴僧帽，不着波斯式罩袍，没有胡须而胳膊富有希腊式的美感；仅此一事，虽然不能遽断，但所幸的是，1952年扬州旧城墙拆除时，在南门水关附近，续得两方意大利天主教传教士墓碑，其中一方碑顶雕刻飞翔着的天使，同是不戴僧帽而光着脑袋[①]。这一发现可在此加以推断。

　　泉州发现的导源于意大利的方济各教徒墓石，可以辨认清楚的有八块。除了上述两方天使雕像外，方济各碑碣的另外几块，我们可在《泉州宗教石刻》的图71、图72、图97、补图19以及1978年从泉州东门仁风街吊桥护城河西岸断崖中出土的两方十字架石棺中寻找到。这些碑碣的共同特征是：希腊式的十字架，其上下左右的长度都相等，末端稍微放大一些，十字架下几乎没有景教墓石传统的莲花、莲座和夸张的莲花柱脚。其纹饰主要是漩涡状云片（图版三十一），瑞云环绕，有的边缘伸出几道火焰（图版三十二），有的刻有卷草纹，或水云日的装饰，如补图19所见。云彩图案在新旧约全书有着含义：如"上圣从云端降临"（《旧约全书·出埃及记》），"浓密的云层是他的伏护"（《旧约全书·约伯记》），"有一

---

① 耿鉴庭：《扬州城根里的元代拉丁文墓碑》，载《考古》1963年第8期，第450页。

朵云彩接送他回去,便不见了"(《使徒行传》),"人子从云端下来"(《新约全书·马可福音》)。英国奥丁堡的奈斯教授指出:西方早期基督教的艺术,多是带有云片、漩涡以及与生命之树较有联系的十字架。① 泉州方济各会士遗物的图饰和边缘绘纹较简单,是相当古典形式的,一望而知,比景教墓石更少远东形式,更少波斯的影响,更少中国传统图案的糅合。

反之,据散布在泉州的景教殉教者的墓石所示,似乎有一脉相承的历史联系。唐代西安景教碑、北京房山景教碑、内蒙古百灵庙景教墓石、元代扬州景教碑大都有异曲同工之处。如西安景教碑碑顶篆额上阴刻十字架,下边有莲座,左右两侧有云气纹,呈莲瓣形,值得注意的是,十字架中间有圆圈,臂端各附加二至三颗宝珠,这是景教所特有的。② 饶有兴趣的是,泉州现在还遗有4方同类型的景教碑刻,碑面阴刻叙利亚文。可见从唐至元,历经变易,这种景教雕刻手法依然留有痕迹。并非偶然,综观泉州30多方基督教石刻,几乎所有景教十字架下,都有莲花或莲座的装饰。吴文良先生以为东西两个教派十字架与莲花的雕刻相同,显然是有问题的。

除了获得方济各碑碣的这种推断,还可以找到其他的引证材料,以说明来自意大利方济各传教士不仅在泉州存在,而且还竭力在这个元朝最重要的贸易港城,努力传教。

三、泉州方济各会及教堂遗址

长期以来,对泉州城基等处方济各碑碣的调查结果,逐步提供了这个在元末杳然无踪的天主教迹证。对于其遗迹,无论在历史上或文化上,应该被看作泉州与西欧,特别是与意大利有密切关系的重要遗迹。

方济各会是14世纪由意大利传入泉州的天主教修会。欧洲与中亚东亚

---

① 转引自 John Foster, "Crosses from the Walls of Zaitun", P. 21.
② [日] 江上波夫:《汪古部的景教系统及其墓石》,第45页。

的直接接触，是在13世纪和14世纪开始的。13世纪时，欧洲的宗教运动使罗马加特力教内出现两个著名的新型修会：一个叫圣方济各，一个叫多美尼克（Dominican）。两个修会都得到罗马教皇英诺森三世的支持，也都成了罗马教皇对外传教的得力工具。他们与以前的任何修道组织不同，是所谓托钵修会①（以求乞为生，故得名）。前者因它的创始人意大利亚西西人方济各（Francis，死于1226年）而得名，他曾经立志要去教化所有异教徒，麻衣赤脚，周游各地，宣传清贫福音。加特力教在明中叶利玛窦来华后，中国称之为天主教。

  蒙古人的西征打开了中国通往欧洲的道路。当时的欧洲已度过中世纪的黑暗时期，生产和贸易都较发达，和东方的贸易、交往空前活跃。当时的杰出基督教徒，包括教皇和法王路易九世，预见到了假如蒙古人改信了基督教，他们将是十字军反对穆斯林的最可贵的同盟军，也是把基督教扩展到东方的办法。②罗马教廷不止一次向蒙古遣使，其中最著名的两次，即柏郎嘉宾和卢布鲁克的出使，都是方济各会下所属的小级僧团。柏郎嘉宾还是方济各派的创始者之一，卢布鲁克曾向蒙古大汗蒙哥要求留在蒙古传教，遭到蒙哥的拒绝。这说明，方济各会企图在东方获得立足点，扩大罗马教廷的势力。

  元朝建立以前，罗马教廷与蒙古汗国的遣使往来，都只是限于政治、军事和经济目的，而不是为了传教。双方的意图基本上均未达到。后来，鉴于形势变化，罗马教廷改弦更张，想通过向元朝官员和百姓直接传教的方式打开局面，以使教皇成为"世界之主"。忽必烈统一中国后，圣方济各会的成员再度来华，并且成功地在中国开辟了传教点，建立了教堂。首先是意大利人约翰·孟德高维奴（John of Montecorvino，1247—1328年），受教皇尼古拉四世的派遣，他大约在1294年到中国传教，1307年被立为大主教，管辖远东各教会，在北京筑教堂三所，施洗近两万人。约翰被任命为北京总主教，标志着天主教在华传教事业的基础业已建立。另一次则

---

  ① [美] G. F. 穆尔：《基督教简史》，北京：商务印书馆，1981年，第196页。
  ② [美] 海斯、穆恩、韦兰著：《世界史》中册，《在远东的传教士和商人》，中央民族学院研究室译，北京：生活·读书·新知三联书店，1975年，第618页。

在元顺帝时,西班牙圣方济各会士巴斯喀尔到新疆伊犁河畔阿力麻里城传教,结果在1340年巴斯喀尔及其他几名方济各会士殉难于该城。

以大都为中心的华北这一带地区,圣方济各会的传教事业收到相当成果的时候,为协助孟德高维奴在华传教,教皇又派七人来华,但仅三人到达中国。他们是哲拉德（Gerard）,裴莱格林（Peregrne of Castello）和安德烈（Andrew of Perugia）,这三人都相继为泉州（刺桐）的主教①,显示出南方最大商港的教会势力也在扩展。

泉州是南海以至中西交通的重要门户,元朝政府对外贸易方面的主要岁入来源依赖于古刺桐港。那时对于传教最有帮助的事情,就是通商。一群群阿拉伯人、波斯人还有部分印度人,坐在船舱内,他们不光是来回贩卖商品,并且还是来回传递思想,所以东来西往的传教士、商人、旅行家、使者,络绎不绝。种种迹象表明方济各会（天主教）也是通过海路传入泉州的。

当讨论这个问题时,很多人也许要说,据留存于罗马梵蒂冈和巴黎国立图书馆的元代方济各主教的信札,天主教是首先由约翰·孟德高维奴在1294年传入北京,形成教区;继而由他委任派驻刺桐的主教。约翰如何到北京？其路线可能是陆路。需要重新说明的是,孟德高维奴1291年从波斯的大不里士出发,踏上海程,然后前往印度南部基督教圣地圣多默,从南印度的乌德拉斯又如何到北京,史乘乏载。从南印度到中国,当时海上交通便捷,陆路不仅难行,更费时间。我们同意日本学者石田干之助的推论,是由海道到中国的②。随后许多意大利方济各会士来中国,也是按迹循踪经由海道：1322年,鄂多立克从广州登陆,再至泉州；1346年,玛黎诺里由泉州航向印度,然后返回意大利。

泉州建立天主教区约在1313年之后,德礼贤论及此事时写道：当时全国天主教信徒约有三万人,有北京总主教区和泉州教区。至此,天主教会在元朝的传教事业发展到了最兴盛的阶段。派驻泉州第一任主教为前述的

---

① 张星烺：《中西交通史料汇编》第一册,第231-232页。
② [日]石田干之助：《东洋文化史大系·基督教——聂斯脱里教派》（宋元时代）,潘世宪译,岩波书店,昭和九年（1980年）,第308页。

哲拉德，继任者为裴莱格林。裴莱格林曾说："在圣教徒中，我们能自由宣道。"①裴氏在 1322 年死去。当安德烈出任刺桐主教时，他说："我得到允许，前述的 alafa（指粮食）或皇帝的施舍将在刺桐付给我，这个城市离汗八里有三月程，我很荣耀地由皇帝委派了八匹马拉的车去往那里。……我们能自由而且安全地传教，虽无特别允许，亦无妨碍。犹太人及萨拉森改信吾教者，至今无一人。然偶像教徒来受洗者，前后甚众，既复洗而不守基督正教者，亦复不鲜。"② 约翰·可拉在 1330 年前后写成的《大汗状况书》，反映了元朝政府对外来宗教（包括基督教）兼容并蓄，给予尊重和保护的政策。他描述道："大可汗支持在前述王国境内的人归服于神圣罗马教堂的基督教（指天主教），令供给他们全部需要。因为他对他们有很大的热忱，并表示很大的喜爱。当他们请求任何物件以便装饰教堂、十字架和礼拜堂，尊礼耶稣基督时，他都慷慨赐予，但他希望他们将为他和他们的健康祈祷，特别是在他们的礼拜式中。"③ 从元朝统治者的观点来看，这些教堂的天主教士们，都是属于赞美政府的僧道官。那么泉州这样的天主教堂，是否存在，遗址又在哪里呢？

裴莱格林于 1318 年从泉州发往东方教区诸兄弟、总牧师……兄弟、神父教士的一封信。这封信不大为人所知，它仅见于一个抄本，属于一个以作伪著称的叫阿半索·西卡列里。但是经过仔细研究，现在学者们越来越多地认为它不是伪造，其中记刺桐的一段话如下："现在我被任命为刺桐（Zaytun）的主教，我在这里和平、安静地尽量和三位虔诚兄弟为上帝服务。这几个上帝的仆人是格里马底的约翰兄弟，蒙特卡诺的阳玛诺兄弟及萨列扎纳的文图拉兄弟，他在这个国家中成为一名僧侣，因为他们都品德兼备，上帝被他们礼敬。但愿我们有一百个像他们那样的人跟我们一起。在这座刺桐城，我们有一座好教堂，那是一个亚美尼亚妇人留给我们的，以及一所房屋，而她为我们自己，以及为那些其他要来的人，提供生活的必需用品。在城外我们有一块带树林的美好地方，我们要兴建屋舍和一所

---

① C. Dawson, *The Mongol Mission*, London, Newyork, 1955, P. 233.
② C. Dawson, *The Mongol Mission*, pp. 236-237.
③ C. Dawson, *The Mongol Mission*, pp. 233-244.

教堂。我们只需要有教友,我们期待着他们,因为哲拉德主教已死,而我们这些僧侣也活不长,同时没有别的人到来。教堂将没有居住者和施洗礼。……我们所在的刺桐城是在海边,离汗八里大城(北京)有三个月的旅程。写于刺桐,1318 年 1 月 3 日。"①

这个记述和裴莱格林的继承人安德烈主教信函中的说法一致。那就是,在刺桐有亚美尼亚某妇人出钱兴建的一座大教堂。此外,安德烈还提道:"余乃于附近小林中建美丽教堂一所。堂距城仅四分之一迈耳(mile——英里)而已。堂中有办公室,足敷二十二僧之用。另有四室,皆可为教务上高官之行台。余继续在此居住,依皇帝所赐俸金为生。据此间基奴亚商人之计算,照本年汇价,皇帝每年给余之俸金,可值一百金佛罗林左右云。俸金大半,余皆用之于建筑教堂。在吾所居全省内,教堂寺庙,华丽合适,无有过于吾所建者矣。……余于今有时在城内大教堂居住,有时移居余自所建城外之教堂,皆随余之便"。② 另外,当时教皇派驻波斯国孙丹尼亚城总主教约翰·可拉在《大可汗国论》(1330) 亦记载道:"总主教又在刺桐城建教堂二所,刺桐临大海,距汗八里可三个月行。有小级僧人二名,在两教堂内充主教。其一为排鲁几亚之安德烈,其他即佛罗伦斯市之彼得也。"

据此,泉州有两所教堂,一座在城内,另一座在城附近的树林内,后者最后在安德烈时完成。泉州天主教区的发展与教徒的增多,是和当时不断聚集的欧洲、西亚、蒙古人相联系的,显示了元代泉州的传教事业达到最兴盛的阶段。鄂多立克(Odoric)正在这时候来到泉州(1322),他也属于圣方济各会,他和同门教友杰姆斯·奥沃一起,见到了两座教堂。于此应该提及玛黎诺里(John of Marignolli)《奉使东方录》中的说法:"又有刺桐城为大商港。亦面积广大,人口众庶。吾小级僧人在此城有华丽教堂三所。财产富厚。僧人又建浴堂一所,栈房一所,以储存商人来往货物。"玛氏也是 14 世纪天主教方济各会的著名传教士,1346 年曾路过泉

---

① [英]亨利·玉尔:《东域纪程录丛:中国古代闻见录》第三册,伦敦,1915 年,第 102 页。
② 张星烺:《中西交通史料汇编》第一册,第 232 页。

州，但我们认为玛黎诺里的记载较不可靠，数字常有夸大失实、自相矛盾之处，这已是众所周知。

截至今日为止，埋没着密藏着的教堂遗址、天主教碑刻的完全发现，还有待于将来的彻底调查。可是，就以现在所知道的为基础，我们已经有超过概观程度——那就是泉州规模不很大的两座教堂：其一是在泉州城内靠近东门城根的邻近地段。实地调查表明，已辨认出的两方方济各墓碑，正是在拆除东门城楼时发现的。不止于此，1978年还有更重要的发现。泉州建筑工人在东门城墙护城河挖土砌岸时，发现天主教石墓碑两方[①]，白色花岗岩雕成，台基式，底层长1.48米，宽0.52米，高0.30米。两方雕制形状、花纹和风格大体一致，横侧上部一端雕刻十字架，下为瑞云（图版三十三），和泉州发现的景教石墓惯常的莲花柱脚不同，实为一大区别。另外，断崖层里还发现了七八段白色花岗岩大圆柱，最长一段约3.4米，也有1~2米的，长短不等。在圆柱的柱头和上部，都可看到分别凿有约25厘米×10厘米×2厘米和10厘米×10厘米的榫孔，显为建筑构件。更有先例，1946年吴文良先生在东门城外围楼城基注意到一圆形大石柱的出土，长约4米，且砌有石雀替的碑，同样用白色花岗岩雕成。罗马派基督教堂，大殿的列柱廊正是由类似出土的大圆柱并排组成，使建筑内部加大空间和高度。查东门城墙至东鼓楼一带，明代以前无其他宗教寺庙建筑，天主教在此营造教堂较有可能。再说，笨重的大石柱和墓石这么集中地出现一地，显然不是远处挪来，而是利用毁坏后的石料来修筑城墙，可不必舍近求远。这是所要说明的第一个天主教堂遗址。

其二，刺桐城墙所掘获的十字架墓石，很多得之于城墙东隅与北隅交界处，为元代遗物，著名的色宅（色厝尾）外国人墓地，正是处于这一位置。裴莱格林主教1318年的信函说：在城外我们有一块带树林的美好地方，要兴建一所教堂和屋舍。安德烈主教1326年致书于其故乡瓦尔敦，叙述东方情形中提道："余乃于附近小林中建美丽教堂一所，距城四分之一迈耳。"色厝尾距离东门城墙，与信件所说颇相符合。据吴文良、许清泉

[①] 黄天柱：《关于基督教传入泉州的问题》，载《海交史研究》1978年第1期，第41页。

先生的调查，传说此地本为古时大厝①（大厦）。这一地点掘地时，经常掘到柱子残段及砖石一类建筑物，几十年前还一直是泉州天主教堂的墓葬地。这里曾出土成批基督教徒石棺。在东门城外的色厝尾实地踏勘，会发现有许多迹象可以表明这里作为教堂是极适合的：比城区稍高的坡地，河水在旁缓缓流过。我们知道，西方有些教堂常选择在近郊有树林的幽僻处，可开辟墓地，安葬殉难教徒。色厝尾不仅具备以上条件，且为频繁出土遗物所证其不误，这是所要说明的第二个教堂遗址。据孟德高维奴遗留的信件，北京创立的两个教堂，在如此广阔的城市相距仅二里半。似乎可以这样理解，天主教较迟传入，势力单薄，活动地盘有限，所以北京、泉州的教堂较集中。

考古收获表明，泉州基督教遗物是在东门至北门邻近找到的；数量较多的穆斯林石刻主要来源于东门至东南方向的通淮门城墙及附近地段；印度教文物是在通淮门至南门的城墙中间。也就是说，石刻遗物按教门不同相对地集中，近年来有关清净寺址②和印度教寺遗址③的研究可作说明。

四、安德烈主教是否死在泉州

安德烈·佩鲁贾是泉州的第三位主教，佩鲁贾是意大利中部多山的城市，一个著名的天主教教区，当时来华传教士某些人曾把其名字冠以居住地名，以示区别。为宣传圣教的热情所激发，该城的方济各会士柏朗嘉宾、安德烈等相继来到中国。泉州的三位主教，头两位，即哲拉德和裴莱格林，都死在泉州并且葬在泉州。鄂多立克把在印度塔纳殉教的四位同会教友的骨骸带到中国，也安葬在泉州。④ 这说明泉州在当时是方济各会的一个重要驻地，肯定有一处墓地。至于安德烈主教是否死于泉州，则说法有分歧。吴文良在《泉州宗教石刻》中所说，安德烈主教于1326年病死，

---

① 吴文良：《泉州宗教石刻》，第43页。
② 庄为玑、陈达生：《泉州清净寺史迹新考》，载《世界宗教研究》1981年第3期。
③ 杨钦章：《泉州印度教雕刻渊源考》，载《世界宗教研究》1982第2期，第88页。
④ 何高济译：《鄂多立克东游录》，北京：中华书局，1981年，第65页。

死后就没有人继承他的职位。另一个说法是据张星烺所记,安德烈似不能专心传教,不惯中国生活,于1336年复随蒙古大使由陆路西归故里。[1] 附和这两种说法的学者不乏其人。如徐宗泽认为安德烈以元廷供给之俸禄,在近郊建一圣堂,于1326年逝世[2];继如方豪说安德烈不惯中国生活,年迈思乡愈切,1336年一行16人由陆路回欧[3]。

1946年在泉州通淮门附近发掘出的拉丁文碑,英国学者福斯特、福特西读出第二行有 Andreas. peruginus[4] 字样,即安德烈·佩鲁贾,即佩鲁贾人安德烈。墓碑上的拉丁文辨读如下:

Hic (in P F S) sepultus est

Andreas perusinus (de

votus ep. Cayton) …

…ordinis (fratrum

Min.) …

… (Jesus Christi) Apostolus

…

… (in mense) …

M (cccxx) xii

现把拉丁文转译为中文:

此处安葬

安德烈·佩鲁贾

圣方济各会士……

……(耶稣基督的)宗徒

(在……月份)

由于碑面磨损,字迹不清,卒年处是 M……XII(图版二十六)。福斯

---

[1] 张星烺:《中西交通史料汇编》第一册,1977年。张星烺所记系引自[英]亨利·玉尔:《东域纪程录丛:古代中国闻见录》第3卷,第177–183页。
[2] 徐宗泽:《中国天主教传教史概论》,上海:土山湾印书馆,1938年,第156页。
[3] 方豪:《中西交通史》第三册,台北:华岗出版有限公司,1977年,第83页。
[4] C. Dawson, *The Mongol Mission*, P. 23.

特认为，安德烈在1326年1月还在写信，并称"余之身体尚甚康健，或仍可任宣教事业数年"。那他的死当在这之后。

福斯特查考温加尔的说法，"据约翰·可拉记载，安德烈死于1330年，佛罗伦萨的伯多禄兄弟在信中提到刺桐主教的书信"。① 有鉴于碑上一二个字母不好辨认，如不是1327年，较像是1332年的写法，他推测到安德烈主教应是死于 M C C CXXXII，即1332年。

那么怎样解释张星烺的说法呢？张星烺在后面又曾说：元顺帝遣使罗马教皇，使者16人，以法兰克人安德烈（Andrew of Frank）等为领袖。② 他们在1338年抵达亚维农，受到教皇伯涅得克十三世的接待，据记载，使团的主要使命是请求委派总主教的继承人，收罗"马匹和其他奇妙的东西"。这里张氏把法兰克人安德烈和佩鲁贾人安德烈混为一人了。其实，学者们早已指出这两个人不是同一人。赖德烈（K. S. Latourette）在《基督教入华传教史》中引用伯希和在1926年3月写的一封信，其中把这两个人作出区别③。因此，张星烺的说法是错误的。至于德礼贤说安德烈·佩鲁贾死于1326年，那是把他发信的日期和他的死期混为一谈。

迄今为止，还没有史料可以说明他究竟死于哪一年。但是，这块方济各墓碑可以证明他确实死在泉州和葬在泉州，和其他天主教士一样。安德烈死后，继其任者有詹姆思·佛罗伦斯（James of Florence）和小级僧人威廉·甘勃尼④（Willian of Campania），即是来自意大利的传教士。1362年，刺桐的最后一任主教被杀。⑤ 时已至元末群雄崛起的政潮中，尽管教皇还多次派遣主教和传教士来华，但都未能到达，天主教会又难以维持自己的独立性，后来所有外来宗教及建筑，大多遭到铲除破坏，泉州方济各会的传教事业遂告中断。天主教传来中国的首次尝试实际上只延续了60年，当时并未对中国产生过任何深远的影响。

---

① John Foster, "Crosses from the Walls of Zaitun".
② 张星烺：《中西交通史料汇编》二册，第43页。
③ 徐宗泽：《中国天主教传教史概论》，上海：土山湾印书馆，1938年，第156页。
④ K. S. Latourette, *A History of Christian Missions in China*, New York, 1932, P. 72。
⑤ C. Dawson, *The Mongol Mission*.

综上所述，13世纪末14世纪初入华的基督教方济各会，只不过在泉州存在了几十年时间，是国内仅次于北京的圣方济各会中心。蒙古人所崇奉的宗教，本是多神的，故元廷对宗教实行宽容政策。天主教得以在泉州站稳脚跟，但其教义要求信仰独一真神上帝，禁止敬拜偶像，反对祭祀祖宗，不易为汉族人民所接受，与中国传统文化和风俗习惯格格不入，因此信奉者大多是欧洲或少数西域中亚的商人，或和蒙古人联盟，属于中亚细亚民族的人，它随着元帝国的强盛而发展，伴着元帝国的覆没而湮灭。摩尔在关于刺桐十字架及其他遗物的论述里，采用了明末清初进入泉州的外国传教士调查材料。例如，玛尔蒂尼（Martini）和弗兰多（Ferrando）的一段记述："有许多船只经常从这个城市及隶属于她的其他城市出发到各个港口进行过贸易活动，这使我相信马可波罗——这个威尼斯人——的Zaitun（刺桐）就在这儿……在那儿我们会发现有许多迹象可以表明在旧时这些地方确实是基督教徒经常涉足的地方……在这个城市里更是发现许多基督教的痕迹。就在城墙不只少数石头有救恩十字架的记号，而且有圣母玛利亚、天使拜倒在地的图像……在某一府督邸宅中找到一个非常精美的大理石十字架。基督教徒在征得同意后将其拿走并虔诚庄重地把它供放在这里的一个教堂。"① 玛尔蒂尼和同伴1638年还在泉州一个学者的家中，见过一本写在羊皮纸上的基督教圣经，据说是拉丁文。虽然书主是个异教徒，但屡经劝说，还是不肯把书卖掉，因为他说这本书是作为一件极罕见的古物代代相传的。

上面译出的外文资料可强调我们的上述见解，泉州丰富的基督教史料，方济各会遗迹、遗物，还有待于积极发掘。

原文与何高济合撰，载《泉州文史》1983年12月第8期

---

① A. C. Moule, *Christian in China before the Year* 1550, London, 1930, P. 82.

泉州景教石刻初探

20世纪30年代，随着泉州明代城墙的拆除，出土了一批垒在城基上的基督教墓石，即西方学者所称"刺桐十字架"。在这些墓石中，有二十多方显属景教（即基督教聂斯脱里派）。中外学者对这些出土石刻进行了许多研究，探讨景教在泉州的传播历史。但是，景教何时传入泉州？是由陆路还是海路传入？遗物的特征又是什么？迄无定论。本文拟就上述问题作一初步探讨，就教于方家。

一

景教何时传入泉州，史籍无载。中外史学界说法不一，或谓肇于唐代，或云始于北宋，或笼统地归之于元代，但均似嫌证据不足，仅属推测。

笔者认为：依据考古学上的证据，景教传入泉州即在元初。理由如下：

第一，在我们发现并保存下来的三十多方泉州十字架石刻中，属于景教的约有23方。[①] 其中有四方标明年代："至大四年（1311）""皇庆二年（1313）""皇岁甲子（泰定元年，1324）""至正己丑（1349）"。可以推断，这些十字架石刻大致是在元代中期雕刻的，至于那些无署年的其他石刻，其雕刻形式、内容、手法、墓石磨损程度，均与此四方类似。

第二，据明万历《泉州府志》，有元一代，先后任泉州路达鲁花赤者

---

① 杨钦章、何高济：《对泉州天主教方济各会史迹的两点浅考》，载《世界宗教研究》1983年第3期。

凡20人。按人名判断，几乎大部分是伊斯兰教人物，但也有景教徒，元贞年间（1295—1297）派驻泉州第五任达鲁花赤马速忽即应是信奉景教的官员，按马速忽（Marsubh）一名中，"马"（Mar），在叙利亚语里相当于"圣"的意思，景教徒多将其冠于人名之前作为尊称；"速忽"，猜测为基督教名约瑟夫（Joseph）的异译。明万历《泉州府志》又载，马速忽，字子英，色目人。

前述墓石中最早的署年为1311年，和元贞年相去不远，二者可互为印证，推知景教传入泉州的大致年代。

二

公元845年，唐武宗灭法，景教受到禁断达400多年之久。在13世纪至14世纪蒙古铁骑进入中土，景教卷土重来。陈垣先生在《元也里可温教考》中称："盖元起朔漠，先据有中央亚细亚诸地，皆者曰景教（聂斯托尔派）流行之地也。……北兵长驱直进，蒙古、色目，随便居住，于是塞外之基督教徒及传教士，遂随军旗弥漫内地。"[①] 但是，曾在泉州建堂传教并遗下骸骨的景教徒，是否均从漠北沿陆路而至，还是有的从波斯横渡大洋而来？即景教之传入泉州是否仅止陆路一途？这是一个尚待解决的问题。笔者认为，根据泉州在中西交通史上的独特地位以及对墓石艺术特征的分析，景教传入泉州还另有一条路线，即来自海上。

景教徒经营对东方的贸易，由来已久。在唐代和唐代以前，东西方的交往和贸易多经"丝绸之路"进行。唐初，中原地区景教颇为流传，"于诸州各置景寺，仍崇阿罗本为镇国大法主。法流十道，国富元休，寺满百城，家殷景福"[②]。但是，在沿海地区，除了对外贸易较兴盛的广州港以外，在其他港口（包括泉州）很少发现有传教士的踪迹、遗物，文献亦无从征考。到了元代，泉州为国际贸易的都市，胡商麇集之地，当然也就成

---

① 陈垣撰：《陈垣学术论文集》第一集，北京：中华书局，1980年，第54页。
② 《大秦景教流行中国碑并序》，转引自江文汉：《中国古代基督教及开封犹太人》，上海：知识出版社，1982年，第45页。

了波斯景教徒向往的地方，当时"殖资产，开第舍"的波斯商人中，就有许多是景教徒。

泉州东郊也里可温丛冢残存的墓石，碑额上以莲花为衬托的十字标记，镌刻着叙利亚文、八思巴文（有的同时刻有汉文）的经文、祈祷文句（图版二十九），及飞翔的天使，这是当时景教碑流行的式样。但是，对雕刻的特征加以比较分析并对照多种史实之后，笔者认为，其中既有北来泉州的景教徒的墓石，似也有从波斯泛海而来泉州的景教商人、传教士的遗物。

近几十年来，泉州曾发现一些刻有叙利亚文的祭坛式石墓盖，通常是用数十方辉绿岩或白色花岗岩经雕琢后砌成，虽多遭损毁，但透过一块块构件，仍可想见墓型之巨大，雕刻之精致，这是在边疆和其他地区发现的景教墓石所不能比拟的，后者多呈简单自然的倾向。考古调查也表明，刻有八思巴文，显属来自漠北的景教徒之坟墓，无一座是祭坛式的。笔者认为，这类祭坛式石墓，非一般景教僧侣所能罗致，是雄于资财的波斯景教商人所拥有。

波斯景教的礼拜仪式用叙利亚文，死后的墓碑亦用叙利亚文，有人以为这种景教用语大致流行于中亚、七河地区以及蒙古，据此断定叙利亚文书写的墓碑和石垛大多为蒙古人、突厥人的坟墓。笔者认为，这是不准确的。近年有人发现，梵蒂冈档案中景教总主教雅伯拉哈第三致教皇两封信件的玺印（1302—1304），刻有叙利亚文书写的突厥语，可见波斯景教也大量使用这种夹杂突厥语的叙利亚文字。况且，泉州出土的数方夹带这种文字的祭坛式墓石构件，与中亚、蒙古石墓毫无共同之处。因此，笔者认为，此应为航海而至的波斯景教商人的遗物。

值得注意的是，泉州刻有叙利亚文字的遗物，都有十字架，几乎每个臂端都附加2~3颗宝珠（图版三十四），而刻有八思巴文的十字架，无此附加装饰。这种十字架雕制形式是波斯景教的固有式样，早在公元731年波斯景教僧人阿罗本等在长安建立的景教碑，即是这种式样。1547年南印度圣多默山修建教堂掘获的景教碑，十字架臂端也各附饰三颗宝珠。但是，国内其他地方发现的元代北方诸民族的景教十字架，臂端有附加装饰的特别稀少。

此外，从叙利亚文墓碑上雕刻的飞翔的天使上，很容易看出波斯冠冕的头饰。英国爱丁堡的奈斯认为："他们主要是从波斯来的，这些飞着的天使是完全波斯的。"① 据波斯史籍记载，11世纪以后该国境内的景教徒，许多不是改宗伊斯兰教，就是只好向远东逃亡求信道的自由，"殉教者啊，汝等从事商贾的人们，汝等渡河海，越山野，历诸国，最后流汝等的血潮去世了"②。泉州城墙和墓地掘出的景教墓石便是明证。

但我们也不应忽视经陆路来自北方的景教徒在泉州的存在。在此地掘获的数方八思巴文墓碑应是他们的遗物。其中有一方，署年为1311年，是迄今发现的最早的景教墓碑，这似可证明景教徒首先是由陆路来到泉州。另有两方天使雕刻，与波斯式制品显然不同：用耳环装饰，明显络腮胡子，可辨认为北方诸民族形象。1940年从泉州城墙掘出一方也里可温墓碑，碑文为中文、叙利亚文合璧，碑文是："管领江南诸路明教秦教等也里可温马里失里门阿必思古八马里哈昔牙，皇庆二年岁在癸丑八月十五日帖迷答扫马等泣血谨志。"首先铭文记载了死者死于1313年，生前是管领江南（包括泉州）基督教、摩尼教的僧侣。据夏鼐考证，此碑可能是为一位远宦泉州信仰景教的汪古部官员而立。③ 这一发现表明，公元14世纪初泉州有过很多景教徒，以致需要一位景教高级僧侣来管理。

以上对泉州景教墓石的研究表明，在元代，泉州是景教传播的重要通道，传教士和信奉景教的商人，曾经由不同的路线——陆路或海路，汇聚于古刺桐港。

三

"刺桐十字架"最富装饰、最具图像。英国基督教学者约翰·福斯特在1950年代，对当时泉州出土的大批基督教遗物极为注意，认为这些新发

---

① John Foster, "The Crosses from the Wall of Zaitun".
② ［日］佐伯好郎：《景教之研究》，东京：东方文化学院东京研究所，1935年，第756-774页。
③ 夏鼐：《两种文字合璧的泉州也里可温（景教）墓碑》，载《考古》1981年第1期。

现，可能有许多新的启示，新的含义。墓石的图案，是一个富藏①。泉州发现的十字架石，大部分掘获于刺桐城墙的东门至北门一带，主要是墓碑、石墓盖（须弥座、须弥座祭坛两种）。颇具特色的装饰性和神话图案，向人们提供了研究基督教传播史以及丧葬艺术的线索，以下就中国各地与国外一些地方所发现的景教墓石与泉州遗物略做比较，便可说明这种情况。

兹将田野考古发现列下。

国内：①福建省泉州出土的十字架墓石；②内蒙古百灵庙附近发现的景教石刻；③扬州发现的十字架雕刻；④河北房山的叙利亚铭文大理石雕；⑤北京西南郊跑马场掘获的大理石断片；⑥西安大秦景教流行中国碑；⑦新疆伊犁出土的十字架自然石。

国外：①七河地区墓地；②印度马德拉斯圣多默教堂附近出土的景教墓碑；③美索不达米亚昆吉克残留的十字架墓志。

先说明一下泉州发现的景教墓石。古代泉州地域岩石丰足，以打石为生的能工巧匠甚多。泉州景教墓碑质地优良，形式多样，有圆拱、尖拱、弧形、长方形四种。雕刻的题材图案富于变化，十字架下，有时雕刻常见的莲花柱脚，呈束莲座、变体莲花、西番莲、莲台等等。承接十字架的莲花，"差不多就是景教派基督教的证据"②，有时雕刻有云气纹。泉州保存有五方天使图案的景教石刻，姿态各异，带翅膀的天使伸出手，或者是飞翔的天使双手捧着圣物或圣像，系属亚历山大学派雕刻艺术。希腊式的十字架，臂端和中间常常附饰有宝珠。雕刻的文字有叙利亚文、八思巴文、汉文三种。墓碑边缘有花卉图案装饰，例如连续传枝的花纹，即如伊斯兰教务长中普通的多茨的火灯窗边缘绘。这使我们有理由推测到，它并不是一个局部地区封闭的基督教文化，而是若干种艺术类型的汇合。

试比较一下其他地方保存的景教墓石，内蒙古百灵庙发现的虽为数不少，但墓碑较小，衬托十字架的仅为花卉，例如莲花或骨朵，云纹鸟形图

---

① John Foster, "Crosses from the Wall of Zaitun".
② 同①。

案，采用了叙利亚—突厥语。七河地区与新疆伊犁等，其墓石利用不规则的自然石，石面粗糙，十字架衬之以简单的莲纹线条，有的刻叙利亚铭文。扬州回教寺院内的景教墓碑残段和泉州石刻同属尖拱形，阔张的莲花，边缘有流畅的线。河北房山三盆山十字寺的一对大理石石雕刻品，十字架加承接的莲花和莲台，其中一块雕刻一行叙利亚文字，汉译为："汝瞻视之，因而其有望矣。"泉州也有与此酷似的图案。北京跑马场附近出土的雕刻品，断面略呈梯形，在其正中部位有一大十字架浮雕，其纵带把石头表面划成四块，火灯窗形式的线条围绕着浮雕，隐显云气、莲花、石榴等图纹，而云气纹上升的图像，与泉州、西安、房山的雕刻意匠，亦是息息相通的。但上述诸地却没有一处采用属于远东的基督教艺术的天使雕刻，没有出现那么多种变化形式的图案装饰，以及多种文字的镌刻。

另一方面，再看美索不达米亚昆吉克修道院、中亚、西亚发现的景教遗物，几乎所有十字架臂端都有宝珠，但都没有莲瓣或莲台，也都没有火灯窗形式的边缘绘。从景教向东亚传播的历史看，泉州位于东西文明的重要接触点，在某种程度上，它似乎起着联系南北、交接东西的枢纽作用，加诸东方贸易大港这一强有力的经济因素，以及工艺超群的石匠甚多，建碑立石之风甚盛，这就使基督教墓碑最富于装饰。

泉州景教坟墓为台座式，有须弥座、须弥座祭坛式两种：须弥座坟墓，通常是由一方整块的花岗岩石雕琢而成，分五级，第五级为墓顶石，雕成长方形尖拱或圆形拱石，刻有莲花为柱脚的十字架；须弥座祭坛式，加工细致，具有实体感。墓葬前竖立一尖拱形墓碑，墓的正面作长方形祭坛式，长 3.6 米，侧面宽 0.9 米，正中刻天使、十字架，左右两方石垛，刻叙利亚文字。

下面将这些随处散置的景教墓石和内蒙古百灵庙以及俄领舍密烈琴斯科发现的景教墓石作一对比。

其共同点有：三者都具有叙利亚文字书写的铭文。有时在同一墓铭文里将叙利亚语与突厥语混用。其相异各点：百灵庙汪古部景教石棺，作横卧式棺形，其长度在 1~1.25 米，侧面宽约 0.4 米；前头部分呈方形，作不等边的六角形。左右两侧及前面雕刻着十字架，上面雕刻着可以说是标示死者家门的纹章。按照东方基督教会的传说：石墓像是仿效"诺亚方舟"制作的①。散布在舍密烈琴斯科州的墓石，数量多达610个以上，但没有一个作横卧式棺形的，大多采用方圆无定的石头，刻工粗糙的十字架周围，铭刻着死者的职业，在世功绩或德行的文句。而在蒙古百灵庙的石墓冢中，很少勒上死者的殁年月日的。如果断定舍密列琴斯科州出土物是中等阶层基督徒的墓石，百灵庙石棺都是王公贵族的墓石的话，那么泉州发现的大型石墓盖则是航海而至的景教富商以及高级僧侣所有。这些墓石与其他各地相比，不仅体积较大，而且意匠更华丽，雕刻更精致，融合了西亚、中亚和中国腹地基督教丧葬艺术的特点。对于宗教美术史研究人员来说，是难得的实物资料。

原载《世界宗教研究》1984年第4期

---

① ［日］佐伯好郎：《中国基督教研究》第13章，《内蒙古百灵庙附近的景教墓石》。

试论泉州聂斯脱里教遗物

20世纪30年代，随着泉州明代城墙的拆除，一批垒砌在城基上的基督教墓石，即欧美学人所称"刺桐十字架"伴随出土。在这些弥足珍贵的古代圣徒遗物中，有20多方显属聂斯脱里教派（中国文献惯常称为景教）所特有。尽管史籍或方志文献鲜有记录，仅从出土墓石和残碑判断，便可以预料这些遗物的重要性。中外学者纷纷以出土石刻为根据，揭示发现这些遗物的机缘，讨论聂斯脱里教在泉州的传播历史。但是，聂斯脱里教何时传入泉州？是由陆路还是海路传入？遗物所具特征又是什么？这些问题迄今尚未形成定论，即使一些重要史实，也没有考证清楚，本文准备就上述几个问题做一初步探讨。

一、景教传入泉州的时间

景教为基督教的一个异端教派，公元5世纪在叙利亚、小亚细亚一带兴起。据文献资料记载，该教派于公元7世纪即传入唐代的长安。景教何时传入泉州？这个问题长期很少有人问津。但是泉州景教石刻的出土，为研究中国基督教传播史及景教传入泉州的时间，提供了重要的物证，有极大的史料价值。在史学界，对于景教传入泉州的年代问题上，或云肇于唐代，或云始于北宋，有的笼而统之归属于元代，却都没有提供明显证据，各种说法时间差距数百年，出入很大。

吴文良认为：唐初，聂派教徒由陆路东行传入中国，泉州至唐中世历五代至南宋，对外交通早就很发达，当时波斯商人很多到过泉州，于是聂派也随之传到泉州。在元以前，这一教派在泉州还不很盛行，因而不为人们所注意，至元代，泉州的聂派才渐渐兴盛起来。①

佐伯好郎论及明崇祯年间泉州最初发现的三方十字架碑刻，认为与唐代西安景教碑图案相近，大概是仿遗物，又是在唐代所建之古寺境内发掘出，若然，它们很可能是公元8—9世纪的景教十字架。②

曾深入内蒙古考察汪古部景教遗迹的江上波夫，在比较扬州、房山、泉州的景教遗物图饰后判断：泉州景教遗物的年代或许可上溯到北宋时期。③

上述诸见解和所作解释似乎很有商榷之处。

吴文良所言景教唐代传入泉州的证据不足，论证也不够严密。诚然，在唐代景教徒、祆教徒、摩尼教徒都曾步商人和使节的后尘到达过长安，沿着军事征服和通商贸易大道来来往往，形成一种潮流，但他们在中国的回旋余地比较狭窄。诚然，唐代以后的泉州和波斯及其他阿拉伯国家是有海上贸易和宗教联系的，例如穆斯林商人的到达和居留。但这并不等于说明产生交流关系的双方没有思想障碍，也并不等于说明双方的宗教文化和传统观念能轻而易举地互相渗透，即如波斯当时流行的景教、摩尼教和琐罗亚斯德教（拜火教）传入泉州之事，吴文良等也没有找到任何佐证。而没有佐证的看法，我们不能不大胆地认为这只能是一种主观推测。

吴文良关于唐代泉州景教徒遗迹的另一论据来源于西方学者和传教士。吴在其专著中引述，提到泉州发现古代遗留下来的石刻，"……另一方十字架石刻，是在公元第八世纪，当福建省南部的刺桐城重建城墙时，在城墙的六英尺高处发现的。它很端正地被砌置在朝向东边的方向……按照《西班牙多美尼克会的历史》一书中说：'许多教堂的残余建筑物被用于重建城垣，很多十字架石被砌在城墙上。泉州的禄蒸门是建于南唐保大时期（943—958）……'"④ 吴的这一段令人质疑的话，援引了英国基督教学者摩尔的材料，他进一步引申道："根据以上记载，可知泉州在公元8

---

① 吴文良：《泉州宗教石刻》，北京：科学出版社，1957年，第37页。
② [日]佐伯好郎：《中国基督教研究》，日本春秋社松柏馆，昭和十九年，第574页。
③ [日]江上波夫：《汪古部的景教系统及其墓石》，潘世宪译自《东方文化研究所纪要》。
④ 吴文良：《泉州宗教石刻》。

世纪以前即有基督教的教堂了,这可说明泉州在唐代中叶,基督教就已经传入了。"这个看法很长时间以来,一直萦绕在人们脑际,而该材料的真伪如何,真是疑团未释,有人权认为是孤证。

阅读上述材料需要谨慎,设法搞清是否准确尤为重要。为此,我们查对了摩尔的原著以及有关的参考资料。我们发觉,摩尔的这段引起争议的话不是自己的凭空杜撰,是根据菲利普斯1888年的出版物,而菲氏的论述依据的为马尔蒂尼所著《中国新地图册》和菲兰多的《菲律宾群岛多美尼克会祖先的历史》。马尔蒂尼是当时意大利耶稣会传教士,两度入华,汉名卫匡国,约于1650年冬到过福建①,曾在泉州小住,他的记载一般被认为较翔实。摩尔引以为据的文章里,提到前述公元8世纪的那方十字架石有两处,即第82页和第83页,且都说明是在刺桐城东的城墙上。稍后又作补充,泉州城墙(lo ch'eng)是建于南唐保大时期(943—958)。在这里,首先值得注意的是:the walls(lo ch'eng) of ch'uan-chou的翻译,这一句英语里,看不出泉州城墙后面所加括号,即附加说明里的lo ch'eng会被用来标示城门(禄蒸门),按lo ch'eng的语音,应该译为罗城较合适,吴文良译成禄蒸门显然是一种误解。古代泉州有罗城和子城,关于禄蒸门,据乾隆《泉州府志》,禄蒸楼位于五代所建子城的南门,故名崇阳门。康熙辛酉年间改名丽正门,楼曰禄蒸。显然禄蒸是丽正门的城楼。再据马尔蒂尼的《鞑靼战纪》揭载的旅行时间推算,马氏路过泉州时,当时的子城南门尚未易名禄蒸,故lo ch'eng根本不会被用来指禄蒸。反之,lo ch'eng译为罗城的理由较充分,因禄蒸楼的位置是在子城南边城墙,和前述东边城墙不一致,再说马尔蒂尼是第一位用科学方法测绘中国地图并用外文撰写中国地理志的传教士,很难设想他会搞错方位,我们说,马氏等人于明末在泉州看到的东边城墙,应是罗城的仁风门(东门),外国人当时在东门城墙看到砌在上面的十字架石,错以为五代始建时(南唐保大时期)便砌上,他们哪里晓得,东城墙屡修屡外拓,明末他们能看到的东边lo ch'eng是明初才修建的。考古收获亦表明,近几十年泉州发现的十字架

---

① 马雍:《近代欧洲汉学家的先驱马尔蒂尼》,载《历史研究》1980年第6期。

石，大部分掘获于那一带城墙。这样，我们用不着枉费苦心地继续反驳吴文良说明的公元 8 世纪泉州就有聂派教徒的证据。因为这实在是一种盘根错节的错误，就现在掌握的材料而言，并没有痕迹显示唐代的泉州有任何景教徒初露头角，更何况死后遗留的灵柩。

至于佐伯好郎所列唐代泉州可能有景教的分析，意义不够明确。诚然，有一部分墓碑曾在唐代建造的佛教寺庙（例如东禅寺等）范围内出土，但在遗址、遗物的年代问题上，两者并无内在联系，不足以说明。而江上波夫等在泉州景教遗物年代上发表的看法，也是一种不肯定的推测。由于接触范围有限，单靠零散的而又含糊不清出土物的简单比较，或言唐代或言北宋，是不足凭信的。

那么，景教什么时候传入泉州，向偶像崇拜者传授福音书，扩展其活动触角的？我个人的看法是：依据考古学上的证据，景教传入泉州即在元初，是在蒙古人入主中原，蒙古征服者到来之后。我认为，先以泉州发现的景教石刻为线索来研究，是至关重要的。这些石刻虽没有文字记载，却为往昔景教的存在和断代提供了难得的旁证。

我们所发现和搜集到的泉州十字架石，现保存下来的，就有 30 多方。其中属于景教的，大约有 23 方[1]（尚不包括墓石中的石垛，历来已经散失掉的）。其中标明年代的才 4 方，它们分别是："至大四年"（1311），"皇庆二年"（1313），"皇岁甲子"（泰定元年，1324），"至正己丑"（1349）。可以判断，这些十字架石大致是在元代中期雕刻的，至于那些没有年代铭文的其他石刻，不仅雕刻形式、内容接近，且连雕刻手法都很类似。图案的装饰繁简，工匠的巧拙，墓石的磨损程度，每一个特征都说明文物是属于元朝的，没有寻找到具有不同特征的——可以上溯到唐代聂斯脱里教的遗物。

次言景教传入泉州的大致时间。明万历《泉州府志》所载，有一不容忽视的材料：有元一代，先后担任泉州路达鲁花赤凡 20 人，几乎大部分是

---

[1] 杨钦章、何高济：《对泉州天主教方济各会史迹的两点浅考》，载《世界宗教研究》1983 年第 3 期。

伊斯兰教人物的名字：如苫思丁（瞻思丁）、剌锡（易卜拉欣）、阿来、沙不丁（赛甫丁）、忽散木丁（侯赛因丁）、阿里达失蛮（传教者阿里）等，可见元代泉州回教势力的强大，例如像蒲寿庚兄弟那样的豪族巨商。即便在这种情况下，也有部分景教徒。例如，元代元贞年间（1295—1297）派驻泉州第五任达鲁花赤马速忽，应是一位信奉景教的官员。马速忽（Marsubh），从对音来说，马读若Mar和巴读若Bar，在叙利亚语里，乃是景教名字的尊称，相当于"圣"字的意思，常与后面名词连用。速忽，近似瑟夫，我们猜测它是沿用景教习用的基督教名约瑟夫。明万历《泉州府志》又载，马速忽，字子英，色目人①。佐伯好郎曾提到也里可温马押忽（Maryabh）②，并说明他曾仕宦泉州。检索《元史》，马押忽确是景教人物，但他从未到过泉州。泉州景教的传入，应是在马速忽任职之后，"盖元起朔漠，先据有中亚细亚诸地，皆当日景教流行之地也……北兵长驱直进，蒙古色目随便住居，于是塞外之基督教徒及传教士，遂随军旗弥漫内地"③。我们找到的年代最早的景教墓碑为1311年，和元贞年间相去不远，可互为印证。在元代泉州路达鲁花赤总管府所辖的南安县，也可搜寻到景教徒的踪迹。一度任南安县主簿的火思坛④，也是人们所熟知的景教名字。火思坛（Koshtans），为4—5世纪以来景教徒惯用的名称，又为信奉基督教的罗马皇帝康斯坦丁（Constantine）大帝名称的讹音，即康斯坦丁转讹为康斯坦兹。汪古部王公贵族中，拙里不花之子取名为火思丹（火思坛）；在塞外俄领舍密列琴斯科州出土的600余方景教墓碑上，刻有火思丹人名的就有23个。从这些事实去推测，泉州路这位火思坛应是信奉景教的小职官。实际上元代福建沿海景教的传播还不止于泉州，佐伯好郎提及，元代漳州路达鲁花赤3人：要忽难、迭里弥实和伯颜。要忽难、伯颜是著名的景教名字，要忽难（Yohanan）可见于基督教世家的家谱，例如"西域聂斯脱

---

① （万历）《泉州府志》卷23，"寓贤传"。
② 马押忽，可见于《元史》卷197："马押忽，也里可温氏。素贫，事继母张氏，庶母吕氏，克尽子职"。北京：中华书局，1976年，第4453页。
③ 陈垣：《元也里可温教考》，见于《陈垣学术论文集》（第一集），北京：中华书局，1980年，第54页。
④ （乾隆）《泉州府志》卷27，《文职官下》。

里贵族"马庆祥（洗礼名 Mar Sargis）的后裔月合乃（Yohanan），乃是习用的基督教名字。

元帝国统治初期，在蒙古人执行的政策推动下，东西方在贸易和人员交流方面，比以前任何时候都更为频繁。元代景教的发展，首先是由蒙古各部如汪古部、克烈部、乃蛮部以至维吾尔人——此类信奉景教的蒙古各部贵族、僧侣所倡导，大部分因从征有功关系，而后被敕封为分布各地、显赫一时的权要。但是，景教传入泉州纯然不止陆路一条，古刺桐港在中西交通史上的独特位置和宗教艺术的多样化，这是所研究的这一时期景教传播路线另一个重要线索，这个问题，我们将在下文中加以论述。

二、海路和陆路交叉处的景教遗物

公元845年，唐武宗发布的禁教令使中国腹地的景教活动销声匿迹了400多年之久。在13世纪至14世纪蒙古铁骑入关后，又产生了间歇热，景教卷土重来。《元典章》《元史》之类典籍中即见有许多关于耶稣教徒的记述。在元代，蒙古政权虽是由刀剑建立起来的，但在当时却以种族间和宗教上的容忍态度为其特色。国内称耶稣教徒为达尔萨，最常见的乃是"也里可温"这种称呼，这是对景教徒和方济各徒的统称，但当时多指景教，陈垣的《元也里可温考》所收汉文资料，均足以证明元代景教的发达情形。兹据张星烺所作中国内地各处教堂分布情况的考证，认为景教的传播路线或由北京出居庸关，经大同、河套、宁夏、凉州、甘州、肃州、嘉峪关往西域之路途间，或在由北京沿运河南下，溯钱塘江过仙霞岭下闽江，经福州而至泉州，海路则在由泉州泛洋往海外诸国路途间。[1] 所有这一切都相当确切，在景教的传播史上，泉州的重要地位不容抹杀。元代的泉州港，是以自然地理条件和海外交通贸易为其特征的，在宗教范围内，泉州亦获得惊人的包容能力，几乎囊括了当时世界性的各个宗教。这不仅在于优越的港口条件，而大部分由于对外贸易

---

[1] 张星烺：《中西交通史料汇编》第一册，朱杰勤校订，北京：中华书局，1977年。

的需要，对和平交往的渴求。

　　然而刺桐港的景教徒，这些曾在城内建立教堂，竭力传扬神道并遗下骸骨的圣徒究竟从何而来呢？是从波斯的传教根据地横渡大洋而来？还是伴随蒙古铁骑，从漠北沿陆上通道而至？在这方面尽管有关的参考资料很少，但也并非全无。泉州东郊残存的墓石——对于东西方学者来说并不陌生，碑额上以莲花为衬托的十字架标志，镌刻着叙利亚文、八思巴文（有的同时刻有汉文）的经文、祈祷文句，三位一体的观念，飞翔的天使，这是当时景教碑流行的式样。根据遗留雕刻特征，在对照多种事实之后，我们发现，有些石刻可能是从伊朗港口登船出发，经由海路来到泉州的景教商人、传教士死后的遗物。

　　景教传入泉州的一条路线来自海上。这些来自海上的景教徒大多兼营贸易。皮古莱芙斯卡雅在一本有关4—6世纪拜占庭和东方贸易的书中指出："拜占庭与中东及远东的贸易，在那时或稍后，主要操纵在景教徒商人手中，他们或是叙利亚人，或是波斯人，他们的语言通常用叙利亚文。"① 自叙利亚、波斯往中国，一路上凡是景教徒所聚集的地方，大概都是东西往来贸易的道路。元代泉州为国际贸易的都市，胡商既麇聚这些地方，也就成了波斯景教徒向往的地方，企图在该地方的商业上获取巨利。当时在中国"殖资产，开第舍"的波斯商人中，就有许多是景教徒所为。

　　近几年来，泉州曾发现一些刻有叙利亚文字的祭坛式石墓盖，通常是用数十方辉绿岩或白色花岗岩经雕琢后砌成的，虽然多遭损坏，但透过一块块构件，仍可想见墓型巨大，雕刻精致，并非一般的景教僧侣所能罗致。我们在边疆和其他地方发现的景教墓石，呈简单自然的倾向，考古调查亦表明，刻有八思巴文，显属来自蒙古大草原景教徒的祭坛式坟墓，一座也没有出现。据此，我们认为这类型的石墓是雄于资财的波斯景教商人拥有。还须指出，景教徒之从事经济活动，是有其生活需要的。伊斯兰教在波斯的胜利进军危及景教徒的地位，他们逐渐向东发展，有的成为香料商，有的为贵族侍医。驻波斯孙丹尼城的约翰·可拉在1330年写道："聂

---

① 转引自龚方震：《唐代大秦景教碑古叙利亚文字考释》，载《中华文史论丛》1983年第一辑。

派教徒，居蛮国境内，皆雄于资财……其派教堂整齐华丽，有十字架及像，以供奉天主及古先圣贤。"①由此看来，景教徒从海路东渐泉州，是有经济原因为其主导。

波斯景教会的礼拜式用叙利亚文，死后的墓碑亦用叙利亚文，有人以为这种景教用语大致流行在中亚、吉尔吉斯、七河地区以及蒙古，据此断定叙利亚文书写的墓碑、石垛大多为蒙古人的坟墓，这是不准确的。近年有人发现梵蒂冈档案中波斯景教总主教雅伯拉哈第三致教皇两封信件中的玺印（1302—1304），玺印中刻有叙利亚文字书写的突厥语，可见波斯的景教，也大量使用这种夹杂突厥语言的文字。况且泉州出土的数方夹带这种文字的祭坛式坟墓石构件，与中亚、蒙古的灵柩毫无共同之处，我们说，那是航海而至的波斯景教商人的遗物。

倘若再注意一下泉州刻有叙利亚字母的遗物，很快就能察觉，有叙利亚铭文的十字架，几乎每个臂端都附加二至三颗宝珠。反之，泉州八思巴文十字架，这种附加的装饰一个也没有。附加的宝珠纹饰表明了对十字架的信仰，在虔诚的教徒看来，十字架好像发出光彩，光芒四射。这种十字架雕制形式是波斯景教的固有式样，早在公元781年，波斯僧人阿罗本等在长安建立的著名景教碑，即是这种式样。在波斯往中国的海程中，1547年南印度圣多默山修建教堂挖获的景教碑，表面雕刻波斯中世纪的宗教故事，这个同属13、14世纪的十字架，臂端也各附饰三颗宝珠②。可见这种波斯的景教艺术，是有其系统观的。另一方面，国内其他地方发现的显系从陆路传入的元代景教十字架，臂端有附加装饰的显得特别稀少。

叙利亚文墓碑上雕刻的飞翔的天使，很容易看出波斯冠冕头饰的头部，其末端在空中飘扬。英国爱丁堡的奈斯认为："他们主要是从波斯来的，这些飞着的天使是完全波斯的，我想是在希腊化时代从波斯来，是受萨珊王朝的传统影响。"③波斯史籍记载，11世纪以后，该国境内的景教

---

① 张星烺：《中西交通史料汇编》第一册，北京：中华书局，1977年。
② [美]巴基（E. A. Wallis Budge）：《景教僧旅行志》，插图2，佐伯好郎译补，东京：春秋社松柏馆，昭和十八年。
③ John Foster "Crosses from the Walls of Zaitun".

徒及叙利亚景教徒，许多不是改宗伊斯兰教，就只好向远东逃亡企求信道的自由，"殉教者啊，汝等从事商贾的人们，汝等渡河海，越山野，历诸国，最后流出汝等的血潮去世了"。① 泉州城墙墓地掘获的景教墓石便是明证。

但我们也不应排除蒙古景教徒在泉州的存在，景教从陆路传入泉州是确有其事的。元代的泉州是当时贸易和宗教交流的典型汇合地，通过前述马速忽远宦泉州，可看到蒙古景教徒对泉州的影响。在此地掘获的数方八思巴文墓碑，再次说明蒙古族的僧侣长住于此。另有两方天使雕刻，用耳环装饰，明显的络腮胡子，可辨认为蒙古人形象。征诸史籍，蒙古人中早有景教信徒：定宗皇帝且以基督教徒自任，其丞相中如博剌海、喀达冤、镇海等人皆为基督教徒，忽必烈有一信奉景教的母后，宫廷中还有不少出类拔萃的景教徒。

1940年，更从刺桐城墙挖出一也里可温墓碑，可作为彼时东突厥景教徒纪念物的贵重资料。该石碑高56厘米，广48.7厘米，碑文是中文、叙利亚文两种文字合璧。每种文字各两行。尽管墓石仅勒上简单的志铭，没有十字架，但其重要性绝不亚于其他景教石刻。碑文是："管领江南诸路明教秦教等也里可温马里失里门阿必思古八马里哈昔牙，皇庆二年岁在癸丑八月十五日帖迷答扫马等泣血谨志。"首先年代铭文记录了死者死于1313年，墓志主人，是管领江南（包括泉州一带）基督教、摩尼教的僧侣。它的发现表示公元14世纪初泉州有过很多景教徒，以致需要一位管理的教长，并且这位主教本身是一景教高级僧侣。据夏鼐考证，这碑可能便是记述一位远宦泉州信仰景教的汪古部（其遗址在今内蒙古百灵庙）的官员。②

汪古部在黄河河套北边，位于中国内地与蒙古的交通要冲，是一个信仰景教的部族，13世纪初该部族异常活跃，以马庆祥一家为代表。20世纪年代初，西人马定赴该地考察，发现一也里可温残碑，即"管领诸路也

---

① ［日］佐伯好郎：《景教之研究》，第756-774页。
② 夏鼐：《两种文字合璧的泉州也里可温（景教）墓碑》，载《考古》1981年第1期。

烈××答耶律公神道之碑"残石,和泉州碑刻题识类似,并可相对勘。泉州发现的也里可温碑不但证明了汪古、克烈、乃蛮三大部聂斯脱里教派的兴盛,而且揭示了泉州景教的传入也有陆路一途。

随着泉州景教石刻的发现,对于其来源、文字考释和雕刻艺术的综合比较研究日益吸引学者的注意。在考虑各种因素、条件及关系时,不能不感到,在元代与基督教徒的联系中,泉州虽然不能说是传播景教的根据地,但至少可以认定是景教传播的重要通道,东来西往的传教士,曾凭借不同的路线——海路抑或陆路,汇聚于古刺桐港。

三、最富装饰的"刺桐十字架"

十字架是基督教徒的一种标志,凡入教者均奉十字架为其记号。十字架本为刑具,古罗马处犯人以极刑,以纵横二木,合为十字形,钉人之手足悬举在二木上,后因耶稣被钉死于十字架,教徒迫念其救赎大恩而重视十字架。在中国,景教的传布只是浮泛几阵子,便消逝无踪,较有遗迹遗物可寻的主要是圣徒丛冢。因此,十字架的雕刻特别受人重视,尤以"刺桐十字架"最富装饰,最具图像。

英国基督教学者约翰·福斯特在1950年代,对当时泉州出土的大批基督教遗物极为注意,认为这些新发现,可能有许多新的启示,新的含义。墓石的图案,很大限度是一个富藏①。泉州发现的十字架石,大部分掘获于刺桐城墙的东门至北门一带,主要是墓碑、石墓盖(须弥座、须弥座祭坛式两种)。颇具特色的装饰性和神话图案,向人们提供了研究基督教传播史以及丧葬艺术的线索。以下就中国各地与国外一些地方所发现的景教墓石与泉州遗物略做比较,便可说明这种情况了。

兹就田野考古发现的所举列下。

在国内:①福建省泉州出土的十字架墓石;②内蒙古百灵庙附近发现的景教石刻;③扬州发现的十字架雕刻;④河北房山的叙利亚铭文大理石

---

① John Foster, "Crosses from the Walls of Zaitun".

雕；⑤北京西南郊跑马场掘获的大理石断片；⑥西安大秦景教流行中国碑；⑦新疆伊犁出土的十字架自然石。

在国外：①七河地区墓地；②印度马德拉斯圣多默教堂附近出土的景教墓碑；③美索不达米亚昆吉克残留的十字架墓志。

率先说明一下泉州发现的景教墓石。古代泉州地域岩石丰足，自然条件造就了一大批以打石为生的能工巧匠。宋元时期，许许多多远方来的伊斯兰、佛教等教徒选择了花岗岩作为墓石。景教徒亦不例外。首次报道泉州景教遗物的，即是来自意大利的耶稣会士阳玛诺。由于1644年《唐景教碑颂正诠》的刊行，外国学者始着力于泉州景教的研究，虽然出土物并无敦煌石窟里找到的景教经典一类物品，但其相互关涉的墓石雕琢形式，很有可能是中世纪全世界所发现的最富装饰的十字架坟墓。

泉州景教墓碑质地优良，形式多样，有圆拱形、尖拱形、弧形、长方形四种形状，雕刻的题材图案富于变化：十字架下，有时雕刻惯常的莲花柱脚；有时呈束莲座、变体莲花、西番莲、莲台等，不一而足。连接十字架的莲花，"差不多就是景教派基督教的确切证据"①。有时雕刻有云气纹。假使缩小莲花与云彩图案的启示，波斯、叙利亚的景教丧葬艺术（亚历山大学派）同样在泉州另辟新葩。泉州保存有五方天使图案的景教石刻，姿态各异，带翅膀的天使（受胜利的影响）伸出手，或者是飞翔的天使双手捧着圣物或圣像，很像公元6世纪 Etchmiadgin Gospel 的艺术图像。希腊式的十字架，臂端和中间常常附饰有宝珠。雕刻的文字有叙利亚文、八思巴文、汉字三种。墓碑边缘有花卉图案装饰，例如连续传枝的花纹，即如伊斯兰教建筑中普通的多苅的火灯窗形式边缘绘。这使我们有理由推测到，它并不是一个局部地区封闭的基督教文化，而是若干种艺术类型的汇合。

试比较一下其他方保存的景教墓石，内蒙古百灵庙发现的虽为数不少，但墓石比较小，衬托十字架的仅为花卉，例如，莲花或姑朵，云纹鸟形图案，采用了叙利亚文突厥语。七河地区与新疆伊犁等，其墓石利用不规则的自然石，石面粗糙，十字架衬之以简单的莲纹线条，有的刻叙利亚

---

① John Foster, "Crosses from the Walls of Zaitun".

铭文。扬州回教寺院内的景教墓碑残段和泉州石刻同属尖拱形，阔张的自然莲花，边缘有流畅的线。河北房山三盆山十字寺的一对大理石石雕制品，十字架加承受的莲花和莲台，其中一块雕刻一行叙利亚文字，汉译为"汝瞻视之，因而其有望矣"。可是泉州也有酷似的图案。北京跑马场附近出土的雕刻品，断面略呈梯形，在其正中部位有一大十字架浮雕，其纵带把石头表面划成四块，火灯窗形式的线条围绕着浮雕，隐显云气、莲花、石榴等图纹，而云气上升的图像，与泉州、西安、房山的雕刻意匠，亦是息息相通的。而上述诸地却没有一处采用著名的安琪儿雕刻——归属于远东的基督教艺术，没有出现那么多种变化形式的图案装饰，以及多种文字的镌刻。

另一方面，再看美索不达米亚昆吉克修道院、中亚、西亚发现的景教遗物，几乎所有十字架臂端都有宝珠，但都没有承接的莲瓣或莲台，也都没有火灯窗形式的边缘绘。从景教向东亚传播的历史看，泉州位于东西文明的重要接触点，在某种程度上，它似乎具有联系南北，交接东西的枢纽，加诸东方贸易大港这一强有力的经济因素，以打石为生的工匠很多，工艺超群，建碑立石之风甚盛，使基督教墓碑表现出最富有装饰。

无论如何，我们完全可以从这一迹象中看出，元代的泉州该是宗教的大熔炉，由于当时政策上的宽容，各种教派和思想都在这里显过身手。在亚洲出现的这一新的短暂的和平局面中，那些虔诚而又不知疲倦的景教传教士，把基督教义和物质财宝，从一个国家的边界带到另一个国家，而他们死后建造于此的石墓说明他们的精细。这种台座式的坟墓，有须弥座、须弥座祭坛式两种：须弥座坟墓，通常是由一方整块的花岗岩石雕琢而成，分五级，第五级为墓顶石，雕成长、方形尖拱或圆形拱石，刻以莲花为柱脚的十字架，须弥座祭坛式，洋洋大观，加工细致，具有实体感。墓葬前竖立一尖拱形墓碑，墓的正面作长方形祭坛式，长3.6米，侧面宽0.9米，正中刻天使、十字架，左右两方石垛，刻叙利亚文字。

就这些随处散置的景教石棺和内蒙古百灵庙以及俄领舍密烈琴斯科发现的景教石墓作一对比，以加深我们的认识，很有必要。

其共同点有：三者都具有叙利亚文字书写的墓志铭，有时在同一墓志铭里将叙利亚语与突厥语混用。其相异各点：百灵庙汪古部族景教石棺，是作为横卧式的棺形墓石，其长度在 1~1.25 米，侧面宽约 0.4 米，前头部分呈方形，作不等边的六角形。左右两侧二面宽约 0.4 米，前头部分呈方形，作不等边的六角形。左右两侧及前面雕刻着十字架，上面雕刻着可以说是标示死者家门的纹章。按照东方基督教会的传说：石棺像是仿效"诺亚方舟"制作的①。散布在舍密烈琴斯科州的石墓，数量多达 610 个以上，但没有一个作横卧式棺形的，大多采用方圆无定的石头，刻工粗糙的十字架周围，铭记着死者的职业，在世功绩或德行的文句。而在泉州、百灵庙的石墓塚中，石棺上是很少勒上死者的殁年月日的。如果断定舍密列琴斯科州出土物是中等阶层基督徒的墓石，百灵庙石棺都是王公贵族的墓石的话，那么泉州发现的大型石墓盖则是航海而至的景教富商以及高级僧侣所有。这些墓石与其他各地相比，不仅体积较大，而且意匠更华丽，雕刻更精致，融合了西亚、中亚和中国腹地基督教丧葬艺术的特点。对于宗教美术史研究人员来说，不啻是难得的实物资料。

　　泉州景教遗物的发现表明，尽管元代聂斯脱里传教士们做过不懈的努力，但是信奉者大多是波斯、中亚、蒙古人，汉人真正的皈依很是罕见，因此景教没能在泉州生存、发展。这从十字架石几乎找不到汉人遗留物的现象得到反映。泉州景教遗物的发现还表明，聂斯脱里传教士曾经在遥远的东方古港留下足迹，有的还长眠于此。

原载《海交史研究》1984 年总第 6 期

---

① ［日］佐伯好郎：《中国基督教研究》第 13 章，《内蒙古百灵庙附近的景教墓石》。

泉州新发现的元代也里可温碑述考

1984年11月6日，泉州通淮门外津头埔的群众掘获一方辉绿岩碑（图版三十五）。此碑宽60厘米，高25厘米，厚10厘米，四周雕有缠枝图案花纹，边缘略有破损。碑内阴刻汉文楷书14行，内容是："于我明门，公福荫里，匪佛后身，亦佛弟子，无憾死生，升天堂矣。旹大德十年岁次丙午三月朔日记。管领泉州路也里可温掌教官兼住持兴明寺吴唵哆呢唔书"。

这方石碑显然是也里可温（元代蒙古人对基督教的通称）须弥座祭坛式石墓盖的挡垛石，一如过去所发现的，束腰部分正中的石垛，刻天使、十字架，左右两方石垛，刻教门文字，其首尾的石垛，通常刻中国美术上常见的牡丹或莲花。[①]

通淮门附近发现也里可温碑并非首见，1954年吴文良先生在通淮门城基附近获得一方叙利亚文、汉文两种文字合璧的1313年的也里可温碑（图版三十六）。今泉州又发现这块罕见的也里可温墓石。此碑无论从研究宗教学的角度抑或就中外文化交流史而言，均属极其重要的文物，我们可以依据这些珍贵的实物资料，从碑铭学的研究中，重新认识和评价古代基督教流传的史实。

一、兴明寺所属的教派

出土碑刻清楚地提到建墓的时间"旹大德十年"，即公元1306年，在泉州已发现的有年代铭文的元代基督教石刻中，此碑是最早的一块。更有

[①] 吴文良：《泉州宗教石刻》，北京：科学出版社，1957年，第40页。

意义的线索是，碑文提到了泉州有过一所名叫兴明寺的基督教教堂。碑刻文字缺乏完整，显然该墓至少还有一方同样大小的汉字的挡垛石。这是第一次在泉州发现元代基督教堂名称。此碑究属景教还是天主教？兴明寺到底是景教寺还是天主教堂？弄清这个问题，将有助于揭示基督教堂遗迹，解决圣教早期传入泉州的若干悬而未决的问题。

碑文共有 62 字，可为我们考证兴明寺的教派问题提供了一条线索，而且对于多年来难以深知的泉州古基督教教会活动、教职制度、教会人物提供了认识的机缘。

首先，寺名兴明，就可以说明它是蒙古人称为"忽卡刺"的景教寺。明代入华耶稣会士所著《唐景教碑颂正诠》如此解释，"识景之义，圣教之妙明矣，景者光明广大之义"。明末李之藻在《读景教碑书后》写道："景者，大也，炤也，光明也。"景有光照之义，耶稣基督在世时，曾对众人说："我是世界的光，跟从我的，就不在黑暗里走，必要得到生命的光。"（《新约全书·约翰福音》）景教之景，即取"世界之光明"[1]，1908年，法国伯希和从敦煌千佛洞盗走的著名景教经典《三威蒙度赞》（约撰于公元 800 年前后）里，会众的唱词有"常居妙明，无畔界。光威尽察，有界疆"。另一景教经典《志玄安乐经》载："于我教门，能生恭敬……若能行用，则如光明，自然照耀。"泉州也里可温碑石亦有与此旨相同的词句："于我明门，公福荫里"，碑文中的"生死无憾，升天堂矣"，不妨再对照北京大学图书馆收藏的元代景教徒叙利亚文遗书："汝等殉教者啊，你们高高上升，来到天上的耶路撒冷，用你们头颅的血，赢得了我们瞩望的那个天国。"[2] 再看看至元间镇江路副达鲁花赤马薛里吉思所建的七个景教寺，其中几所教堂称为大兴国寺、聚明山寺、大普兴寺[3]，似乎不难理解，唐元二代景教堂被称为寺，并且为弘扬神道，常常沿用经典中的"兴"或"明"字，以点出它的教旨所在。

---

[1] 罗香林：《唐元二代之景教》，香港：中国学社，1966 年，第 12 页。
[2] 叙利亚文唱咏抄本由佐伯好郎译出，参见《中国基督教研究》第 1 卷，日本：春秋社松柏馆，1943 年。
[3] 江文汉：《中国古代基督教及开封犹太人》，上海：知识出版社，1982 年，第 110 页。

其次，也里可温碑中的"匪佛后身，亦佛弟子""住持兴明寺"等词句，借用佛、道教经典的名词来阐述教义，是景教在中国的重要特点，而天主教方济各会，我们从教徒遗物和中世纪教会工作文献里，不曾发现过与之相类的用法。早在唐代，西安景教碑作者景净，就取用了许多佛教术语。敦煌发现的景教文献中，也是如此，在敦煌还发现了一幅画，画的基督是"佛"的形象，可是在头上和胸前都有十字。元代的景教与唐朝传入的景教虽无直接继承的关系，但同样采用许多佛教术语。《元史·文宗本纪》卷32载：天历元年九月，"命高昌僧作佛事于延春阁。又命也里可温于显懿庄圣皇后神御殿作佛事"，前一佛事是真正的佛事，后一"佛事"，指景教的弥撒。大德二年至五年担任镇江儒学教授的梁相所撰《镇江大兴国寺记》也屡屡采用"佛殿""佛国""道场""受戒"这类非景教词句。

另外，追溯基督教方济各派（天主教）始传中国的时间，可进一步引证兴明寺的教派所属。忽必烈入主中国本部以前，蒙古人当中流行的只有基督教聂斯脱里派（景教），公元1295年意大利方济各会主教约翰·孟德高维奴作为教皇尼古拉四世的使者抵达北京，这是天主教传入我国的标志。据其遗札[1]，当时他是独立传教的，除了商人卢卡隆戈人皮特罗外，没有一个人帮助他。直至公元1299年以后，才获得建立教堂机会。这种局面维持到1307年，罗马教皇格勒门五世，任命他为北京的总主教，并派来几名帮手，受派遣的7人中，只有哲拉德、裴莱格林和安德烈3人到达。公元1313年以后，他们3人先后到达泉州，开辟了新的天主教区。[2] 换句话说，在这之前，仅北京建有天主堂。证之以泉州主教裴莱格林公元1318年1月3日的信，可知兴明寺确是景教寺："在上述总主教来到大汗帝国以前，由于聂斯脱里派教徒凭借其权力加以阻挠，不管哪一个民族或哪一个教派的基督教徒都不能在这里建筑一座小礼拜堂（不管它是如何的小）或树立一个十字架……因为我们教友人数很少，而且年龄相当大了，不善于学习当地语言……我们迫切需要的，莫过于多派教友前来。"至今仍珍

---

[1] 张星烺：《中西交通史料汇编》第一册，北京：中华书局，1977年。
[2] ［英］道森：《出使蒙古记》，吕浦译，周良霄注，北京：中国社会科学出版社，1983年。

藏于巴黎国立图书馆编年史手稿里的几封元代方济各会主教所写的信札还表明，景教和天主教本是两个不同的教派，不能相容。这些天主教入华传教的先驱者皆把所建教堂叫罗马教堂或礼拜堂，不会使用兴明寺这类名称。

再对照元代典籍，也能证明推断兴明寺为景教寺是富于说服力的。《元典章》里有这样一段话："（大德八年）照得江南自前至今，只有僧道二教，各令管领，别无也里可温教门。近年以来，因随路有一等规避差役之人，投充本教户计，遂于各处再设衙门，又将道教法箓先生侵夺管领"①。可见，江浙、福建一带的景教势力，是在大德前后几年才开始发展起来的，泉州数方有年代铭文的景教石刻也可对此做出旁证②。

二、景教会和元廷

泉州新发现的也里可温碑，不仅提供了早在公元1306年以前泉州就建造景教寺的证据，并且表明了元代泉州是景教的主教管区，存在着一个活跃的景教会，吴唵哆呢嗯还是管领泉州路也里可温掌教司的官员。

过去我们知道的那块也里可温碑，已使人看到泉州元代管理基督教事务的政府机构留下的或显或隐的踪迹，该碑的中文是："管领江南诸路明教、秦教等也里可温、马里失里门阿必思古八马里哈昔牙，皇庆二年岁在癸丑八月十五日帖迷答扫马等泣血谨志"，叙利亚文的题刻，据日本学者村山七郎的翻译："这是僧侣先生、教区（?）的教长（主教），失里门先生的坟墓，癸（十天支的末位）牛（即'丑'）年八月十五日扫马率领（一班人）来，并写下（这墓志）。"③ 现在我们对照一下考古上的新证据，据吴唵哆呢嗯碑文中的"于我明门"，我们分析明门就是指景教会，诚如唐代景教流行中国碑上的"天姿泛彩，英朗景门"和"更效景门"，古代

---

① 《元典章》第33卷，第14页。
② 杨钦章、何高济：《对泉州天主教方济各会史迹的两点浅考》，载《世界宗教研究》1983年第3期。
③ 夏鼐：《两种文字合璧的泉州也里可温（景教）墓碑》，载《考古》1981年第1期。

景教会称景门、明门。而掌教官则是管理教会、教区的行政长官兼主教。两碑出土地点如此相近，从内容上又可互相补充，进一步得到确证，似乎向人们表明，元代泉州景教会比人们想象的兴盛得多，人数相当多，因而要求设立专门的政府部门以保护景教徒的合法权益，而且，一如以大都为中心的景教政治势力集团，以泉州为中心的江南一带景教徒也曾经在宗教生活和社会生活中发挥积极的作用。

唐武宗以后，景教在中国本土销声匿迹，但仍流传于边疆，后来在蒙古的克烈、乃蛮、汪古等部落中获得发展，因此基督教的这个异端教派在蒙古的地位是比较强的。大汗们如蒙哥、旭烈兀、忽必烈的母亲和妻子中，有许多是景教徒，诸汗的显要官吏如贵由汗的丞相镇海、蒙哥的丞相孛鲁合、旭烈兀的将领怯的不花，一直保持着与亚洲景教中心的联系。1275年，在忽必烈的新首都设立了总主教管辖区。据《马可·波罗游记》所述由喀什噶尔以东至北京沿路一带，到处都有景教徒，又在中国各地如甘肃、蒙古、山西、云南、江苏、浙江等处，都有景教官员或信奉景教的商人建立的教寺。采取允许景教存在和自由传教的政策可以起到稳住信仰景教的上层部族的效果。然尚不止于此，为着对也里可温的尊崇，更特置中央管理机构崇福司，它始立于至元二十六年（1289），《元史·百官志》卷89云："崇福司秩二品，掌领马儿哈昔列班也里可温十字寺祭享等事。"崇福司除管理主教、师僧、教徒的任免黜陟等行政事务外，更掌领十字寺，即元代景教寺院。仁宗延祐二年（1315）改司为院，"置院领事一员，省并天下也里可温掌教司七十二所，悉以其事归之，七年复为司"①。既去省并，则原本设立的掌教司之多可以想见，每一掌教司管辖区域内到底有多少教徒虽无明载，但数目之多却可以断言。武宗至大四年："崇福司官说：'杨暗普奏，也里可温教崇福司管时分，我听得道来，这勾当是大勾当，不曾与省台处商量，省台必回奏，如今四海之大，也里可温犯的勾当多有，便有一百个官人也管不得'。"②这些都说明元代景教在中国传播的

---

① 据《元史·百官志》卷89，《百官志五》。
② 《通制条格》卷29，《词讼》。

普遍，与元廷有着千丝万缕的联系。

从13、14世纪欧洲人的游记和中国的史籍中，我们可以获知吐鲁番、阿力麻里、沙州、杭州、北京、成都、扬州、西安、温州等地都是著名的景教主教区。[①] 泉州是元代中外政治联系的重要枢纽，从史籍中尚未找到明言泉州有掌教司衙门和景教寺，连续获得的也可温碑填补了记载里的缺漏之处，即泉州确为江南景教徒集中的中心地。元代文献中，也有设立市舶司的通商七港中，偶然提到了温州的也里可温掌教司，《元典章》卷33《禁也里可温搀先祝赞》载："大德八年，江浙行省淮中书省咨、礼部呈、奉省判、集贤院呈、江南诸路道教所呈、温州路有也里可温创立掌教司衙门，招收民户，充本教户计，及行将法箓先生诱化，侵夺管领"，这条资料既说明了温州地区景教势力的抬头，又反映了江浙一带道教的兴盛，以至于管领江南诸路道教的机构设在浙江。和泉州景教碑题相对勘，令人不能不感到，在景教的传播史上，泉州的重要地位不容忽视，在这里，不仅驻有管领江南诸路景教的教长，而且有管领泉州路景教掌教司的主教。也里可温的发展主要是依附蒙古贵族的政治势力。近几十年来，考古资料为此提供了丰富的旁证，二十多方劫后所遗的雕有叙利亚文、八思巴文或者与中文混刻的"刺桐十字架"（墓碑、墓石）表明了为数众多的景教徒在泉州的事实[②]，他们竭力传扬神道，建立教堂、积极参与教会事务，还使基督教文化在传播地留下明显痕迹。

三、碑铭作者吴咹哆呢嗯

碑文的题写者吴咹哆呢嗯是泉州路也里可温掌教官兼兴明寺住持。至于墓主是谁，由于碑文不完整，在没有可靠资料揭示之前，只能暂付阙如。地方史志、官方文献查不到有关吴咹哆呢嗯的情况。有人认为他可能是生长在中国的第二代、第三代欧洲人，或者是汉族人，这种推测值得

[①] ［日］佐伯好郎：《中国基督教研究》第1册，第471页。
[②] 杨钦章：《泉州景教石刻初探》，载《世界宗教研究》1984年第4期。

商榷。

诚然，唉哆呢嗯是拉丁语Antonius音译，即今通译的安东尼。唉哆呢嗯之前冠以吴字，吴可能为汉姓，但也可能是W或其他音节的简译。我们可以援引同是大德年间刻制的伊斯兰教石刻为例：1940年从通淮门城墙掘获的奈纳·穆罕默德·本·阿卜杜拉碑①，刻有阿拉伯文和中文，中文刻："时大德七年七月初一日，孤子吴应斗泣血谨志"，死者显然是阿拉伯人或波斯人，却也使用汉姓。很多外国人长期侨居中国，常取自己姓氏里的某一音节的中文谐音为汉姓。再补充一点，唉哆呢嗯一名加口字旁，似乎也表示了这个掌教官并非汉人，因古代中国的人名，即使沿用外来语，一般不喜欢加"口"旁。我们从明清的许多文献里可以得知，在记录外国人的名字时加"口"旁，以说明是名字的译音。

元代中国景教徒人数难以查考，据《至顺镇江府志》的统计，当时在镇江地区167户居民就有1户是也里可温，在63人中就有1人是也里可温。据说杭州第三区专住也里可温，这些资料说明教徒为数不少。正因为如此，公元1289年元廷特设崇福司。景教徒的人员构成比较复杂，有贵族僧侣，有商贾医生，有军吏士兵，绝大多数是外来人，即由陆路从蒙古、新疆等地进入江南的诸部族景教徒，或通过海路从波斯、西域航海而至的景教富商、僧侣。通览以上所述，笔者倾向于认为，吴唉哆呢嗯是来自波斯或其他西域地方的景教高级僧侣。

吴唉哆呢嗯身为掌教官。掌教官一衔，西方学者德澳利亚的解释是主教管区的教长，被认为主要管理基督教寺院事务的。据《元史》，掌教司之职位几乎全部由西域归化的景教徒中任命，为宦各路。例如元中统年间归化于元廷的拂林景教徒爱薛及其长子也里牙，均曾任崇福使。爱薛在至元二十年（1283）奉命随孛罗出使伊儿汗国，返回后"擢秘书监，领崇福司，迁翰林学士承旨，兼修国史"②。《元史》载有敕令加封也里牙："皇

---

① 陈达生主撰：《泉州伊斯兰教石刻》，福州：福建人民出版社、银川：宁夏人民出版社，1984年，第18页。

② 陶氏影刊洪武本：《程雪楼集》卷5，《拂林忠献王（爱薛）神道碑》。

庆元年……加崇福使也里牙秦国公。"① 元代景教名人马薛里吉思,是中亚撒马尔干的医生,1278 年由元世祖忽必烈委派为"镇江路总管府副达鲁花赤"。撒马尔干在波斯东北,为当时聂斯脱里派基督教盛行之地,也是"东方教会"一个总主教的驻地。来自西域的色目人在元朝皇帝的宫廷里担任各种官职,在中国的许多主要城市,都由西域景教徒或信奉景教的商人建立教寺,享受很多特权。吴咹哆呢嗯身为泉州路也里可温掌教官兼兴明寺住持,这个职位非一般汉人所能充任,因元初民族压迫较厉害,江南的汉人社会地位很低。吴咹哆呢嗯更不会是欧洲人,当时的欧洲人根本不会信奉早被斥为异端的景教,我们也从未发现元代入华的欧洲人在宗教信仰上改宗的实例。更何况大德十年以前西欧方济各会主教尚未抵达泉州。

　　反之,认为吴咹哆呢嗯自波斯等地前来元代最大的贸易港泉州,有较充足的理由。摩洛哥旅行家伊本·白图泰告诉我们,他途经刺桐港时看到许多波斯人居住在那里。不可否认,最大量的侨民是穆斯林商人,但同样需要注意的是,航海来泉的西亚船商中,也有景教商人②。景教从叙利亚传入波斯、印度,更由波斯东传中国,最初以陆路为主,后来也循由海上通道。必须指出,波斯的景教徒之从事经济活动,有着生活上的需要。蒙古人的西征建立了由宗王统治的波斯伊儿汗国,最初的几任波斯王,对景教实行保护的政策,一时景教会繁荣昌盛。公元 1295 年哈赞的上台使景教徒厄运临头,一场骇人听闻的迫害开始了。鄂多立克稍后途径大不里士时说,这里居住着形形色色的基督徒,但撒拉森人在一切事上都统治着他们③。元代的泉州港,东西方的交通贸易空前频繁,"蛮舶功初奏,闽乡望已深"④,景教徒可以在这里贸易、布施和讲道,取得不服兵役、少纳赋税的特权,《通制条格》载:"至元三十年省官人奏,海答儿等管课税的说做大买卖的是和尚也里可温每,却不纳税呵";《元典章》又载:"议得和尚先生也里可温答失蛮人口,多是夹带俗人通番买卖,影射避免抽分,今后

---

① 据《元史》卷 24《本纪第二十四》。
② 前引杨钦章:《泉州景教石刻初探》。
③ 何高济译:《鄂多立克东游录》,北京:中华书局,1981 年,第 12 页。
④ (元)袁彦章:《书林外集》,《送泉州庐府判封舶归》。

和尚先生也里可温答失蛮人口等,过番兴贩,如无执把圣旨许免抽分明文,仰市舶司依例抽分。"在这种优待政策之下,波斯景教商人深深渗入泉州港是理所当然的:驻波斯总主教约翰·可拉在《大可汗国记》里反映:"聂派教徒,居契丹国境内,总数有三万余人,皆雄于资财。"近几十年来的考古调查证明,泉州发现的大型须弥座祭坛式石墓盖都是伊斯兰教和景教商人所拥有。这种洋洋大观的圣徒灵柩踵起于泉州港的繁盛期,并非一般僧侣所能罗致。吴唵哆呢嗯碑就是石墓盖的一块挡垛石,该墓肯定还有数方刻汉字和教门文字(叙利亚文)的挡垛石,而这种大墓的墓主,至今所发现的,没有一个是汉人,有文字可释读的都显示了死者大多来自波斯等地,这一现象值得注意。

泉州新发现的元代也里可温碑,开阔了对古基督教研究的视野,这些不以文献为主的考古学资料,表明了泉州不仅建有景教寺,而且有组织严密的景教会,并拥有管领江南许多地区教会,教会的势力在元代剌桐港的宗教生活和社会结构方面已有非常牢固的基础。同时,这也反映了元代的民族政策,也里可温教得到元廷的扶植和保护,信奉者大多是塞外民族和西域的色目人,但是缺乏汉人的皈依者,所以在元末明初掀起的泉州汉人对外族的事件中,教寺被铲除破坏,景教从此销声匿迹了。

原文与何高济合撰,载《世界宗教研究》1987年第1期

远驿集

南中国"刺桐十字架"的新发现

在福建省泉州这座宗教神学的艺术宝库里,保存有大量的古代基督教石刻,它们都是近几十年来,考古工作者从拆城辟路工地、施工现场以及野外踏勘中获得的。大多是十字架墓碑、石墓盖以及石墓构件等,多数用辉绿岩和白色花岗岩雕成,无论是图案的特殊,形象的造型,刀法的运用,都反映了元代泉州丧葬艺术所特有的中外文化交流的内涵。现在保存在泉州海外交通史博物馆的约有40方。这些属于元代泉州聂斯脱里教会、方济各会的圣教徒遗物,大小不一,型制多样,雕刻有十字架、莲花、天使、云彩等图案。雕刻的文字有叙利亚—突厥语、拉丁文、八思巴文、中文等,[1] 如此众多的分属中世纪基督教两个重要派别的遗物掘获于泉州一地,这在世界上的历史、文化、宗教名城中,实属罕见。撰写中国基督教史的东西方学者都以明显的篇幅揭载刺桐十字架的发现,从碑铭学和宗教美术史的综合研究中,重新认识和评介基督教传入泉州的重要史实。

有关古代基督教在泉州的流传及影响,史乘地方志的记载是微乎其微的,而那些不断发现的十字架雕刻实物,备受学者们的重视。1906年,西班牙天主教士任道远(Serafin Moya)在泉州奏魁宫发现一胸前有十字的天使石刻,其照片很快地被法国著名汉学家伯希和(Pelliot)教授抢先刊布在《通报》(1914年12月)上。伯希和写道:"这方非常奇怪的碑的来源是个相当微妙的问题,而且遗憾的是得不到有关这十字石的发现过程及其现在结局的更详细报告""此碑附带表明了古代雕工之精细"。西班牙学者阿奈兹(Greg Arnaiz)著文谈到此石对于考证泉州历史的意义。[2] 其后几

---

[1] [英]阿·克·穆尔著:《一五五〇年前的中国基督教史》,郝镇华译,北京:中华书局,1984年,第89-90页。
[2] [西班牙]阿奈兹:《泉州穆斯林古迹》,载《通报》1911年,第688页。

十年间，英国、美国、日本许多涉及基督教、中世纪教会史的文章或学术刊物纷纷转载，在出版物中屡屡使用泉州的天使形象作为插图。但遗憾的是这方被当地老百姓称为"番丞相"的天使石刻①早已佚失。

1988年1月8日，笔者在泉州东门城墙遗址至仁风街地段踏勘搜访，调查方济各会教堂遗址时，偶然听村民谈起该村群众在拆除清初营建的曾氏祖祠时，曾在地下1米多深的地方掘获一形状奇特的石刻，可能是牌坊上的构件，我闻讯后立即走访了保管这石刻的曾国泰家，花丛下雕刻有天使的尖拱式墓碑赫然在目（图版三十七）。这正是寻觅已久的元代基督教石刻，即被欧美学人所称"刺桐十字架"的典型作品。

新发现的天使石刻，辉绿岩琢成，底长53.5厘米，高50厘米，宽9厘米。碑的下沿有一长方形的榫头，显然是竖立于祭坛式石墓盖之上的墓碑。雕刻内容有点接近奏魁宫墙上的那方遗失的天使，但更形象、更精美，更具有非凡的艺术魅力，堪称元代基督教艺术的上乘之作，富于装饰，极具图像，即使在古代基督教国家也很少见。石刻正中刻着凌空飞翔的天使，双手合捧着莲花，头顶三尖冠，即如波斯萨珊艺术中的王冠头饰；脸庞丰满慈祥，两耳垂肩，脖子上挂着一串宛如佛珠似的圆珠，又如唐朝菩萨的造型；肩背后扇动着两对宽阔的翅膀，羽毛丰满，作为横线条的"羝"清晰分明，刻意表现，灵活生动。这主题形象受到希腊古典雕刻术"带有翅膀的胜利"的影响，同时受到古波斯艺术的影响。公元三四世纪时古波斯的艺术家也创作出身上长着翅膀的天使和小爱神浮雕，振动双翅的天使胸前有一小十字架，曼伸的飘带在空中迎风飘舞，形成了一幅动感的画面。令人奇怪的是天使采取菩萨的坐势——禅定似的跌坐在如意头式的祥云之上。更有甚者，在碑顶下的最上部分，镂刻一个上为圆拱下近似方形的几何形空洞，充满了虚幻神秘之感，很可能象征着天堂福地。佛教和基督教都有"天圆地方"之说，在《旧约·创世纪》中，有个著名的巴比塔故事，反映了古代人们想上天的美好愿望。迄今世界上的古基督教国家发现过的丧葬艺术品中，从没见过这种碑的上方镂空的雕刻形式。

---

① 吴文良：《泉州宗教石刻》，北京：科学出版社，1957年。

无独有偶，与前述天使石刻相得益彰的另一古基督教石刻也在1987年12月被发现（图版三十八）。在泉州东门外省第四监狱工地施工时，也掘获了一十字架石刻，同为尖拱形，碑的大小、形状与天使石刻雷同，它们显然都是元代制作的。这一石刻碑上雕刻一希腊式的十字架，其上下左右的长度都相等，末端稍微放大一些。十字架下为夸张的莲花柱脚，其纹饰主要是卷涡形的瑞云环绕图案。碑下两端雕有四道曲线图案，这显然是"水云日"的装饰。据新旧约全书，云彩图案的含义为：如"上圣从云端降临"（《旧约·出埃及记》），"浓密的云层是他的保护"（《旧约·约伯记》）；"人子从云端下来"（《新约·马可福音》）。英国爱丁堡的奈斯教授指出：西方早期基督教墓碑，大多是与云片、生命之树较有联系的十字架。[①] 在明代耶稣会传教士阳玛诺著《唐景教碑颂正诠》里刊载的泉州十字架摹本中，曾发现过这种类型的墓碑，且明言出土地点在东门外；另外，吴文良先生1939年在泉州东门城楼外挖掘城基现场，亦获得相似的十字石，碑高48厘米，底长52厘米（图版三十九）。[②] 可见，当时埋葬于东门外的使徒骸骨，为数不少。

　　以上两方新发现的基督教石刻，与内蒙古百灵庙、新疆霍城、江苏扬州以及泉州过去发现的景教墓石相比较，具有明显的区别，它们的造型规格不同，雕刻别具一格，十字架臂端没有附加宝珠的装饰，是相当古典形式的，可以初步分析它们可能是元代来泉的意大利天主教方济各会传教士丛冢里的墓石。近年来，对方济各会史迹的调查研究，也逐步提供了这个在元末杳然无踪的天主教证迹。[③] 对于其遗迹，无论在历史上或文化上，应该被看作泉州与西欧，特别是与意大利有密切关系的重要遗迹。

　　元代的泉州曾是著名的世界贸易港，"海上丝绸之路"的起点，商人、旅行家、传教士通过印度洋、南中国海汇集于此，外国的宗教很自然地随着海上交通传来我国。元朝政府对外贸易方面的主要岁入来源依赖于刺桐

---

① John Foster, "Crossess from the Walls of Zaitun". 1954, p21.
② 吴文良：《泉州宗教石刻》，图71。
③ 杨钦章、何高济：《对泉州天主教方济各会史迹的两点浅考》，载《世界宗教研究》1983年第3期。

港。那时对于传教最有帮助的事情就是通商，一群群欧洲人，坐在船舱内，经波斯的忽里模子，南印度的马德拉斯然后航抵泉州，他们不光是来回传递思想，有的也贩运商品。泉州建立天主教区约在1313年之后，当时全国方济各会教徒约有三万人，有北京总主教区和泉州教区。派驻泉州第一任主教为哲拉德，继任者为裴莱格林。据第三任主教安德烈·佩鲁贾的遗札，当时泉州城内有教堂一所，为亚美尼亚某富妇所捐建。此外，安德烈还提到，他在城外建美丽教堂一所，距城仅四分之一英里。[①] 1346年传教士玛黎诺里由泉州乘船往印度进发，然后返回意大利。他说泉州有华丽教堂三所，财产富厚，僧人又建浴堂、栈房，以储存商人来往货物。[②] 这条资料说明，泉州方济各会的传教士不仅布道，有的还积极参与商业活动。

考古收获表明，天主教方济各会墓碑主要是在东门至北门邻近找到的，即城墙的东隅与北隅交界处，著名的色宅（色厝美）外国人墓地，正是处于这一位置。两方新发现的墓碑，出土地点应是靠近安德烈在城外所建的教堂。1322年，鄂多立克把在印度塔纳殉教的四位同会教友的骨骸带到中国，也安葬在泉州，[③] 这说明泉州在当时是方济各会的一个重要驻地，肯定有一处墓地。

英国学者约翰·福斯特在20世纪50年代，对当时泉州出土的一些基督教石刻极为注意，认为这些新发现不仅美轮美奂，还有许多新的启示、新的含义。如果说1984年在泉州发现的元代也里可温碑、八思巴文墓碑，将泉州元代基督教史迹的纪年提早了五年，并使人们第一次知道有一称为"兴明寺"的景教寺[④]；那么，不久前发现的天使雕刻，却以颇具特色的装饰性和神话图案，向人们展示了一幅中西文化艺术交流的生动画面，这使我们有理由推测，泉州的基督教史迹并不是一个局部地区封闭的基督教文

---

① 张星烺：《中西交通史料汇编》第二册，第132-133页。
② ［意大利］玛黎诺里：《奉使东方录》，见《中西交通史料汇编》。
③ 何高济译：《鄂多立克东游录》，北京：中华书局，1981年。
④ 杨钦章、何高济：《泉州新发现的元代也里可温碑述考》，载《世界宗教研究》1987年第1期。

化，而是若干种艺术类型的汇合。新出土的天使石刻实际上是希腊、波斯和中国文化长期交光互影、相互渗透的结晶。它从另一个侧面说明，在元代泉州港对外实行开放的鼎盛时期，泉州人民与各国人民和睦相处，并且善于吸收外来文化。泉州各种宗教并存，相互影响的特殊现象，不仅对泉州的历史、文化、风俗习惯产生了很大的影响，而且至今这些文物精华，仍然闪烁着迷人的魅力，引起各国历史学家、宗教学家、艺术家、语言学家的浓厚兴趣。

原载《世界宗教研究》1988年第4期

元代泉州天主教遗迹和遗物

元代的泉州是一个国际商埠，以刺桐港闻名于世。元代的泉州城也是一个重要的文化焦点，很多地方显露了希腊、波斯、印度和中国文化的痕迹，各种艺术互相渗透，互相影响。在当地发现的许多历史遗迹和遗物，是研究天主教在泉州推进传教事业的重要文献资料，现简略考述于下。

一、首建泉州天主教堂的意大利主教和亚美尼亚人

元世祖忽必烈于 1269 年通过第一次东来的意大利波罗兄弟带信给教皇，正式请派百名天主教传教士来中国，这些人必须信仰虔诚，并通晓学艺。1289 年，教皇尼古拉四世命方济各会修士、意大利人约翰·孟德高维诺任教廷使节来中国，孟德高维诺是经亚美尼亚、波斯、南印度，由海路来中国的。他在南印度马八儿国的圣多马教堂逗留了 13 个多月。1294 年他从印度来到大都（北京）。在当时，印度似乎成了欧洲人、亚美尼亚人到达中国南部港口的一个中转站。据《元史·亦黑迷失传》记载：至元十二年（1275），亦黑迷失奉命出使马八儿国，"与其国师以名油来献"。"国师"，即天主教士；"名油"即圣油，是耶稣像前的灯油。可见当时的南印度港口已建有天主教堂。

当他抵达泉州时，"涨海声中万国商""市井十洲人"的繁荣景象，以及穆斯林建立的一座座风格独特的清真寺，可能令这位主教留下难以忘怀的印象，① 他是圣方济各会一个真正的门徒，具有坚韧不拔的毅力和基督

---

① ［美］海斯、穆恩、韦兰：《世界史》（中册），中央民族学院研究室译，北京：生活·读书·新知三联书店，1975 年。

使徒的精神。以至于他在北京独自进行传教并取得初步的成功后，迟至 1313 年，在罗马教皇的帮助下，才着手建立泉州的方济各会传教区，这是中国传教史上最为突出的插曲之一。在当时的中国，泉州是仅次于北京的天主教友集中地，但其重要性却彰明卓著。随后许多意大利方济会士按迹循踪，纷纷来到刺桐港。

由于孟德高维奴在北京传教取得了进展，1307 年罗马教皇格勒门五世委任他为总主教，统理中国及远东教务，并派遣 7 名精通圣经、热心传教的方济各会士前来中国，7 人中只有哲拉德（Gerard of Albuini），裴莱格林（Peregrine of Castello）、安德烈·佩鲁贾（Andrew of Perugia）到达了目的地，并先后担任了泉州的主教。在方济各会士们抵达之后，有一位亚美尼亚贵夫人改宗信仰天主教，她捐赠了足够的资金，令人修建了一座巨大而富丽堂皇的教堂，死后便把教堂献给了刺桐的主教哲拉德和方济各会。根据她的要求，孟德高维奴把该教堂升格为主教座堂，这意味着泉州港渐渐成为方济各会在东方的重要会所。亚美尼亚贵妇除了捐赠修建大教堂之外，还捐赠了一座修道院，提供一切必需品以维持会士们以及其他来到这里的教徒的生活。"在圣教徒中，我们能自由宣道"，这就是裴莱格林在 1318 年 1 月 3 日的一封信中所告诉我们的情况，① 主教也提到同他一道在和平环境中传教的意大利教友：格里马底的约翰兄弟、蒙特卡诺的阳玛诺兄弟、萨列扎纳的文图拉兄弟，并且在城外买到一块带树林的地皮，准备在那里建筑若干修道室和一座教堂。事实上，正是在这个时期，由于天主教传教人员和信奉天主教的商人不断地聚集，泉州方济各会的教阶组织开始建立。当裴莱格林于 1322 年 7 月 7 日去世时，安德烈接受了泉州主教的职位。当时传教士皆由皇帝赐给俸金，安德烈由北京往泉州时，皇帝派骑兵八人护送。由于其不懈的努力，终于在城外新建了一座教堂，该处至少可容纳二十多位修士，安德烈认为："在吾新居全省内，教堂寺庙，美丽合适，无有过于吾新建者矣。"可见其所建教堂的建筑形式和装潢是何等之美观！显示了元代泉州的传教事业处在兴盛的阶段，鄂多立克正在这时

---

① Dawson, *The Mongol Mission*, pp. 233–234.

候来到泉州,他和方济各会教友杰姆斯·奥沃一起,见到了两座教堂,并把传教士们的骸骨停放在那里。相隔只二十余年,1346年马黎诺里途经泉州时看到天主教堂三所。

泉州方济各会的经济实力虽逊于穆斯林,但财产也相当富厚,并参与一定的商业活动。他们建浴室,或造栈房储存商人来往货物。在传教方面亦甚活跃。安德烈担任主教达14年之久,其余生是在主教座堂及其所属机构之间度过的。他死后,其继任人已知者仅詹姆斯(James of Florenle)和威廉·甘勃尼(Luillian of Campania),也是来自意大利的传教士。从刺桐最早的方济各会主教们的两封信中可以看出,早在14世纪初叶,在泉州就存在着一个亚美尼亚人的聚落,生活着一个意大利人的团体,他们肯定是继大食人和印度人之后由海路到达这里的,并在南印度与泉州的港口之间通商,亚美尼亚人很可能集中了巨额的财富,所以那位亚美尼亚妇人显得很富裕,当我们了解了亚美尼亚人在经商方面的才干之后,便不会对此感到吃惊。裴莱格林曾提及追随他的有许多亚美尼亚人,因此居住在泉州的这一亚美尼亚人集团似乎完全皈依了天主教,他们捐资修建了漂亮的教堂,并协助意大利人竭力在这个元朝最重要的贸易港城,为天主教会出力,促进教会的繁荣昌盛。

我们很想知道更多的有关意大利传教士在泉州活动的踪迹和详细情况,他们共有多少成员?有多少异教徒曾接受过洗礼?令人遗憾的是:除了方济各会各位主教早期的信札和报告之外,既没有留下由古代中国史学家所记录的资料,也没有留下他们沿途经过的踪迹。但直到20世纪后,对于他们的追忆仍然没有断绝。据记载,教皇悉知此事,屡函泉州、厦门等处司铎,嘱调查泉州古代天主教史迹及外籍教士墓地之所在。从现在发现的数十方天主教墓碑,墓顶石(其中很大一部分属聂斯脱里派),也可以知道中世纪泉州教友人数确实不少,不难推测,方济各会活动最频繁的时期,泉州居住的意大利传教士、修士几达近百人。

二、或显或隐的教堂遗迹和遗物

在泉州发现了许多天主教遗迹。自从意大利阳玛诺（Emmanuel Diaz）神父于 1644 年发表三块古十字架的摹绘图以后①，这一问题就已经引起人们的注意。1906 年，西班牙天主教神父塞拉菲·莫雅在泉州奏魁宫发现一胸前有十字的天使石刻，法国伯希和教授曾对此进行过研究。纯然由于这些新发现的启示，摩尔（A. C. Moule）等欧洲学者称述十字石为刺桐十字架，继而为全球教会所传扬。更晚一些，即于 1939 年间，在中日战争的高潮中，当折毁部分城墙之后，又出土了许多墓碑，它们均来自古代外族人集团，其中有一些分别刻有叙利亚文、八思巴文、中文和拉丁文。

在这些天主教石刻中，英国格拉斯哥大学的约翰·福斯特教授（John Foster）②和法国学者韩百诗（Louis Hambis）③解读出其中一篇用拉丁文写的安德烈·佩鲁贾的墓志铭，虽然字迹较模糊，仍可看出该墓志铭由一位汉人所雕刻（图版二十六），他明显对拉丁字母一窍不通。碑上的拉丁文辨读如下：

    Hie（in PFC）Sepultus est
    Andreas Perusinus（de）
    Votus ep Cayton）…
    …crdinis（fratrum
      min）…
    …（Jesus Christi）Apostolus
       …
     …（in mense）
     M（cccxx）xiit

---

① ［葡萄牙］阳玛诺：《唐景教碑颂正诠》，明崇祯甲申岁武林天主堂梓，第 70—71 页。
② John Foster, "Crosses from the Walls of Zaitun", *Journal of the Royal Asiatic Society*, London, 1954.
③ ［法国］韩百诗：《刺桐地区的墓地》，巴黎，1961 年。

译文为： 此处安葬

安德烈·佩鲁贾

圣方济各会士……

……（耶稣基督的）宗徒

（在……年月）

碑上的日期大概是 1332 年，即罗马教宗 MCCCXXXII，因为我们知道，在 1322 年，安德烈还是活着的。诚如前述，教友安德烈在其主教任期内曾往故乡写信，但是这信件并不是他曾在中国泉州待过的唯一证据。1946 年在泉州东南城墙发掘出的这方拉丁文墓碑，为意大利方济各会早期入华传教的历史提供了珍贵的实物证据。

在这里，我还必须提到，在泉州还曾发现过另一方残断的拉丁文墓碑，由《泉州宗教石刻》的著者、已故的吴文良先生所发现；但还来不及发表照片时，吴便在"文革"动乱中去世，那方残缺不全的拉丁文碑从此亦下落不明。如若不是其儿子吴幼雄还依稀记得碑有 Hai tian 的字样并告诉我，直到目前我们仍然一无所知。

泉州发现的意大利方济各会传教士墓石，除了上述两方外，可以辨认清楚的还有五六方尖拱形的十字架石，与明末阳玛诺刊出的那几方绘图极其相似，这些墓碑雕工细致，颇具特色，上面刻有希腊式的十字架，边缘为大括号式的装饰，荷花置于线条勾勒的云雾之上。有的刻有双翅天使（图版三十七）、旋涡状云彩（图版三十二）、海水或变体莲花即水云日的装饰（图版三十八）。这些墓碑的图饰别具一格，完全是古典式的。尤其应引起注意的是，它们几乎都是在东门城墙或东门城外不远的地方被发现的。从 1987 年到 1988 年间，笔者在东门城外约 1 里地的民宅和建筑工地再度发现两方尖拱形的墓碑，显然是元代基督徒的墓石，与 20 世纪 40 年代吴文良搜集到的雷同。另外，1978 年东门吊桥下亦出土两件十字架石墓盖（图版三十三），雕刻有十字架与卷云纹。从墓石、墓碑的出土位置分布图来看，这种类型的石刻遗物显然相对地集中，有规律地散布。我们在泉州找到的十字架上装饰有珍珠和宝石的景教墓碑，它们或刻叙利亚文，或刻八思巴文，或刻对死者的赞颂诗，有的甚至是以一种信仰三位一体神的术语开始的，这些来自泉州迦勒底人集团的聂斯脱里碑铭，几乎都是在北门和通淮门附近被发现的，而在东方及邻近地段，却没有相关出土。换言之，根据笔者实地踏勘所得的印象，景教徒在泉州建立的教堂也不止一座，它们应该位于通淮门与北门城墙附近。而在东门至色厝尾地段屡屡掘获的尖拱形墓碑，很可能都是方济各会传教士的墓碑，其教堂就在附近。主教们的信件为此提供了有力的旁证。

在遗物中发现十字架下莲花或莲花座的柱脚，通常被认为是景教十字架的直接证据。但在泉州却并非完全如此。例如，安德烈主教的墓碑，十字架下就刻有莲花，可见不同教派的墓石，其图饰既有区别又有联系。尽管遭遇到种种困难，来自意大利的方济各会主教，还是成功地在刺桐港建立了一座又一座的天主教堂，我们在裴莱格林和安德烈的信件中，可以看到有关教堂地点的宝贵叙述，结合考古学上的证据，我们基本上可以肯定其位置，一座靠近东门城墙；一座在仁风街与色厝尾的交界处；元代中期建立的另外一座。目前仍无线索。可惜的是在泉州已出土的丰富的历史遗物中，还未曾发现与教堂建筑有关的任何东西。随着考古发现的扩大，我们希望将来的所知会更丰富一些，同时也希望进一步了解意大利方济各会在泉州的行政组织状况、教职制度等。

原载《中国天主教》1991年第5期

元代南中国沿海的景教会和景教徒

中世纪的基督教是以多种形式代表的：景教（聂斯脱里派 Nestorianism）、天主教（方济各派 Franciscans）、东正教等。景教教会的影响在远东曾一度遥遥领先。景教的出现要追溯到 5 世纪时君士坦丁堡的宗主教聂斯脱里，他坚持认为圣母玛利亚不是耶稣的母亲，而是上帝托身人的母亲，这一论说被认为叛教异端，于公元 431 年聂斯脱里被以弗所会议驱逐，跟随他的景教徒只好退居美索不达米亚，他们从那里又分散到整个亚洲。他们在巴格达附近有自己的中心，其主教就住在那里，因此又把这一伊朗化的教会称为迦勒底教会（Chaldean Church），景教传教士的活动自 7 世纪就已遍及中亚。在中国的唐朝初年，长安已有景教徒建立的大秦寺，但其僧侣却多为叙利亚人。从公元 845 年唐武宗下令"灭佛"直到蒙古人统治中国之前，景教在中国内地销声匿迹，唯有在西北边陲，景教在那里扎根于少数民族中。在元代，景教徒数目很多，以至于在至元二十六年（1289），元朝创设掌管景教的崇福司，其官员的等级与佛教机构的大致相同，但其级别要比宣政院的官吏低。驻巴格达的景教总会，一度管辖着从中亚到南中国沿海的 25 个大教区，拥有信徒数百万之多。事实上，正是在这个时期，景教会处于极盛，并且在一段时间里的世界事务中发挥了独特的作用。在中国许多主要城市，景教徒或信教的商人建立了教堂，其中有些人辗转到更为遥远的地区，景教势力随蒙古军自中亚、内蒙古等往中国东南迅速传播，到达扬州、镇江、杭州、温州、泉州、广州等南中国沿海地区。或许他们有的是从波斯取道海路在泉州港登陆的，在上述地方，景教徒建立了一些繁荣的聚落，他们是否创建教寺，奉迦勒底人为楷模？是否存在着活跃的景教会，其教职人员的构成，从中央政权又获得了什么样的特权？能够回答这种种问题的中外文献和考古遗迹都很贫乏。最早的史料可以追溯到《元典章》等史籍,但零星记载并不足以勾勒这些早期圣教徒在南中国沿海活动的历史轮廓。幸运的是,近10年来,泉州、扬州等地,不断有重要的考古发现,尤其是其中的景教遗迹遗物,为我们提供了认识的机缘。依据这些珍贵文物,不仅可以从中看到元代南中国沿海景教的兴盛情况,同时也不难发现当时的国际商埠泉州与中亚和波斯之间密切的文化交流。

一、以泉州为中心的华南景教会

元代,基督教再次传入我国,时称也里可温教,景教寺院名十字寺,在《元史》中,提及宗教时,常将其与佛教、伊斯兰教、道教并提,江南的也里可温教显属后起之教门,其发展之迅速值得注意。镇江号称景教发达的地方,1278年元世祖委派景教徒马薛里吉思(Mar Sargis)为"镇江府路总管府副达鲁花赤"(即镇江知府),他在镇江建有教堂4所、丹徒2所、杭州1所。马可·波罗在《游记》中说,他在镇江见过两所景教教堂,杭州城中仅有景教徒之礼拜堂1所,即荐桥门附近的大普兴寺,并说这些教堂是1278年马薛里吉思担任长官三年期间建造的。在那以前,镇江并没有教堂和信徒。据《至顺镇江志》称,当时当地居民中就也里可温23户,106人,另有驱口109人[①]。他们可能有几位牧师,但那里似乎没有主教,甚至也没有领受主教之职务和为遥远教会所服务的人。

元代的扬州为色目人丛聚之区,有相当数量的景教徒,并遗留下踪迹。至元二十二年(1362)任扬州路达鲁花赤的姚天福与稍后滞居扬州的唆罗兀思(Sargis),皆为景教徒[②]。《元典章》卷36提及延祐四年(1317)的文书,有奥剌憨"前来扬州也里可温十字寺降御香"的记载,表明当时扬州建有景教寺,同一文书又记关于奥剌憨(Abraham)之事:"彼奥剌憨者,也里可温氏人,素无文艺,亦无武功,系扬州之豪富,市

[①] 《至顺镇江志》卷3,《户口》。
[②] [日]佐伯好郎:《中国基督教研究》第一册,日本春秋社松柏馆,昭和十八年。

井之编民，乃父虽有建寺之名，年已久矣"，均可为证。另据 1322 年途经扬州的天主教士鄂多立克在其《游记》中所记，称扬州有景教寺院 3 所，这也从出土文物中得到证实。1928 年在扬州东门外河畔发现有十字架之基石断片①，作驹形屋顶式，其断面浮雕有十字架与莲花，更为重要的发现是 1981 年在扬州城西掘获的基督教墓碑②，墓主大都忻都妻也里世八，延祐四年（1317）身故，很可能是普通的蒙古人而非显贵，该石嵌有宝珠纹饰的十字架，下为莲座柱脚，两侧镌刻一四翅天使。碑身右刻三行汉字，左刻叙利亚字母拼写的突厥语，显属外来景教徒遗物。由上所举事实，从而证明《元典章》延祐四年所记奥刺憨家族在扬州建立也里可温十字寺之事，是确凿可信的，可见扬州在 13、14 世纪，有相当数量景教徒存在。然而我们可以发现圣教徒聚落驻足于此的痕迹，却没有掌握形成主教区的有力证据，他们的教堂、教会团体是如何进行管辖治理也不清楚。

温州为元时通商七港之一。《元典章》卷 33 载：大德八年（1304），"江南诸路道教所呈，温州路有也里可温，创立掌教司衙门，招收民户，充本教户计"③，侵犯了道教的利益，引起诉讼。为此，礼部判文云："江南自前至今，止存僧、道二教，各令管领，别无也里可温教门。"④ 这条资料既说明了温州地区景教势力的发展，也里可温教为新进之教门，又反映了江浙一带道教的兴盛，以至于管领江南诸路道教的机构设在浙江。故礼部规定"随朝庆贺班次，和尚先生祝赞之后，方至也里可温人等"⑤。温州的掌教司不等于主教区，但该地景教徒团体短时间内的扩大，却是不容置疑的。

刺桐是波斯人和阿拉伯人对元代泉州港的称呼，大批中外船商云集这里，货物堆积如山，当时是一座拥有近 50 万人口的城市，马可·波罗曾认为它是世界上最大的港口之一，在中国与南海国家和西方的关系中曾起过

---

① ［日］佐伯好郎：《中国基督教研究》第一册，日本春秋社松柏馆，昭和十九年。
② 王勤金：《元延祐四年也里世八墓碑考释》，载《考古》1989 年第 6 期。
③ 《元典章》卷 33。
④ 同③。
⑤ 同③。

特别重要的作用。令人遗憾的是，马可·波罗的《游记》未曾提及泉州的景教徒，且忽略了这里也有一个规模巨大的迦勒底人的团体，也没有留下由古代史学家们所搜集的资料。倘若泉州考古学上没有意外的收获能让我们非常偶然地"窥见"了长期掩盖着景教会的惊人一幕，那么我们对于景教传播史上这一段灿烂的插曲将一无所知。

在泉州发现了许多基督教遗址。自从阳玛诺（Emmanuel Diaz）神父于1644年发表三张古十字架图以后①，这一问题就已经引起人们的注意。明末到过泉州的菲利普斯、马尔蒂尼和戴密斯三位天主教神父，亦亲眼看到罗城朝东城墙6英尺高处有一方十字架石，还记述泉州的天主教徒敬畏城墙上的十字架。② 但更多的景教石墓是在1939年以后拆除城墙发现的，遗存至今的约40方③。它们大部分来自古代外族人团体，其中有一些分别刻有叙利亚文、八思巴文、回鹘文和中文。景教墓碑有圆拱形、尖拱形、弧形、长方形4种形状，有许多刻有象征中国景教会的精致图案。墓石有时呈一种祭坛状，其角由小圆柱组成，前面形成了一种三折画式，十字架与莲花刻在中间的挡垛石上，各侧的石碑均有叙利亚文，英国伦敦大学的施鄂（Segal）及古德曼（Goodman）专门研究过的几方铭文中，都有"在天父及子名内"及圣灵等文句④，它们显属景教会的用语，是以一种信仰三位一体神的术语开始的。

在这些石碑中，1940年出土于通淮门城基附近也里可温碑引人注目。该墓碑是叙利亚文和中文合璧，两行中文为："管领江南诸路明教秦教等也里可温马里失里门阿必思古八马里哈昔牙，皇庆二年岁在癸丑八月十五日帖迷答扫马等泣血谨志。"两行用叙利亚字母拼写的突厥语，据日本学者村山七郎的翻译："这是僧侣先生、教区（？）的教长（主教），失里门先生的坟墓，癸（十天支的末位）午（即"丑"）年八月十五日扫马率

---

① 阳玛诺：《唐景教碑颂正诠》，明崇祯甲申岁武林天主堂梓，第70—71页。
② ［英］阿·克·穆尔：《一五五〇年前的中国基督教史》，郝镇华译，北京：中华书局，1984年，第91页。
③ 杨钦章：《泉州景教石刻初探》，载《世界宗教研究》1984年第4期。
④ John Foster "Crosses from the Walls of Zaitun", Journal of the Royal Asiatic Society, 1954.

领（一班人）来，并写下（这墓志）"①，该墓志铭由一位汉人所雕刻，他明显对叙利亚字母一窍不通。首先年代铭文记录了墓主失里门（Solomon）死于1313年，具有特殊身份，不仅是教区的大主教或教长（阿必思古八）负责管理江南的秦教（即景教）事务，且是江南诸路明教（即摩尼教）等的总管。换言之，在1313年之前，大量的景教徒已迁移或来到泉州，业已形成主教管辖区，以至于需要在这里建立崇福司的分支机构；这一分支的管辖范围扩大到整个华南地区，其发挥影响力的重要标志是由基督教徒兼管摩尼教事务。元初，泉州存在着繁荣的景教会的史实，还为1984年发现的另一罕见的也里可温石碑所证明，该碑出土于通淮门附近，为景教须弥座祭坛式石墓盖的挡垛石，碑内阴刻竖行汉字14行："于我明门，公福荫里，匪佛后身，亦佛弟子。无憾死生，升天堂矣。岂大德十年岁次丙午三月朔日记。管领泉州路也里可温掌教官兼住持兴明寺吴唉哆呢嗯书。"

新的出土碑铭表明这是几方挡垛石之最后一方，前面尚有碑铭并联，故无法了解墓主的姓名身份，铭文清楚地提到建墓的时间为1306年，在泉州发现的众多的有年代铭文的景教石刻中，此碑是最早的一方。然而，更有意义的线索是，碑文提到了泉州建造的景教寺中，有一得名兴明寺②。再者，碑文中的"于我明门"，应该就是指景教会，碑文的撰者吴唉哆呢嗯，则是"管领泉州路也里可温掌教官"，是为景教所派主教的驻地（地方路，州教区）教会的行政长官兼主教。

景教会主教管辖区的形成，必须以一些稳定的和相对密集的聚落为前提，泉州也里可温碑的相继发现，其内容相互关涉，具有较多含意，向人们确切地表明，元代泉州景教会比扬州、镇江、杭州等东南沿海的城市要兴盛得多，人数也相当多，为江南景教徒集中的中心地，因而建立专门的管理机构以保护景教徒的合法权益。而且，一如以元代喇嘛杨琏真加负责管理设在杭州的"江南诸路释教总统所"；以北京为中心的景教政治集团；

---

① 转引自夏鼐：《两种文字合璧的也里可温（景教）墓碑》，载《考古》1981年第1期。
② 杨钦章、何高济：《泉州新发现的元代也里可温碑述考》，载《世界宗教研究》1987年第1期。

以马里失里门为首领，以泉州为代表机构的华南景教会也曾经在宗教生活和社会组织中发挥积极的作用。泉州发现许多引起国内外学者注意的景教的重要遗迹遗物，绝非偶然，它还向人们揭示了这里不仅建有若干景教寺，并且有组织严密的景教会。

早在唐代，西安《大秦景教流行中国碑》所揭载的汉文及叙利亚文人名，可以约略得悉唐代中国景教会的组织结构，纯属模仿叙利亚的教会组织，可分如下十级[①]：①宗主教（大主教、僧正、法主）；②总监督（教父）；③主教（大德、监督）；④省主教（乡主教）；⑤教正（修士长）；⑥牧师（司祭）；⑦司铎（长老）；⑧修士；⑨博士；⑩守墓。

现存的元代泉州墓碑，尽管是劫后所遗，仍然有几方具有教职名称的墓主，对于多年来难以深知的元代泉州景教会的教职与品位制度提供了有意义的线索。其中最高职位者，即帖迷答扫马所立的墓碑，墓主马里失里门（即基督教古代人名的所罗门 Soloman）阿必思古八马里哈昔牙。马里是尊称，而阿必思古八，德国学者傅路德（L. C. Goodrich）以为乃教区的教长（主教）之意，日本人田中萃一郎考订其为"主耶稣"的意思。这位失里门教长，便是崇福司掌领下的高级属官，即江南各地景教的总监督、大总管。

其次前述的碑铭撰者，管领泉州路也里可温掌教官兼住持兴明寺吴咹哆呢嗯。吴咹哆呢嗯即安东尼，基督教人名；掌教官一衔，西方学者德澳利亚的解释是主教管区的教长，被认为主要管理基督教寺院事务的，"住持"一语系借用佛教词语，即总持事务的主教，吴咹哆呢嗯显然是地方路景教主教区的主教。

有一方景教墓碑，上面阴刻"大德黄公，年玖拾叁"，大德同上德，均为佛教名词，当即景教的阿必思古八（主教）[②]，叙利亚文作 Episkoupa，西安唐代景教碑就有大德及烈、大德曜轮的主教名字，若然，这位大德黄公也是泉州教区的主教。

---

① 朱谦之：《中国景教——唐景教碑新探》，世界宗教研究所，1982 年。
② ［日］村山七郎：《中国的景教文献和遗物》，1951 年增订版，第 72 页。

还有一景教墓碑,十字架与莲花下,阴刻"柯存诚,侍者长"六字,柯存诚当为皈依公教的信徒;"侍者长",这里借用佛教名词,疑为基督教教阶中的"修士长",或中级教职。

仅从以上的墓碑以及简单的铭文,我们可以发现这些基督教徒在景教会的社会等级中占据高位。迨至元代的中期,景教徒大量聚集于刺桐,声势浩大。该教会曾进行过改组或扩大,除了兴明寺之外,他们肯定修建有多座教堂。墓碑上反复出现的主教墓主即是证明。他们在社会上都有较高的地位,得到元廷的特殊照顾,他们带来的也里可温教(景教),也受到元廷的保护而迅速发展。

二、形形色色的景教徒

随着东南沿海景教石刻的新发现,对于其来源、文字考释和文化背景的综合比较研究日益吸引学者的注意。这些不以文献为主的考古学资料,填补了元代景教传播史的空白,其遗留痕迹可供我们汇集有关华南景教徒的初步材料。这一迦勒底集团的规模如何呢?他们共有多少成员?从何而来汇聚在一起呢?

在元代,有关南中国景教的第一批汉文史料告诉我们,景教徒在东南沿海建立了一些聚落,而且似乎是很繁荣的。这些教徒成分比较复杂,有达官贵人,有商贾水手,有医生学者,有军卒,绝大多数是外来户。这些教徒的一部分是通过中亚通商之路而抵达南中国的,另一些是在蒙古军队中服役的伊朗人、突厥种的西域人、回鹘人、奄蔡人(阿兰人)等。但其他来自美索不达米亚或伊朗景教徒也可能是沿海路而抵达太平洋的中国港口的,南印度似乎是他们行程中的中转站。

元初景教名人马薛里吉思,来自中亚景教盛行之地的撒马尔干(Samarkand),他在镇江、丹徒、杭州建有教堂七所,第一座教堂乃是"舍宅"兴建,为了表明自己"有志于推广教法"。《马可·波罗游记》称马薛里吉思"治理此城三年,其人是一位聂斯脱里派之基督教徒,当其在职三年中，建此两礼拜堂存在至于今日，然在此以前，此地无一礼拜堂也"①。马薛里吉思的外祖父是一位名医，曾配制"舍里八"果汁治愈了成吉思汗的病。《至顺镇江志》有"达鲁花赤兼管内劝农事阔里吉思（George），也里可温人，少中大夫"②。扬州新发现的景教墓碑，墓主"大都忻都妻也里世八"夫妇，很可能都是蒙古人。"忻都""也里世八"都是蒙古族人的名字。蒙古诸王名字中就有"也里"的，如诸王也里干③，至于"忻都"，屡见于《元史》，元代泉州的同提举市舶司里，也有名叫忻都的。由是观之，一度聚居于扬州的景教徒，有一部分来自漠北的蒙古草原，诚如忻都、也里世八、唆罗兀思，而奥剌憨家族，疑为色目人；姚天福则为信教的汉人。镇江、扬州、杭州确有景教徒之权势者居住已是众所周知之事。

"夷夏杂处，权豪比居"的泉州港，景教集团的构成显然比较复杂，虽然限于史料不足，难以勾勒出它的全貌，但仅从出土墓石来看，有着不同民族、不同语言和生活情趣的景教徒，混处一隅，既互相影响和融合，又拥有政治势力和资财，泉州的其他基督教集团肯定没有这样的资财。夏鼐在《两种文字合璧的泉州也里可温（景教）碑》里，考证墓主"管领江南诸路明教、秦教等"的失里门主教可能便是一位远宦泉州的汪古部官员。汪古部位于内地与蒙古的交通要冲，是信仰景教著名的部族，13世纪初该部族异常活跃，以文学家马庆祥为代表。蒙古景教徒在泉州的存在，还为掘获的两方景教天使雕刻所证实。天使用耳环装饰，有明显的络腮胡子，头戴蒙古式毡帽，可以判定为蒙古族的僧侣形象。元朝也有蒙古人基督徒在泉州任福建行省平章政事④，据《元典章》，大德三年（1299）"前福建等处行省平章政事阔里吉思陈言一件……"阔里吉思即George，汉译作"乔治"，为元代一般基督教徒的名字，在《元史》有传："阔里吉思，蒙古按赤歹氏……大德二年，改福建行省平章。未几……改福建道宣慰

---

① 冯承钧译：《马可波罗行纪》中册，第560页。
② 《至顺镇江志》卷15，《刺守》。
③ 王勤金：《元延祐四年也里世八墓碑考释》，载《考古》1989年第6期。
④ 转引吴幼雄：《福建泉州发现的也里可温（景教）碑》，载《考古》1988年第11期。

使，都元帅"①。《元史·成宗纪》云大德元年二月改福建省为福建平海等行中书省，徙治泉州。这些信奉景教的蒙古各部贵族，大部分因从征有功关系，被敕封为分布各地、显赫一时的权要，对泉州景教的迅速发展必定有相当的影响。

　　景教徒进入泉州的一条路线来自丝绸之路，即从西域经西安、扬州，沿运河南下。"景教徒，尤其是属于回鹘的那些景教徒，在促进波斯的蒙古人与基督教国家帝王之间的密切关系是特别活跃的。"② 回鹘，原为回纥，唐改为回鹘，元朝称为畏兀儿，曾一度风行摩尼教，后来又代之以景教，被称为"特尔赛国"（Tersa，波斯人对基督教的称呼）。13世纪中国出了两位著名的景教人物。他们都属于畏兀儿族（Uihur），列班·马克斯即是这样的一名回鹘景教徒，他在1218年被任命为驻地在巴格达的景教会总主教。另一回鹘景教徒勒本·扫马，被波斯"伊尔汗"——蒙古宗王任命为出使欧洲的重要使臣。可见畏兀儿人在元代有特殊的地位。1941年泉州东门城基出土一方石垛，系景教须弥座祭坛式石墓的挡垛石，碑额正中刻华盖、十字架、莲花和梅花等物，两旁各有一轻盈疾飞的四翅天使，碑的方框下阴刻回鹘文八行③。此碑意匠精微，具有强烈的装饰效果，但它只是洋洋大观的石墓盖正面的一方构件，不难推测，这位畏兀儿族的墓主必然是滞居泉州的显贵或豪族。自9—14世纪，景教曾在新疆广泛流行。12世纪主教驻于喀什噶尔，其南面的英吉沙、莎车（叶尔羌）、和阗也都是主教驻地。元朝有畏兀儿人到泉州担任重要职位。据《元史·亦黑迷失传》记，至元十二年（1275）畏兀儿人亦黑迷失奉使八罗字国"与其国师以名药来献"，"国师"即基督教传教士，"名药"，陈垣先生以为即耶稣圣油之类④。至正九年（1349）泉州达鲁花赤偰玉立也是畏兀人，元代景教之兴盛初结缘于蒙古各部如克烈部、乃蛮部、汪古部，以至畏兀儿等为

---

① 《元史》卷134，"列传第二一·阔里吉思"。
② ［美］卡特：《中国印刷术的发明和它的西传》，吴泽炎译，北京：商务印书馆，1991年，第104页。
③ 转引吴幼雄：《福建泉州发现的也里可温（景教）碑》，载《考古》1988年第11期。
④ 陈坦：《陈垣学术论文集》（第一集），北京：中华书局，1980年，第6-7页。

之引导。种种迹象表明,许多畏兀儿景教徒随之东来,聚居于泉州,与元廷有着密切的联系。

元代泉州虽然不能说是传播景教的根据地,但至少可以认定是景教传播的重要通道,东来西往的传教士,曾凭借陆上或海上丝绸之路,汇聚于古刺桐港。景教传入泉州的另一条路线来自海上,这些来自海上的景教徒大多兼营贸易。皮古莱芙斯卡雅在述及拜占庭和东方贸易的书中指出:"拜占庭与中东及远东的贸易,在那时或稍后,主要操纵在景教徒商人手中,他们或是叙利亚人,或是波斯人,他们的语言通常用叙利亚文。"[1] 波斯景教会的礼拜式用叙利亚文,并以修道院作为景教的传播点,循由海路经南印度传入中国。元代的泉州不但是世界著名的海港,而且是多种宗教文化荟萃之地,景教徒可以在这里贸易、布施和讲道,取得不服兵役、少纳赋税的特权,如同泉州聚集着大量的波斯穆斯林商人,波斯景教商人居住于此亦是毫无疑问的,他们都是利用了蒙古人征服地区所呈现的安全环境而一直与中国通商,避免在波斯遭受的宗教排斥。泉州有许多景教的石棺墓群,雕有十字架、莲花、飘带天使、四翼天使等多种变化形式的图案。[2] 碑铭是用特殊的叙利亚文刻的,有的碑则是刻汉文。其中泉州路也里可温掌教官吴咹哆呢嗯碑,其名字显然是拉丁语 Antonius 的音译。但汉名加"口"旁又表示这个掌教官并非汉人。驻波斯总主教约翰·可拉在《大可汗国记》里反映:"聂派教徒居契丹国境内,总数有三万余人,皆雄于资财。"近几十年来的考古调查表明,泉州发现的大型须弥座祭坛石墓都是伊斯兰教和景教显贵所拥有,这种奢华的圣徒墓石制作于泉州港的繁盛期,并非一般教徒所能罗致,其相互关涉的墓石雕琢形式,很可能是目前所发现的最富装饰的十字架墓石。吴咹哆呢嗯所书的碑铭,就是这种大墓的构件,而墓主从来没有出现过汉人。综上所述,笔者倾向于认为吴咹哆呢嗯是来自波斯或其他西域地方的景教高级僧侣。

从景教向东亚传播的历史看,泉州位于东西文明的重要交叉点,随着

---

[1] 转引自龚方震:《唐代大秦景教碑古叙利亚文字考释》,载《中华文史论丛》1983 年第 1 辑。
[2] 杨钦章:《对泉州天主教方济各会史迹的两点浅考》,载《世界宗教研究》1983 年第 3 期。

海外贸易的极盛和大批外人的聚集，它则更多地呈现出国际都市的色彩。至今为止人们较多注意的是色目人基督徒的到来以及建寺活动，希腊、波斯、印度对泉州景教艺术影响的某些具体事例，是所共知和公认的。例如屡屡出现于浮雕群中的飞翔天使形象，实际上是不同文化长期交光互影相互渗透的结晶。这种对外来艺术的欣赏是元代的特点，因为这个时期充满着宽容的态度。但同样重要的是，居住在泉州的汉人或偶像崇拜者也有不少人"率用夷教"，皈依了基督教。安德烈·佩鲁贾主教的书简提道："我们可以自由地和安全地讲道，但是犹太人和萨拉森人中没有一个改信基督教。偶像教徒中接受洗礼的极多，但是他们在接受洗礼以后，并不严格遵守基督教的习惯。"[①] 在出土的一方景教墓碑上，刻有"侍者长，柯存诚"两行汉字，这位姓柯的虔诚教徒明显是汉人。另外，在北门城垣附近先后掘获4方八思巴文碑，大多刻有汉文的殁年月日，分别是至大四年（1311）、延祐元年（1314）、泰定元年（1324）。延祐元年的碑刻是在1985年底发现的。这些碑属"八思巴字汉语"，即八思巴字拼写的汉语。按"八思巴"字是元时"译写一切文字"的"国字"。其中三方经蔡美彪先生翻译，为"叶氏墓址""易公柳济墓址""开珊朱延珂子云墓"，三墓主可能为汉人名字，可见元代泉州信奉景教的汉人数量可观，肯定大大促进教会势力的进一步发展。1346年意大利方济各会主教玛黎诺里途经泉州，故意铸了两口钟，把它悬挂在忌恶此物的穆斯林住区中央。这一段插曲发生在穆斯林商团占主导地位的泉州，后者从8世纪中叶起便在那里形成一个巨大的聚落，并且还建立了中国最为古老和最为漂亮的清净寺。此现象足以说明基督徒在当时当地的声望和影响是很大的。

元代南中国沿海的港口和其他商业中心存在着一些活跃的景教会，与元代社会生活有着千丝万缕的联系。出土碑刻显示了景教徒在东方传教，为适应不同环境，而有许多改革。对于当时当地的因有宗教迷信及思想习惯，力求与之妥协，至少避免了正面的冲突。例如，在中国则把原来用叙利亚文的礼拜式改用汉文，在敦煌发现的经典《景教三威蒙度赞》即是实

---

① ［英］道森：《出使蒙古记》，吕浦译，周良霄注，北京：中国社会科学出版社，1983年。

例。还有为死者求冥福，皆投合元朝统治阶级的心理、习惯。泉州的吴唵哆呢嗯碑，墓碑的头六行汉字为对死者的"赞颂诗"，如："无憾死生，升天堂矣"，等等。然而更可注意的是，就是来华的景教徒不但附会道家之言，更借助于佛教的思想形式，元至顺《镇江大兴国寺记》，这篇重要史料揭载了景教寺的创建经过，屡屡采用"佛殿""佛国""道场""受戒"这类非景教字句。泉州的景教墓石同样援用佛典名词，例如："大德""住持""侍者长"等，景教徒称景教堂为"寺"，对崇奉的神则称"佛"，前述的赞颂诗有"匪佛后身，亦佛弟子"这样的句子。可见华南一带的景教徒喜欢借用佛教元素，其意在利于宣传，这种与中国传统思想的妥协精神，正是中国景教的特点。景教的传布，作为联系东西文明的纽带，有很大的重要性。扬州、镇江、泉州等地发现的许多景教遗迹遗物，使我们猜测到它们曾一度非常繁华。我们希望将来的所知会更为丰富，同时也希望进一步了解它们的行政组织状况。

本文为1991年6月参加香港大学举办的第12届亚洲历史学家会议论文，原文载《中国史研究》1992年第3期；英文载《安德烈·佩鲁贾国际会议论文集》，罗马，1993年。

十四世纪意大利方济各会传教士在中国东南的活动遗迹

前　言

元代（1279—1368），中国与意大利的接触和来往，主要反映在《元史》的若干零星记载，以及方济各会传教士的信札、《马可·波罗游记》《鄂多立克东游录》和玛黎诺里的《奉使东方录》之中，更为频繁出土的地下文物所证实。中国政府和考古学家，为了寻找和保护这批历史文物，曾经做了大量工作。本文着重于探讨意大利方济各会传教士在南中国沿海地区的活动踪迹，他们不仅在泉州、扬州等中国古代重要的港口城市传扬福音，建立教堂，还参与社会事业和商业活动。至今犹存的遗迹遗物，显示了这些地方是欧亚宗教文化早期交流之地，而方济各会士则扮演了重要角色。笔者多年来长期致力于田野工作和考古调查，近年又获得若干涉及方济各会入华传教史的石刻，结合文献资料，进一步说明通过海上丝绸之路，中国和意大利之间有着源远流长的友好关系。

中世纪欧亚大陆的海上贸易，随着阿拉伯帝国和蒙古帝国的相继出现，而再度兴盛起来，并达到新的高度。13—14世纪间的蒙古人，虽然是黩武主义者，但是对东西文明交流却做出了一定的贡献。蒙古骑兵的西征和南下，打开了中国通往欧洲的道路，使陆上丝绸之路和海上通道畅行无阻。蒙古人建立的元朝大帝国，对于海外贸易的重视和各宗教的宽容，举世皆知，由此产生了新的商业、技术和文化方面的联系，尤以宗教传播为主要特征的文化交流，表现得十分突出。

方济各会是13世纪末由意大利传入中国的天主教修会。欧洲与中亚、东亚的直接接触，也是在这一时期开始的。当时的欧洲已度过了中世纪的黑暗时期，生产和贸易都较发达。在罗马天主教内，出现了两个著名的修会：一个叫方济各会（The Franciscan Order），一个叫多米尼克会（The Dominican Order），两个修会都得到罗马教皇英诺森三世（Ennocent the Third）的批允和支持，成了对外传教的得力工具。他们与以前的任何修道组织不同，是所谓"托钵修会"（Mendicants），因为他们专靠教友的捐献维持生活。前者因它的创始者意大利亚西西人圣方济各（St. Francis of Assisi, 1182—1226）而得名，后者则由西班牙人圣多明俄（St. Domingo de Guzman of Tolosa, 1170—1221）所建立。方济各是位受教徒爱戴的圣者，重申兄弟之互助友爱，献身于贞洁、禁欲、绝财而为穷人服务，其价值观与宗教影响，迅速逾越修道院和封建城堡充斥的欧洲大陆，13—14 世纪间，是方济各会新兴的黄金时代。当时欧洲杰出的基督教徒，包括教皇和法王圣路易九世（Saint Louis Ⅸ），预见到假如蒙古人改信天主教，他们将是十字军反对穆斯林的最可贵同盟军，也是把天主教拓展到东方的办法。因此，罗马教廷不止一次地向蒙古遣使，其中最著名的两次，即柏郎嘉宾（John of Plano Carpini）和鲁布鲁克（Willan of Rubrick）的出使，都是方济各会所属的小兄弟会（Friar Minor）。鲁布鲁克曾向蒙古大汗蒙哥要求留在蒙古传教，遭到拒绝。虽然没有达到预期的目的，但是两位使者事后所做的详细记录，使欧洲人对中国有更正确的认识。

忽必烈统一中国后，方济各会的成员再度来华，并且成功地在中国开辟了传教点，建立了教堂。首先是意大利人方济名会士约翰·孟德高维奴（John Montecorvino, 1247—1328），于 1289 年作为教廷使节被教宗尼古拉四世（Nicolas Ⅳ）派遣前往中国，随身携带教皇一封致元朝皇帝的函件。他是行至亚美尼亚，由波斯而印度经海路来中国的。1294 年抵达大都在北京建筑了三所教堂，施洗近两万人，以刻苦牺牲的奉献努力，给中国的教会打下了稳固的基础。1306 年，孟德高维奴被任命为大主教，管辖远东各地区的教会。他是方济各会士，即圣方济各的真正门徒，具有坚韧不拔的毅力和基督信徒的那种精神，在北京独自传教并取得惊人的成功。孟氏在大都与汪古突厥部首领阔里吉思（George）相遇，在宗教上交谊甚深，使阔里吉思由景教（亦名聂斯脱里）徒，改信罗马天主教，并劝导他的大部分人民皈依，捐赠了一座壮丽的教堂，赐名"罗马教堂"。这是中国传教史上最为突出的业绩之一。

以北京为中心的华北地区，方济各会士的传教事业收到相当成果的时候，为协助孟德高维奴在华传教，教皇又派遣了7名精通圣经，热心传教的方济各会士来华，但其中仅3人到达了中国，他们是哲拉德（Gerand Albuini）、裴莱格林（Peregne of Castello）和安德烈（Andrew of Perugia）。以后，这3人都相继成为泉州即马可波罗称之为"刺桐"（Zayton）的主教，我们知道方济各会士此时多选择在沿海的通商大港展开传教事务，那些地方一向比较繁荣，人文鼎盛。他们在这辽阔地带建立多少教堂，是否形成天主教教区？修会的规模，组织如何管辖治理？其间从元廷又获得什么样的特权？有否考古学上的依据加以证明？这些都是令人好奇和感兴趣的问题。

一、以泉州为重要据点的华南天主教教区

广州、泉州和扬州都是古代中国东南沿海的重要港城，它们是中国与海外进行经济、文化、宗教交流的门户。在元代时期，根据第一批方济各会主教的资料告诉我们，意大利方济各会中的大部分人士，是沿海路而抵达中国港口的，印度的马德拉斯（Madras），似乎是他们行程的中点站。在广州留下了鄂多立克（Odoric de Pordenone）的踪迹，因为1322年他是在那里登陆的，由于他对那里的风俗习惯，颇有生动的描述，肯定他在那里滞留了一段时期。令人遗憾的是，方济各会士在此的活动，既没有留下史学家可以搜集的资料，也没有地下文物为之佐证。

素有东西重镇、财货集散地之称的扬州，是中世纪阿拉伯商人、欧洲旅行家和传教士所多次提及过的贸易大埠，也是鄂多立克北上行经之所。他在1322—1323年间稍做停留，据其"游记"所述，当时的扬州，是一

座雄伟的城市，有方济各会教堂一所，景教教堂三所①，说明中世纪天主教的这两个重要教派，在扬州均有传布。在这里曾发现两块拉丁墓碑，据墓志铭：死者喀德郲（Katerina）和安东尼（Antonius）是多密尼布·维利翁尼（Domini Vilioni）的女儿和儿子，分别卒于1342年和1344年，证之以墓碑所刻的天主教故事图案，他们一家肯定是天主教徒。铭文中的Vilioni，依意大利学者培忒克（L. Petech）指出，从1163年起，在威尼斯档案文件中的确有这个家族。1264年有个名叫Pietro Vilioni的商人，行商远达波斯（Persia），即今日的伊朗。另据耶稣会士庐雷（F. Rouleau）的考证，16世纪时，在热那亚附近有一个名叫撒肋的村镇，其内有个名Viglione的家族。在17世纪的文献中，Viglioni和Vilionis是一个字的两种写法②，我们有理由推断，Domini Vilioni不是来自威尼斯，就必是热那亚。另一方面也反映出他们在欧洲与东方贸易所占的重要地位。墓主们可能是随父来华经商的，长期住在扬州，并且是热心的教友，曾经大力帮助过当时在那里传教的方济各会士。这就意味着，在扬州很可能有个意大利侨团，他们在那里经商行贾，形成一个长期的聚落，建造了一座教堂，可能拥有1~2位信奉天主教礼仪的高级教士，但是该地似乎没有过主教，因为教皇在继孟德高维奴主教之后派到中国的主教，一个也没有到该地履行主教的职权，如果该团体可以修建一座相当美观的教堂，那就说明它经商出色而拥有巨额资产。

  14世纪初叶，在中国南部还存在着一个较大的方济会士团体，即马可·波罗称之为"Zayton"的泉州港。当时是一座拥有近50万人口的城市。马可·波罗甚至详介它为世界最大的港口，在中国与印度洋沿岸国家和西方的关系中，曾起过重要的作用。事实还说明，它在东西文明交流中，也扮演了很特殊的角色，以宗教为主要特征的文明交流，在这里表现得十分突出。它无疑是伊斯兰教传入远东最早的地方之一，又是宋元时期东南摩尼教活动的中心，也是景教盛行的地区，我们还可以发现一些犹太

---

① 何高济译：《鄂多立克东游录》，北京：中华书局，1981年。
② F. A. Rouleau：《扬州拉丁文墓名》，载《哈佛亚洲学报》第17卷，1954年，第346页。

教徒的团体。泉州建立天主教教区,在1313年左右,派驻泉州的第一位主教为前述的哲拉德主教。在方济各会士的热忱感化下,有位亚美尼亚的富有贵族夫人,改宗信仰罗马天主教。她出资兴建了一巨大而富丽堂皇的教堂和一座修道院,死后更把大量资金,捐赠给哲拉德主教,提供一切必需品以维持会士们的生活。根据她的要求,北京总主教孟德高维奴把该堂升格为主教座堂,这意味着泉州港已开始成为方济各会在南中国的重要据点。

继哲拉德任泉州主教的裴莱格林,在1318年1月3日的信中,提到同他一起在和平环境中自由宣道的一些意大利教友:约翰·格里玛里(John Grimaldi)、阳玛诺·蒙地卡罗(Emmanuele Monticulo)、文图拉、萨列扎纳(Ventura Sarezana)等。[①] 当裴莱格林主教于1322年7月7日去世时,安德烈(Andrew of Perugia)接任泉州主教的职位,当时方济各会士皆由元廷给予俸金,待遇优渥,反映了元朝政府对外来宗教兼容并蓄,给予尊重及保护政策。

安德烈主教由北京前往泉州时,皇帝派骑兵八人护送。很早就誓忠于方济各会,过惯清苦托钵的生活,靠水和面包便可度日的这位主教,利用皇帝供给价值一百多弗罗林(Florin)的金帛,又在城外兴建了一座美丽的教堂,该处至少可以容纳二十多位修士。泉州天主教教区的发展与教徒的增多,是与当时不断聚集的意大利、西亚及亚美尼亚人相关联的,凸显了元代泉州方济各会的传教事业,达到兴盛的阶段,仅次于北京教区;恰于此时,鄂多立克来到泉州,他和一位名叫杰姆斯·奥沃的教友生活在一起,见到了两座教堂,非常高兴,并把其教会殉难教友的骸骨安置在教堂里。而1346年,著名方济各会士,教皇派往远东的使节玛黎诺里(John Marignolli)途经泉州时,看到教堂的数目增至三座,相隔只二十多年,显然泉州天主教势力扩大。亚美尼亚贵妇出资建造的教堂,规模超于安德烈所建,能居二十多人的那一座。由此可以推知,泉州天主教的活动最兴盛时期,居此的意大利方济会士,将近一百多人了。笔者的这个推论,与韩

---

① H. Yule, *Cathay and the Way Thither*, London, 1915, P. 102.

承良教授从罗马方济各会总署拉丁文档案里，获得的一些记录，颇为近似。据这位目前在马德里负责中国方济各会传教史料编辑的圣经学专家的不完全统计，自 1293—1369 年，大约有 242 位方济各会传教士被派前往中国①。但这仅是有材料可稽考的数字，实际上可能还会更多。诚然，从西方到中国，由于路途遥远，水土不服，加之战祸频仍，有一部分会士病死或遭横祸于途程，有的则葬身于惊涛骇浪。由此可见，方济各会士对东方传教工作的高度热忱，以及罗马教皇和方济各会对新开辟的中国传教区的重视。

泉州方济各会士的财产也相当丰厚，并协助某些商业活动，按照玛黎诺里的记录，他们建浴堂、造楼房，以便储存商人往来的货物，然后给他们奉献一些酬金。安德烈担任主教达 14 年之久。他去世后，其继承人与追随者，我们现在知道名字的仅有彼德·佛罗伦斯（Peter of Florence）、约翰·佛罗伦斯（John of Florence）和威廉·甘蒴里（Willian of Campania），也是来自意大利的方济各会传教士，在主教的书简里，没有提到他与其他宗教的敌对状态。如任泉州主教的裴莱格林声称："在不信仰宗教的人之间，我们能自由地传布福音。在萨拉森（Saracens）人的伊斯兰教寺院中，我们常去讲道。"然而却强调了景教徒的仇视情绪。所以，很长一段时期，方济各会士生活在相当和平的气氛之中，直到元末帝国崩溃前，形势就开始逆转。

1362 年，泉州的最后一位主教詹姆思（James of Florence）也殉道②。

诚如上述，我们看到在南中国沿海的方济各会士与元代朝廷和人民有过各种接触，除了政治上之使节或公牍往来外，其中人员的构成是多种多样的：有教廷使节、主教、会士、旅行家、商人和修士等，分别来自意大利的威尼斯、佛罗伦斯、佩鲁贾（Perugia）、波尔德查（Pordenone）及蒙地卡罗（Monticulo）等，他们在神秘的东方古国开拓进展，兴建教堂，积极参与社会事业，竭尽全力地进行奉献，且有很多人长眠在这块土地。意大利方济各会士的这种出现，提出了有关中国艺术对传教士的影响。我们也可以从出土的拉丁文墓碑，以及其墓石的装饰图案中发现这种影响。

---

① 韩承良编著：《若望·孟高维诺》，香港：思高圣经学会，1992 年，第 117 页。
② Dawson, The *Mongol Mission*, London and New York, 1955.

二、拉丁文墓碑和其他新发现的墓石

13世纪是欧洲兴建"大教堂"的世纪,几乎每种艺术都在其中担任一样角色,在中国仍可发现这些宗教艺术的痕迹,内蒙古草原中史乘称"赵王城"的伦苏木古城,是汪古部的政治、经济、文化、宗教中心。1991年,日本著名考古学家江上波夫找到了一个15厘米长的大理石狮头,类似欧洲王室宝座两边扶手用的装饰物,同时发现有罗马式花纹图案的半截砖。蒙古族的考古学家盖山林,亦采集到类似的遗物,从而证实方济各会远东总主教孟德高维奴于1305年所报道的"由其归化的首领阔里吉思所捐建的罗马式教堂",确实存在。

濒临中国东南沿海的泉州、扬州古代通商大港考古所获资料,具有更为重要的历史和学术价值。

1946年,在泉州通淮门城基发掘出一块拉丁文墓碑,这是中国境内最早发现的罗马天主教碑石。以后再发现一刻有 Hai Tian 字样的拉丁文残碑[1],但下落不明。

1952年夏初,在扬州南门水关附近发现两块拉丁文墓碑。不久上述三块碑刻的照片和拓片传到国外,很快引起西方基督教国家学者们,如约翰·福斯特（John Foster）,庐雷（F. A. Ruoleau）,韩百诗（Luis Hambis）等的重视,他们都撰写了有价值的考证文章[2],扬州两块墓碑作龙顶形,上半为故事图,下半刻典型的古式哥特（Old Gothic Script）字体的拉丁文,其书写方式,使人联想到古代圣经手抄本,周缘起卷草纹花边,十分相似,哈德郯（Katerina）碑所刻其洗名主保圣女,天主教中死者侍护者圣哈德郯（St. Katerina）的殉道事迹。这些故事书,具有欧洲天主教图像学的蓝本,例如圣母抱耶稣的刻像,被认为是罗马圣母大殿内"罗马人之救援"（Salus Populi Romani）的翻版,大约于14世纪由方济各会士带往中

---

[1] 据吴文良之子吴幼雄提供。
[2] John foster, "Crosses from the Walls of Zaitun".

国，但有些地方，糅合了中国传统艺术，例如人物的面貌，为东方人的造型。坐凳是中国式的，天使的描绘，类似中国表现神明的方式。碑面的卷草纹边饰，也采取中国式图案。安东尼的墓碑，雕刻着"末日审判图"（The Last Judgement），这是中世纪艺术家沿用久熟的题材，寓意方济各会士们将死者的灵魂奉献给上帝。其中人物的脸部，方凳脚部的云纹装饰，则已经中国化了。这两座碑主的家人，无疑是和方济各会有关的天主教徒，死后便被埋葬在教堂的墓地。故方济各派教堂，当距南门水关不远处。此外，种种迹象表现，墓碑图案的装饰内容，显然是在中国的方济各会士所设计，而在他们的指导下，由当地工匠完成雕刻的，所以图像上缺乏立体感，并受到中国艺术的熏陶。

泉州出土的拉丁文墓碑，碑顶作尖拱形，上半部有残缺，希腊式的十字架，环绕着两个天使和莲花，拉丁文的辨读结果，表明是前述泉州第三任主教安德烈的墓碑，去世的时间大概是1332年。安德烈在主教任期曾给故乡写信，但是这信件并不是他曾在中国泉州待过的唯一证据。此碑的发现，恰可相互印证，弥足珍贵。同样的，雕刻也显露了中国艺术影响的痕迹。天使的形象令人联想到中国飞天的造型，而莲花的装饰，更是泉州各种宗教石刻频繁采用的。

近十几年来，由于中国大陆改革开放以后出现的新形势，各地的建筑业和农田基本建设有很大的发展，又陆续出土一大批基督教石刻，数量较多的显属景教：如1981年在扬州城西获得的刻有叙利亚文和汉文的也里世八碑（1317）；1984年在泉州津头埔发现的也里可温碑（1306），载有一得名"兴明寺"的景教堂；1985年在泉州北郊征集到刻有八思巴文与中文的墓碑（1314）等，由此可见在方济各会士抵达之前，景教徒在华南已深深地扎下了根。

20世纪70年代以来，笔者致力于古代中国方济各会传教史的调查研究，希冀寻找有关教堂的遗迹、遗物。1978年，在泉州东门发现两座刻十字架与云纹的石墓盖。1987—1988年，在距该地不远的地方，又获取三块天主教墓碑，有两块尖拱形状的，过去也发现多次，其中一块富于装饰，图案特殊。石刻正中镂有凌空飞翔的天使，头戴中国式僧帽，臂和手脚戴有手镯,耳长垂肩,作跌坐姿势,这些特点显属印度艺术的影响。更别出心裁的是,碑顶刻一上为圆拱,下近似方形的几何空洞,充满了虚幻神秘之感。迄今中国发现的天主教墓碑中,从没见过这种镂空的雕刻形式。这故事画当有欧洲的蓝本,类似于14世纪意大利西也纳(Siena)大教堂中所做的壁画:"天使嘉被厄尔(Gabriel)报喜的一刻",其中降自天国的天使,高处中间的尖拱下,被四翼天童所围绕。纯然,泉州天使们形象完全东方化了。值得注意的是:这种类型的天主教墓碑、墓石,雕刻图案比较古典形式,出土地点相对的集中。它们就是方济各会士的遗物,比较刻有叙利亚文、八思巴文的"十字架上饰有宝珠者",显属景教徒墓碑,几乎都是在北门和通淮门出土的。换言之,亚美尼亚富妇和安德烈主教先后兴建的两座教堂,应是在东门城根和城外不远处,这和传教士书信中所描述的地理位置,颇为符合。元代中期建造的第三座教堂,目前仍无线索可寻,就是说,泉州天主教史迹,无论方济各会或景教派,均不是一个局部地区封闭的宗教文化,而是汇合着若干种艺术类型,交光互影,彼此渗透。十字架下的莲花装饰,通常是作为判断景教徒墓碑的直接证据,但泉州方济各会安德烈主教的墓碑,十字架下就刻有莲花,可见不同教派的墓碑,其图案既有区别,又有联系。

14世纪中叶以后,由于元末排外运动高涨,方济各会士逐渐在华销声匿迹。一百年以后,威尼斯商人的活动触角,还一度延伸到广州,因为1964年在广州一座地位显赫的明代太监墓里,出土一枚威尼斯银币,是总督Pasquale Malipie,铸造于1457—1462年。这无疑是14—15世纪欧人东来,和中国在经济、宗教关系的最后一段插曲。无论如何,意大利方济各会士们开创了罗马天主教在中国的传教区域,并持续发展了数十年,他们和16—17世纪的耶稣会士入华传播福音的较大成就之间,构成了一座桥梁,到利玛窦等较晚的传教士们,乃是较早的方济各会士的重要继承人,他们在中国收获了二百年前播种而得到的果实。

原载《纪念孟德高维诺总主教来华七百年国际会议论文集》,香港:思高圣经学会出版社,1995年。

西班牙奥斯定会士的首次泉州之行

元代的泉州港，海外交通与经济贸易空前繁盛，当时侨寓泉州的外国人数以万计，其中有欧洲的旅行家、传教士、冒险家，如意大利的马可·波罗、鄂多立克、哲拉德、裴莱格林、安德烈·佩鲁贾、玛黎诺里、詹姆斯·佛罗伦斯等。泉州因这些欧洲人的来到也传入基督教（天主教方济各会）。明朝实行"海禁"政策使得外来宗教几乎销声匿迹。16世纪以来，伴随着"大航海时代"产生的殖民主义，欧洲的基督教在世界许多地方的传教事业骤然勃兴。一些教派和著名修会，对远东地区，尤其是对中国沿海，抱有极大的兴趣。但能够首先涉足泉州，踩上这块"富于魅力的大陆"的欧洲人，是1575年由福建把总王望高导引的西班牙公使团（来自西班牙属地菲律宾）。

这件事在中国明代的典籍上，仅有片言只语[①]，其他官方文册也没有记载。意想不到的是，亲历泉州其境的西班牙奥斯定会会士，却写下了连篇累牍的旅行报告。冈萨里斯·德·门多萨[②]（Juan Gonsalez de Mendoza）根据奥斯定会士的大量原始记录，编纂成《中华大帝国史》（The History of the Kingdom of China），此书初版于1585年，在意大利罗马以西班牙文印刷，曾一度风靡欧洲，很快出现各种文字的译本，并多次再版，此书内容之丰富，以致利玛窦研究中国的内情和物产的札记，都不能和它争胜。

西方学者、教会人士根据《中华大帝国史》一书，纷纷解释当时西班

[①] 《明史》卷222，列传110，《凌云翼传》中有："明年秋（万历二年，1574）把总王望高以吕宋之番兵讨平之"。

[②] 门多萨（1545—1618）西班牙人，成年后从军至墨西哥并参加奥斯定会，1574年回国，后几度再到美洲任教职，1582年拟到中国，因故未能成行。《中华大帝国史》一书就是谋求访问中国失败后，根据搜集的各种资料汇编而成。

牙人进入福建沿海活动的动机：有的说是希望进行"自由贸易"；有的认为他们在"从事新地的寻求"，更有的强调出于"仁爱之心""被传教的神火所激动"①，甚至还歌颂他们百折不挠的传教精神。正确认识西班牙人来泉州的性质，客观评价其历史价值是有一定意义的。本文的目的是想依据门多萨的有关著述②，结合其他参考资料，就西班牙奥斯定会士是否来到泉州和他们的所见所闻，以及来泉的目的要求等问题，提出一点不成熟的看法，抛砖引玉，以期引起各方面对它的深入探讨。

一、门多萨所记 Chincheo——究竟是泉州还是漳州

门多萨编纂的洋洋巨著分为两大部分。第二部分中国旅行记的第二卷介绍了 1575 年西班牙公使团在福建省的旅行，在部分涉猎面很广的详细记录里，也述及了奥斯定会士为何能捷足先登——出使福建的原因。

16 世纪中叶，西班牙国奥斯定会士，兴起从事国外的传教工作，目标所向——"东鞑靼国，中国，以及那些我们还不能确定福音是否已经传到的国家内"③。1571 年，西班牙占据菲律宾，但苦于无法接近中国的大门。1574 年，出现了天赐良机：福建沿海把总王望高（西班牙人记 Homocon）的船队在追击"海寇"林凤（记称 Lima Hong）船队的途程中到达马尼拉，无意中成为西班牙驻菲律宾总督的贵宾。西班牙人见缝插针，以协助中国追击海盗为名，1575 年派遣德·拉达④为首的使团跟随王望高的返航船队到达福建。

在这一根据西班牙奥斯定会神甫和军官的叙述而作的旅行报告中，描写奥斯定会士如何进入 Chincheo⑤，停留期间的活动情况，几乎占据了六

---

① ［法］裴化行（H. Bernard）：《天主教十六世纪在华传教志》，"导言"，萧濬华译，上海：商务印书馆，1937 年，第 10 页。
② 作者引用的门多萨《中华大帝国史》一书，系 G. F. Staunton 据 1588 年英译本印制，承上海龚方震先生提供。
③ Dictionnaire, Histoire et de Geographie ecclésiostique, t. v, Paris, 1931.
④ ［西班牙］德·拉达（1533—1578），出生于西班牙纳瓦拉省首府潘洛纳，1533 年加入奥斯定会，1572 年被委任为马尼拉教区主教。
⑤ 张铠先生查阅了《中华大帝国史》的西班牙巴塞罗那版本，西班牙文亦记 Chincheo。

章的篇幅，其观察的细致与内容的具体出乎意料，成为我们研究明代福建地方史的重要原始资料。但有关 Chincheo 这个地名，有的译为泉州，有的说是漳州，说法未统一。

美国学者菲律乔治在叙及西班牙与漳州初期通商贸易一事时，扼要地采用了门多萨的有关论述：西班牙在吕宋的总督派遣两个天主教神甫及两个官方代表赴华，首先到达厦门，嗣后由同安至漳州，他们在漳州住了一些时候，便接到命令往福州，复返漳州转道归吕宋。① 卫三畏（Samuel Wells Williams）在《中国总论》中也认为："西班牙传教士是在 1575 年到达漳州的，曾要求居留漳州学习汉语和传教，但未获准。"

西方基督教界人物裴化行对于 Chincheo 持另一种译解：西班牙公使团经过 22 日的航程，来到王望高的故乡福建，在厦门登陆。他们被地方当局，按照接待入贡国的成例，由六支泉州的军船欢迎，到达后第三天，便直趋泉州，州官颇以礼相遇。② 显然，裴氏认定 Chincheo 就是泉州。

另一为介绍门多萨著作做出贡献的是日本学者，长南实、矢沢利彦根据 1585 年西班牙文本翻译的《中华大帝国史》③，也把 Chincheo 译成泉州，并附上明万历《泉州府志》的城池图。

台湾罗光神父在追溯奥斯定会和方济各会入华传教史时，更有如下说明：1575 年，西班牙奥斯定会士拉达和马里诺随同中国统领王望高在厦门登陆，在泉州小住。④

正如上面资料所列，学术界把门多萨所记 Chincheo，或译漳州，或译泉州，出现了互相矛盾的说法。这个地名如不搞清楚，必然要影响了解奥斯定会士前来福建的目的，妨碍我们正确地分析公使团从不同角度察报的——有关 Chincheo 的大量有趣材料。那么，西班牙人抵达的 Chincheo 到底是泉州还是漳州？

---

① ［美］菲律乔治：《西班牙与漳州之初期通商》，薛澄清译，载于《南洋资料译丛》1957 年第 4 期。
② ［法］裴化行：《天主教十六世纪在华传教志》，第 44 页。
③ ［日］长南实、矢沢利彦译：《中华大帝国志》，刊于日本《大航海时代丛书 VT》，日本：岩波书店，1978 年第 3 次印刷本。
④ 罗光：《利玛窦传》，台北：台湾学生书局，1979 年，第 37 页。

首先，从语言学来看，诚如国外有的学者所分析，实地访问福建的西班牙人所记录的 Chincheo Tansuso（中左所），Tangoa（同安）、Hing-hoa（兴化）、Aucheo（福州）是根据泉州一带的闽南话记音的，但当时对泉州、漳州二地名公认的闽南音读法，我们不得而知。因为直到 1800 年，泉州始有记音的文献。Chincheo，西班牙人读若"钦丘"，和"泉州""漳州"的读音比较，都不是十分切音，并且泉、漳辅音的发音，都有 ch（z）。单凭读音尚难断定所属的地名，必须结合西班牙人反映的该城的实际状况，才能断定它是哪一个城市。

门多萨编纂的资料告诉我们，西班牙人记述自己经过城市的自然景观，既有港口，也有集镇，也描写了风土人情和物产。应该承认，奥斯定会士在地理学方面是很有专长的，德·拉达神甫尤以天文学、地理学、数学及语言学见长。据记载，使团于 1575 年 7 月 3 日在中左所（即厦门）登陆，稍事停留后即由当地官员派人护送到 Chincheo，而 Chincheo 是厦门的上级机构所在地。我们知道，明万历厦门隶属泉州府，按照当时的军制，厦门是泉州府"永宁卫"辖下的中、左两个所。公使团在厦门靠岸，理所当然地被导引到泉州，拜见提督、知州，他们没有可能越过泉州府直接去漳州。

其次，公使团在福建沿海出使所取路线，是沿着厦门经 Chincheo 至福州的官道（厦门—同安—Chincheo—兴化—福州），泉州是这一交通要道上的重要城市，西班牙人必然要通过泉州而决不会舍近就远绕道而行。

另外，西班牙人主要目的地是 Chincheo，然后再去福州，因他们随身携带着给上述二城长官的信件。当他们从厦门出发时，漳州位于西北方向，福州在东北方向。显然他们不会取道漳州，除非有某种事关重大的需要。

德·拉达提供的报告也表明，Chincheo "是一个普通城市……海只离这城市两里格"① （Legua，西班牙里程单位，每里格约 5 572 米）。不难理解泉州城区离海 11 公里多，刚好是两里格；漳州城区离海最近点也有 50

---

① ［西班牙］门多萨：《中华大帝国史》，第 16 章。

多公里。即使这一记载也符合泉州的地理位置，而非漳州。据同一文献记录，从同安到 Chincheo 的距离是 13 里格①。按现在的测量，里程距离还是差不多的。

另一可资佐证的资料是旅行的时间。当泉州提督通知西班牙人说，福建总督要接见使团人员时，他们坐轿子走了三天来到兴化府（即莆田）。泉州至兴化的古道，约有 110 多公里，旅行大约需要三天，如若以漳州为起点，恐怕要花一个星期。

门多萨的著作还有不少地方充满了形形色色的描绘：Chincheo 地区有许多花岗岩建造的桥梁，巨大的长石板，加工精致，似乎难于依靠人力砌筑在桥上；城内有豪华美观的石头建筑，其大门以石刻制，精雕细琢，布满了人物形象图案。石桥、石门、石头建筑……这一切都是泉州千百年来令人触目的特色。西班牙人对于这座城市的报道令人信服地证明，泉州就是他们笔下的 Chincheo。

二、西班牙人在泉州的所见所闻

随王望高航海来泉州的西班牙公使团，往返一共用了四个月零 16 天（从 1575 年 6 月 12 日至 10 月 28 日），据推算，勾留泉州约两个多星期。他们于 7 月 11 日下午到达泉州，官府组织了欢迎队伍。鼓乐队充当前导，由四百名武装士兵护送进城。对于这些突然进入泉州的外国人来说，泉州城处处充满着诱惑力：店铺林立，船只云集，到处是繁忙的商人和劳动者。他们的笔录反映了明代泉州城的概貌："这是个普通城市，环绕着一条长长的河流，可能有七万户人家，交通贸易繁盛，供应各种各样的东西。由于海只离这城市两里格，船舶顺流可入大海，有一个桥架在河上面……靠近桥有一千多条船停泊在河里，那么多的船只和三樯帆船充满着整条河流。"

明代泉州城是一座用花岗岩砌筑的城池，突出的是城垣、城门，子

---

① ［西班牙］门多萨：《中华大帝国史》，第 15 章。

城、窝铺等戍守建筑,由于常闹地震①,建筑物的宽高比相对降低,西班牙人没有忽视这些显而易见的特色:"城市环绕着用石头建造的高大的城墙,七呐高,四呐宽(呐,长度单位,1呐合1.829米),城墙上有许多门楼……他们不用进堡垒,和在欧洲一样,由于该地多地震,城区的房屋虽然美丽,但不很高,一个样式建造。"乾隆《泉州府志》载,明万历四年以前,从南门(德济门)进城到东街府署沿途,大约有石牌坊八十余座(纪念坊、贞节坊等)。德·拉达的旅行报告表明,公使团从南门入城,有趣的是,西班牙人也注意到这些纪功牌楼:"在街道上尤其是那条主要街道竖立着许多凯旋门楼,相距不远的地方就有一座。"

明代后期的泉州已突破坊制,铺户临街设店,物产丰富,市场繁荣。公使团成员生动的描写令人感到,他们的了解尽管有限,但还是具体的:"所有街道两边有棚,棚下有店,堆集着贵重珍奇的商品""商店以新奇美丽的东西装饰着,使观众为之入迷,认为他们进入一个梦境""这里有热闹的市场,你可买到可口的食品,像鱼、肉、果品、蜜饯、果酱,很便宜的东西,几乎不花钱就可买到""他们的食物很好,饲养着很多的猪,肉类丰足,像西班牙羊肉那样。果品有的如同西班牙的,有的我们没有看到过,味道很好""我们进来的街道挤满着人,行驶着单马轻便马车……街道虽和西班牙一样宽,但还不能容纳这样多的人"。

外国人从不同角度捕捉的这些资料说明,尽管万历初年泉州港已趋衰落,但原来的盛势还没完全消失,并不比同时代的月港差得太远。任何一个城市只要没有被切断和整个社会的经济联系,它还会不断向前发展。从经济因素来看,泉州地区的社会经济发展水平并不亚于漳州月港。何乔远的《闽书》中提到,当时泉州安平的海商,可与徽歙商人来比较。"安平一镇尽海头,经商行贾,力于徽歙,入海而贸夷,差强资用。"因此,笼统地把万历时期福建和菲律宾的通商实例都归诸漳州月港,而忽略还在起作用的泉州港,是欠缺周全的。另外,根据上述各项资料,我个人感到:

---

① 据(乾隆)《泉州府志》卷73的记载,自公元1067年(北宋治平四年)至1713年,泉州大约发生30次地震。

明代泉州社会经济史和港口状况值得我们进一步研究。过去某些学者在评介明清时期泉州港的作用时，一般认为是处于衰落时期。而衰落到什么程度？是否还有海上贸易？社会经济情况如何？似乎还需加强研究。

来到泉州的西班牙公使团，对官府为他们举办的盛大招待会感到眼花缭乱，赞不绝口，他们详细地记述了宴会的过程和细枝末节：在提督的官邸里，一身戎装的士兵分列两旁，高级官员和巡官身披绣金长丝袍，各有不同徽志，头戴银制或锡制的头盔。陈设豪华的大厅准备八桌酒席，编排成圆形。各种美味佳肴摆满宴席，诸如阉鸡、鹅、肉、鲜鱼、美酒以及各种精巧点心。宴会长达四小时，西班牙人颂扬道："以食物的丰盛和花样，费八小时也吃不尽，饮食安排得如此之好，即使供应世界上的任何帝王也绝无逊色。"提督还安排文艺节目，以资助兴，在宴桌中间空出一块场地："表演喜剧、木偶戏、滑稽戏、歌唱、极好的音乐以及其他节目"。宴请结束后提督又赠送使团成员每人一匣礼品，内装四块高贵的丝绸。"无论是在东方，还是在西方，以丝绸相赠一直是一种尊重的表示。"① 虽然作者没有透露丝绸的产地，但我们相信这是泉州生产的，明代泉州设立"染织局"和"织造局"，积极经营丝绸业。崇尚奢华浮丽的宴会虽然是对外国人的一种炫耀，但也证实了久已传闻的"泉人尚奢侈"的社会风气。

由于奥斯定会士观察的精细，对明代泉州农村经济生活也做了十分精确的描述："七月的泉州溽暑炎蒸，大路在葱绿繁茂的果树下荫蔽着，道途间的商店出售各种夏令水果，人们步行、骑马、坐轿，用竹扁担挑着东西，驮货的马车来来往往。套着铁犁犁田的黄牛、水牛，田地里种植着稻谷、大麦、玉米、小米、腰子豆、扁豆等等，一派田园风光……"没有亲历其境的接触，很难设想西班牙人能提供这么多形象的画面，不过，我们不要错以为公使团只是在异域游山玩水似的打发日子，事实上西班牙人来到泉州却另有一番图谋。

---

① ［法］L. 布尔努瓦：《丝绸之路》，耿昇译，乌鲁木齐：新疆人民出版社，1982年，第178页。

三、奥斯定会士来泉的目的

由奥斯定会士组成的西班牙公使团，入闽的目的主要是通商还是传教？欧美的一些宗教史研究者，往往讳言奥斯定会士传教的殖民扩张本质，菲律乔治虽没排除此行传教的动机，但还是以为通商是具体目的：（西属菲律宾总督）遣派一个通商专使和两个天主教神父到中国去，其企图是很明显的，表明西班牙国的商船，开始有意自行与中国通商①。我国有的学者亦做了类似的引述："西班牙在侵占菲律宾之后，于1575年冒用吕宋的名义，派使节到中国，谋求通商，未果。"② 对此，我们有加以探求的必要，同时要了解教会本身和殖民政府的密切关系。

天主教奥斯定会士在西方殖民主义兴起和早期活动的历史中，扮演了极不光彩的角色。奥斯定会是16世纪天主教改组修会运动的产物，最先在西班牙、葡萄牙形成，是天主教托钵修会之一，和多美尼克会、方济各会、耶稣会并称当时的四大修会。奥斯定会成立后，便作为殖民者海外扩张的工具，在西班牙征服墨西哥、菲律宾的过程中，商人、贵族、奥斯定会士是"三位一体"。德·拉达一行被派遣到中国是有实际原因的。西班牙国王可能意识到，单凭有限的殖民军队和暴力，对付不了庞大的中国，必须借助奥斯定会的力量。

到中国来经营传教事业，自方济各教徒沙勿略以后，成了许多传教士的梦想，但最终使他们失望。1555年葡萄牙巴来多曾两度赴广州。1556年达·克路士曾在广州居住，同时耶稣会士白肋请求入中国，未能获准③。1557年葡国窃据中国的澳门。西班牙人看到葡萄牙捷足先登，到达邻近大陆的地方，也急于一试。1574年曾派奥斯定会士厄累拉（Herrera）为赴中国公使，可是途中与11位同伴葬身于风浪。

这次西班牙公使团抵达泉州，表面上是以和泉州当局商议联合进剿海

---

① [美]菲律乔治：《西班牙与漳州之初期通商》。
② 艾周昌、程纯：《早期殖民主义侵略史》，北京：人民出版社，1982年，第201页。
③ 罗光：《利玛窦传》，第36页。

盗，请求准许贸易为理由，实际上在活动期间，要求获准自由传教一事始终占有重要地位。且让我们先看看使团人员的组成，四名正式代表是：马丁·德·拉达（Martin de Herrada）；加奴尼·马丁（Hieronin Martin）；彼德罗·塞尔棉图（Pedro de Sarmento）；弥格尔·瓜斯加（Myguel do Coarcha）。

德·拉达是奥斯定会大主教，1572年被委任为马尼拉教区主教。奥斯定会士福建之行就是根据他的旅行报告编纂的。书里的各种记载证实，使团的决策人物是拉达神父，这就清楚地表明了他们来华的用意。拉达的地位从泉州官府接待的不同礼遇可以看出。一路上拉达被安排坐八抬大轿，其他人坐四人抬轿；欢迎宴会上，神父被邀到首席的座位。由大主教控制的公使团，其目的离不开传教，即传教为殖民服务。

西班牙人行抵泉州，为了隐秘的目的，首先咽下了一剂"苦药"。泉州提督派人通知兴冲冲的西班牙人，使团并非由国王直接遣派，被接见时，须行跪叩礼，"这是中国接见任何非由皇帝或君王遣派而来的公使的习惯"。军官认为有辱体面，神甫沉思后即答应遵守中国礼节，他劝慰同伴：我们利用上主的仁慈所赐予的机会进入泉州，这是个充满希望的地方，不能为不重要的事情失掉（传教）机会，如此做法并不获罪天主。拉达确是能委曲求全的，裴化行曾援引一个实例，在菲律宾期间，为了能到中国传教，拉达向做"生理"的泉州一带商人表示，愿意充当奴仆跟随到中国。马尔底涅兹（Martinez）评论奥斯定会这次的出使动机作了如此赞颂："虽然仁爱之心迫切催使他们为菲律宾群岛的民众效力，但是我们知道还有许多别的迷路之羊应该尽力领导它们归入公教的羊群之内……特别是在中国及邻近各国。"①

以朝贡的形式并设法接触各阶层人士，是奥斯定会达到传教目的的一个手段，这在《中华大帝国史》中也有坦白的叙述。召见仪式中，匍匐在地的西班牙人呈上驻菲总督给泉州提督的信件，还有一份礼品清单，并假惺惺表示，送礼太菲薄，只要允许会友再到泉州，将奉献更为贵重的礼

---

① Martinez, "Historia de Les Missions Agustinianas en China", Madrid, 1918, P. 2.

品。当提督允许西班牙人以自己的方式进行交谈时,神父对于所得的恩准喜出望外,认为已取得中国人的同情,可以开始陈述传教和建立立足点的要求,他们对前来探访的官府职员和地方绅士极为亲近,并正式向提督申述允许居留此地进行传教,奥斯定会士写道:"一个实现此行计划的愿望油然而生,大家为初步的成功而赞颂上主。"①

我们还可以从西班牙人的记载中发觉,前来泉州的奥斯定会士,随身携带的尽是基督教小册子,诸如《天主教》《圣母经》《十诫》等。上述情况表明,德·拉达一行到泉州的主要目的是传教,西班牙政府决不把它的目标仅限在发展对外贸易上,它怀着长远的政治目的,"假如天主教在该国成为主导的东西,就可以开创征服属地的新纪元"。

必须承认,西班牙公使团来泉州也包含有某些经济动因,即通过和官府、商人发生接触,取得对商业利源、经济状况的情报,以及探索可否借助贸易建立对自己有利的联系。1570年,葡萄牙人就以为:中国商业的利源,是属于广州、泉州、徽州三处的13家商号垄断着。② 西班牙占领菲律宾后发现,中国的生丝、丝织品、瓷器、棉布、家具、冰糖、中药材等商品价廉物美,如能到中国港口直接通商,可以攫取更多的利润。泉州港自然也是他们觊觎的一个目标。公使团来到后,对这里的地理位置、航海贸易业、商店市场等情报极为留心。旅行报告透露了西班牙人对中国市场的兴趣,但仅仅是附带目的。菲律乔治称使团中有通商的专使,是不准确的。公使团有四名正式代表,神甫和两个军官,我们从未发现有所谓通商专使,而混迹其间的军官,却是另有预谋的。

彼德罗·塞尔棉图、弥格尔·瓜斯加参加公使团,显然是驻菲总督精心安排——让神甫去寻找传教的新地,让军人窥探军事情报有否可能。塞尔棉图是马尼拉首席警官,屠杀菲律宾人民的刽子手。他们认识到,对中国实行"炮舰"政策是不现实的,最好是"十字架与剑并用",协助奥斯定会促进传教事业的实现。他们在福建沿海窥探风声,注意搜集军事情

---

① [西班牙]门多萨:《中华大帝国史》,第19章。
② [法]裴化行:《天主教十六世纪在华传教志》,第94页。

报，旅行报告记录不少有关内容。

厦门:"这个中左所是一个雄伟清秀的城市，……经常有一千名士兵驻防，还有一座大而坚固的城墙围绕着，城门还以铁板加固。""大海湾里有一百五十多艘船的庞大舰队停泊。"

同安:"同安镇拥有三千兵士，以当地的语言，它被称为关。""城墙很宽，以石灰和石块筑成，布满了枪眼和瞭望塔。"

泉州: "城市环绕着用石头建造的强大的城墙……上面安装着大炮……有很多武装兵士随时做好作战准备。"

西班牙人对中国海防力量的详细观察反映了此行负有"侦察中国"的使命，殖民军队和天主教会密切配合是西班牙实现殖民统治的重要手段。神甫的报告还揭示嘉靖年间二千倭寇骚扰兴化府的史实；日本人一度占领该城，福建总督在几天之内集结一万兵力，以锐不可当之势把倭寇赶下海。前车可鉴，西班牙人肯定意识到，对这个充满神秘色彩的东方古国，任何轻举妄动都是危险的。

四、使团的要求为什么被拒绝

奥斯定会士的记录表明，他们首次来到泉州并未达到预期的目的。泉州提督对于西班牙公使团，有礼有节，一律用公费招待，送行时还赠给礼物，但对客人提出的传教和居留的请求，婉言谢绝。众教士申请在中国居住，以为宣传教律，此事必须得到福建总督和朝廷的允许。西班牙人碰了一鼻子灰不久便被打发回去。裴化行议及此事叹惜："奥斯定会士的计划，是打算实现沙勿略学术传教的主张，虽然他们是失败了，但志向却是令人可喜。"①

诚然，在奥斯定会士步入泉州的二百年前，这里曾是国内有名的天主教区，但明王朝的建立，关闭了中国海上贸易的途径，"梯航万国"的名港日趋衰落，不再为外国人的活动开放。国内张士诚、方国珍入海为盗，

---

① [法]裴化行:《天主教十六世纪在华传教志》，第152页。

倭寇连年在沿海的侵扰，西方殖民主义的东来，使明王朝施行"海禁"，弥漫着对外国人的不信任和疑虑情绪。当时泉州提督不会不了解，明嘉靖二十二年（1553），葡萄牙船进入澳门，要求租借地方晾晒贡物，筑室居住，以后竟呼朋引类，逐渐强占整个澳门。① 西班牙人的这种行径，中国帝王是早有觉察。《明史》写道："时佛朗机强与吕宋互市，久之，见其国弱可取，乃奉厚贿遗王，乞地如牛皮大，建屋以居，王不虞其诈而许之，其人乃裂牛皮，联属至数十丈，围吕宋地，乞如约，王大骇，然业已许诺，无可奈何。"② 由此可推知，对这些远道而来，却又贪婪、残暴狡黠觊觎中国大陆的"夷人"们，泉州提督是早有提防的。

如此说来，为什么西班牙公使团又受到泉州地方官谨慎的欢迎与接待？

首先，在中国君王的传统思想中，常常将"外夷"看作"天子"跟前朝贡称臣的附庸者。诚如前述，当使团按泉州提督要求行三跪九叩之礼，献上西方的奇器礼品之后，立刻便受到体面的接待，泉州官府采取的态度，是以"体恤远人，厚往薄来"为宗旨的。

其次，奥斯定会士入闽，打出的旗帜是配合福建军队联合追捕林凤一伙海盗。明朝政府视林凤为隐患，亦想要利用西班牙海军的力量。从传教士的记述中我们可看到双方的"秘密协议"。泉州提督单独会见西班牙军官，提出只要西班牙生擒林凤并移案福建，将提供五百条战船和足够的陆海军士兵。使团要返回菲律宾时，送行的泉州提督又吩咐，急盼早日擒获林凤，再来中国，那时在待遇上的种种不周，可望给予弥补。

尽管如此，官府对西班牙使团还是满腹狐疑，相当戒备。门多萨的书中反映，在奥斯定会士下榻的泉州馆舍，一个大牌子写明每个人的籍贯、姓名，有一排士兵日夜站岗，佯称保护外人安全，其实是暗中监视动静。在福州，由于使团军官四出走动，有意到各城门观看，惹动了官府的注意。总督差人通知，今后没有长官的允许，不得离开住宅。可见，奥斯定会士的

---

① 朱杰勤：《英国第一次使团来华的目的和要求》，载《世界历史》1980 年第 3 期。
② 《明史》卷 323。

活动是受到种种限制的。万历年间他们出使的中国，还是一个幅员辽阔、庞大的封建帝国，正统的历史文化观念，使思想界排斥天主教这样的外来宗教。无怪乎有人说："即便奥斯定会士在中国失败了，这却是因为各种不关于他们志愿的原因，他们并不是没有使用过根本有效的方法。"①

虽然如此，奥斯定会士的福建之行以及《中华大帝国史》的出版，为西方人了解中国，增加相互之间的接触和交往，还是具有意义的。他们比较具体生动地提供了明代福建沿海的社会状况和风貌，更重要的是，书中不乏经济、科学文化、风俗习惯的第一手资料。明代中晚期，在我国中外文化交流史上，是一个很重要的历史时期，奥斯定会士出使泉州等地，购置了百余部的中国书籍，例如地理、造船、朝政、医药、天文、音乐、数学、建筑、兵器、占星相术等，还有编纂的大量"报告""旅行记"，这些东西在西方获得广泛的流传，并促进民间友好往来。1624年，奥地利人卡尔·费思贝格也经历了漫长的航海旅行，航抵泉州，并写下了这次远行的旅游记。另一方面，有鉴于葡萄牙、西班牙"先驱者"的教训与行动，庞迪我、罗明坚、利玛窦等耶稣会士相率东来，在中国建立了最初的传教基地，开始了早期的文化侵略活动。

（本文在搜集材料和写作的过程中，荣幸地得到上海叙利亚文专家龚方震先生、中国科学院自然科学史研究所杜石然副研究员、中国社会科学院历史所中外关系史研究室张铠先生、泉州天主教蔡以忠神甫的大力支持和帮助，谨在此表示衷心的感谢！）

本文英文版刊于澳大利亚召开的第二届印度洋研究国际会议论文集，1984年12月；中文版载中外关系史学会编：《中外关系史论丛》第2辑，世界知识出版社，1987年。

---

① ［法］裴化行：《天主教十六世纪在华传教志》，第141页。

基督教研究

泉州外来宗教文化之研究

泉州曾是中世纪著名的世界贸易港，商人、旅行家、僧侣及各行各业的外国人汇集此地，带来了伊斯兰教、基督教、印度教、佛教、摩尼教和犹太教文化。如此众多不同信仰的人们在这弹丸小市与当地人民和睦相处，共同为繁荣泉州的经济文化做出贡献，这在世界宗教史上堪称奇迹。已引起愈来愈多中外学者的关注，他们进行了辛勤的调查研究与考证，取得累累硕果。本文试图就近百年来中外学者对泉州外来宗教文化的研究作一概要的总结，提供参考。

一、伊斯兰教

泉州港在中世纪以阿拉伯国家为主要贸易伙伴，与伊斯兰文化保持着千丝万缕的联系，近百年来，中外学者都把泉州伊斯兰史的研究，作为对中国乃至世界伊斯兰史研究的重点之一。其早期的研究缘起于对"宰桐"（Zaytun）港地理位置的讨论，那是由于中世纪一批阿拉伯文、波斯文和其他西方文献中关于一个繁荣的国际港口"宰桐"的记载，究竟是否即指汉文古称"刺桐"的泉州而引起的。首先涉足于这一问题研究的是国外的一些历史学家，如克乃勃罗、乔治·菲利普斯、道格拉斯、斯帜陵格、亨利·玉尔、藤田丰八等。这个问题的争论直至20世纪初由于西班牙的阿奈兹和荷兰的白参，以及日本的桑原骘藏、我国的张星烺、陈万里等人的考证，"宰桐"即是泉州已成定论。虽然正如白参所指出，因未能在泉州伊斯兰碑铭中发现古泉州的阿拉伯文名称而显得美中不足，不过这一不足也已被1956年发现的一方波斯文、阿拉伯文和汉文合刻的墓碑所弥补。该碑刻于1322年，用波斯文记载了："艾哈玛德·本·胡阿吉·哈吉姆·艾勒

167

德死于艾哈玛德家族母亲的城市——宰桐城。"①

伊斯兰教传入中国的时间诸说纷纭,难有定论,其中唐武德年间传入泉州一说是以何乔远的《闽书》记载和现存泉州东郊灵山的三贤、四贤墓为基础的。长期以来,学者们为考证其真伪,各自采取了几乎相同的比较历史学和建筑考古学的方法,却得出了两种相反的结论。持否定者认为没有任何证据可以说明穆罕默德曾于传教初期向中国派遣教徒;泉州城的历史始于公元718年之后;②《闽书》的记载只是根据穆斯林中形成于9世纪的一个传说;③圣墓现存唯一的元代阿拉伯文碑所记录的时代无法证实死者的时间;④伊斯兰教徒对先贤墓的崇拜不早于公元9世纪;圣墓建筑布局属于"麻扎"(Mazar)型制,这种建筑风格的形成不早于10世纪。⑤持肯定者认为据穆斯林口头传说穆罕默德在统一阿拉伯半岛的过程中有一些教徒经海路流落到中国;⑥泉州设州治之前海外交通即已发达,具备了阿拉伯人航海来此的条件;⑦在中阿使节交往之前拟已有阿拉伯商人来华之可能,有广州的宛葛思墓为旁证⑧;圣墓屡经修葺,残存的建筑中发现了唐代的梭柱。⑨

对唯一现存泉州通淮街上的清真寺做最早系统的研究,应归功于荷兰人白参,尽管他本人未曾到过泉州,完全根据的是当时任安海天主堂的阿奈兹神甫的调查、摄影和测绘,但他对清真寺创修年代、寺内碑铭、寺的建筑形式等的研究,近80年来一直成为后来者引用的权威论据。近40多

---

① 努尔:《泉川艾哈玛德墓碑兼"宰桐"名称小考》,载《福建师范大学学报》1982年第3期。
② [日]坂田具道:《回教の傳来てその弘通》,载《东洋文库》1964年,第184-192页,东京。
③ [日]桑原骘藏著:《伊本所记中国贸易港》,杨錬译,载《唐宋贸易港研究》,台北:商务印书馆,1963年。
④ 苏基朗:《伊本的 Djanfou 非泉州辨》,载《食货月刊》复刊第11卷第7期,台北,1981年。
⑤ 陈达生:《泉州灵山圣墓年代初探》,载《世界宗教研究》1982年第4期。
⑥ 马天英:《回教传入中国历史》,载《星州月报》1962年6月15日。
⑦ 童家洲:《印僧拘那罗陀来泉及唐武德间来泉"三、四贤"问题》,载《福建师范大学学报》1983年第1期。
⑧ 蒋颖贤:《泉州灵山圣墓及其有关问题的探讨》,载《福建师范大学学报》1983年第3期。
⑨ 杨鸿勋:《初论泉州"圣墓"的建造年代兼及传说的真实性问题》,载《泉州伊斯兰史迹》,福州:福建人民出版社,1985年。

年来，白寿彝①、吴文良②、庄为玑③都先后继续这方面的研究，尤其是近年来对清真寺采取的局部考古发掘，使有关该寺记有不同年代，不同创修者的两种文字（阿拉伯文和汉文）碑刻的一些争论已基本上趋于一致。反复的探讨已证明这座寺的阿拉伯文音译名为"艾苏哈卜寺"（意译圣友寺），创建于伊历 400 年（1009—1010），后于伊历 710 年（1310—1311）重修。重修者艾哈玛德·本·穆罕默德，祖籍耶路撒冷，移居伊朗设拉子城后，按惯例取城名为复姓。寺门楼为 11—14 世纪普遍流行西亚、北非的伊斯兰寺的模式，并非仿照大马士革伍麦叶大寺的建筑。寺内的宣礼塔和大殿的圆顶盖坍毁于 17 世纪初的地震。艾苏哈卜寺被误称为清净寺沿用至今，是由于 16 世纪初当地穆斯林把一方《重立清净寺碑》移于艾苏哈卜寺内而导致的。

原来的清净寺是由伊朗施拉夫城人创建于公元 1131 年，后于 1350 年由居住泉州的穆斯林金阿里重修，后毁灭于元末明初时期。公元 1350 年的吴鉴《清净寺记》碑文中关于泉州有六七座寺记载的可靠性，也由于对泉州出土的数方有关清真寺的阿拉伯碑文的考证而得以证实。④

除了白参曾对圣墓和艾苏哈卜寺的阿拉伯碑铭做过翻译研究外，吴文良最早从事收集泉州出土的阿拉伯文碑刻，并于 1957 年出版他的《泉州宗教石刻》⑤，收录了 80 余方阿拉伯碑文照片，大部分未附译文，但却为后人保存了一批珍贵的研究资料。陈达生继续补充了这一研究，他主撰的《泉州伊斯兰教石刻》⑥，搜集了阿拉伯文石刻 200 余方，曾逐一做了翻译和考证，发现了一些重要史料，进一步丰富了泉州伊斯兰史研究内容。

除了对蒲寿庚以外，似乎还未曾有对中世纪泉州其他著名穆斯林海商

---

① 白寿彝：《跋吴鉴"清净寺记"》，载《云南大学学报》1942 年第 2 期，《泉州清净寺的创建时间和创建人》，载《月华》第 10 卷第 8-10 期，1938 年。
② 吴文良：《再论泉州清净寺的始建时期和建筑形式与庄为玑先生商榷》，载《厦门大学学报》1964 年第 1 期。
③ 庄为玑：《泉州清净寺的历史问题——泉州港古迹研究文一》，载《厦门大学学报》1963 年第 4 期。
④ 庄为玑、陈达生：《泉州清真寺史迹新考》，载《世界宗教研究》1981 年第 3 期。
⑤ 吴文良：《泉州宗教石刻》，北京：科学出版社，1957 年。
⑥ 陈达生：《泉州伊斯兰教石刻》。

的专门研究。日本学者桑原骘藏的《蒲寿庚考》，几乎可以说是奠定了蒲寿庚研究的基础，后来的研究如罗香林①等，基本上没能超出桑原氏的研究范围和主要论点。直至近几年这一领域才有所突破，陈自强提出蒲寿庚任泉州市舶使仅七个月而非30年的考证结果，②刘志诚发现蒲氏后裔迁徙的一些重要史料。③

探索千百年来在汉文化的汪洋大海之中穆斯林如何与汉族通婚衍代，同时又保存了伊斯兰信仰和风俗习惯，自然别有一番情趣。不过这样的研究相当不易，人们只能借助于幸存的有限谱牒资料和深入实地调查。这方面的研究最初在20世纪30年代是出于伊斯兰教会内部为重振教门而做的调查，④ 50年代以来则是把穆斯林后裔作为少数民族而展开的大规模的调查考证，由民间获得不少新的资料，发现一些重要的文物遗迹。从已发表的文章看，除了综合性的调查报告，⑤ 还有对丁、郭、金、蒲等姓氏的专题考证。⑥

16世纪以来，泉州伊斯兰教会衰微，世袭的一整套教职制度松弛，甚至几度中断，文献失佚，致使今日泉州的伊斯兰教会组织、教职制度、派别等的研究陷入困境。虽有个别文章如前（山岛）信次的《元末泉州的穆斯林》⑦、黄庭辉的《夏不鲁罕丁与世袭三掌教制》⑧、陈达生的《泉州伊斯兰教派与元末亦思巴奚战乱性质试探》⑨ 等，但都未能提供确凿的证据，以对上述问题做系统的研究。

---

① 罗香林：《蒲寿庚传》，台北：中华文化出版事业委员会出版，1955年；《蒲寿庚研究》香港：中国学社，1959年。

② 陈自强：《"蒲寿庚宋末提举市舶三十年"说考辨》，载《中国史研究》1983年第1期。

③ 刘志诚：《蒲寿庚家族专辑》，载《泉州海外交通史迹调查资料》第5辑，1983年。

④ 张玉光：《回教入华与泉州回教概况》，载《月华》第9卷第1期，1937年。

⑤ 黄天柱、廖渊泉：《漫谈泉州地区阿拉伯穆斯林的后裔及其遗迹》，载《中国穆斯林》1982年第4期；黄秋润：《浅谈泉州回族风俗》，载《泉州伊斯兰教研究论文选》，福州：福建人民出版社，1983年。

⑥ 吴文良：《陈埭丁姓研究》，福建省泉州海外交通史博物馆，1959年；福建省泉州外交通史博物馆调查组：《白奇郭姓不是郭子仪的后裔而是回族人》，载《海交史研究》1978年总第1期；泉州历史研究会编《泉州回族谱牒资料选编》，1979年。

⑦ 载《史学》第27卷第1期，东京，1953年12月。

⑧ 载《甘肃民族研究》1983年第4期。

⑨ 载《海交史研究》1982年第4期。

综观泉州的伊斯兰史研究，预测今后的研究趋向，除了继续解决上述遗留的问题外，将注重于伊斯兰文化对泉州海外贸易产生的作用，来泉州的穆斯林海商人物，伊斯兰文化对泉州文学、戏剧、音乐、舞蹈以及医学、建筑学等的影响，泉州穆斯林的渊源，艾苏哈卜清真寺建筑的考古发掘和复原，阿拉伯文碑铭学等方向。在研究方法上，以往国内学者多单纯依赖汉文文献和国外学者多单纯依赖外文文献做孤立的考证，今后将逐步向中外文献互相参照并结合考古发现做综合研究过渡。

二、基督教

在泉州这座宗教艺术宝库里，至今仍保存有大量的古代基督教石刻，包括十字架墓碑、石墓盖以及石墓构件等，有的雕刻着叙利亚文、拉丁文、八思巴文和汉文。近百年来，撰写中国基督教史的东西方学者都以明显的篇幅揭载刺桐十字架的发现，论述基督教的聂斯脱里派（景教）和方济各派（天主教）传入泉州的历史。[①]

史籍中有关泉州基督教流传的记载是微不足道的。由于发现古代圣徒遗物随之而起的学术研讨，是从明末以来才开始的。最初是耶稣会士阳玛诺，于1644年刊载了泉州出土的三个十字架石摹本。[②] 接着传教士安顿尼乌斯·马利亚（1633—1669年在中国传教）提到另一方二腕尺大的神圣十字架石刻；清代初期意大利传教士马尔蒂尼（卫匡国）在泉州看到城墙上不少石块刻有救世十字架的标志。[③] 1906年，西班牙教士塞拉菲·莫雅在奏魁宫发现刻有天使的十字架，其照片由伯希和公布在法国《通报》上。伯希和认为上述十字石的制作时期和来源是相同的。[④] 西班牙的阿奈兹著文谈到了这些十字架对于考证泉州的历史的意义。大量获得基督教石刻是

---

① ［英］阿·克·穆尔：《一五五〇年以前中国的基督教》；［日］佐伯好郎：《中国基督教研究》，《中国天主教传教史概论》，1933年；朱谦之：《中国景教》；江文汉：《中国古代基督教及开封犹太人》。
② ［葡萄牙］阳玛诺：《唐景教碑颂正诠》，武林天主堂梓，1644年。
③ ［意］卫匡国：《中国新地志》（New Atlas of China）。
④ *T'oung-Pao*, 1914, P.644.

171

在抗日战争时期，由于吴文良的努力，一批垒叠在城基的十字石得到保存，中外史家根据逐步获得的石刻资料，从碑铭学和宗教美术史的综合研究中，重新认识和评价基督教传入泉州的重要史实。

中世纪在泉州的基督教派别有景教和方济各派，这是教会史家如穆尔、德礼贤、佐伯好郎、福斯特、徐宗泽、王治心都有论述的。对于景教的研究，人们主要依据石刻和碑铭，而对方济各派的探索，由于巴黎国立图书馆存藏的中世纪教会文献得到利用而显得更有说服力。但一直到吴文良《泉州宗教石刻》的出版，许多相互关涉的学术问题仍未统一。

在景教传入泉州的时间上，就有许多不同的见解。有的学者倾向于唐代说，如佐伯好郎，①认为在唐代景教徒自波斯经陆路进入长安后，另一支也远涉重洋到了泉州。王治心认为泉州的唐代古寺附近掘获十字石具有仿效长安景教碑的雕刻图案。② 吴文良的论据来源于卫匡国的一段含混的记载：在始建于8世纪的城墙朝东方面有十字石。③ 江上波夫则认为泉州景教遗物的年代或许可上溯到北宋。④ 近年来田野考古工作不断有所收获，有关景教传入时间和墓石的断代已有较可信的推断。约翰·福斯特早就指出所有石刻的特征都属于元代。最近，杨钦章利用考古学上的证据和碑刻的比较研究结果，指出吴文良等利用西文材料有译解之误，迄今为止出土的基督教石刻皆为元代，景教的传入当在元初。⑤

景教传入泉州的路线也是学者们注意的一个问题，夏鼐、村山七郎⑥、傅路德⑦都提及泉州出土的几方叙利亚——突厥语碑刻，尤其是中文、叙利亚文合璧的"管领江南诸路明教秦教等也里可温碑"。考释纷起，夏鼐认为该碑表示泉州有过很多景教徒，并有从内蒙古远宦泉州的汪古部教职官。⑧ 研究者发现许多十字石上刻着天使并雕有三尖冠，因之认为航海而

---

① [日] 佐伯好郎：《福建泉州的景教遗迹》，载《中国基督教研究》，第514页。
② 王治心：《中国基督教史纲》，上海，青年协会书局，1940年，第27页。
③ [英] 阿·克·穆尔：《一五五〇年前中国的基督教》，第82页。
④ [日] 江上波夫：《汪古部的景教系统及其墓石》。
⑤ 杨钦章：《泉州景教石刻初探》，载《世界宗教研究》1984年4期。
⑥ [日] 村山七郎：《泉州出土的突厥语景教墓碑》。
⑦ *Journal of the American Oriental Society*, 77: 3, 1957, pp. 161–165.
⑧ 夏鼐：《两种文字合璧的泉州也里可温（景教）墓碑》，载《考古》1981年第1期。

至的波斯商人中就有景教徒。泉州的基督教石刻富于装饰,最具图像,是若干种艺术类型的汇合。

近40年来对泉州方济各会史迹的调查也取得了积极的进展,既发现了拉丁文碑刻,又出土了祥云环绕十字架的墓盖。1946年在通淮门城墙掘出的拉丁文碑,使基督教史家喜出望外。约翰·福斯特、福特西辨读出墓主是天主堂第三位主教安德烈·佩鲁贾。① 由于巴黎国立图书馆珍藏有安德烈14世纪初写自泉州的书信,使这项重要发现更有说服力。发现这些书信的首功应归于方济各会历史学家路加·瓦丁,他从阿西西的一份抄本编入了安德烈的信件,其著作《方济各会年鉴》为教会史家所称道。即使如此,对安德烈是否死在泉州的认识仍未一致。据张星烺、方豪所记,安德烈不惯中国生活,年迈思乡愈切,1336年一行16人由陆路回欧。② 1983年何高济、杨钦章从西文材料中寻找证据,指出当时入华有两个安德烈;死于刺桐的是安德烈·佩鲁贾,返回故乡的为安德烈·法兰克。③ 另外,有关泉州的方济各会的兴衰、教堂数目、遗址所在以及墓碑的遗留特征等问题,也不断引起学者的注意。

泉州基督教文物的发现和研究丰富了教史的内容,随着中外人民友好往来和宗教文化的交流日益增多,今后的研究应更深入,开拓对碑铭中的叙利亚文、八思巴文的翻译和考证;基督教两派在泉州的传教方式、教职制度、教派人物和教堂遗址等专题的探讨也将有所突破。

三、印度教

印度教肇源于古代印度,是目前南亚次大陆最重要的宗教之一。一些学者曾断言,印度教从未传入我国。④ 20世纪30年代以来,泉州不断发现

---

① John Foster, "Crosses from the Walls of Zaitun".
② 张星烺著,朱杰勤校译:《中西交通史料汇编》第1册,北京:中华书局,1977年,第229页;方豪:《中西交通史》第2册,长沙:岳麓书社,1987年。
③ 杨钦章、何高济:《元代泉州方济各会遗物考》,载《泉州文史》1983年,总第8期。
④ 金克木:《摩诃婆罗多的故事》,"序",北京:青年出版社,1982年。

印度教寺残存的建筑构件，扩大了宗教学的研究领域，为探讨泉州和印度人民之间的传统友谊增添了新的内容和见证。

对于泉州印度式石刻的最初研究，当推 20 世纪 30 年代初期前来泉州考古的外国学者艾克和戴密微，在他们所著的《刺桐双塔》里首先指出那些砌筑在开元寺大雄宝殿的石柱、基址石刻并非佛教内容，引起南亚学术界的重视。印度权威的宗教美术史家库玛拉耍弥从艾克处获得有关的绘图、照片，仔细地做了考证。[①] 他逐一探讨了印度式石柱圆盘和嵌板石的雕刻内容，认为系取材于《摩诃婆罗多》《罗摩衍那》等印度教经典，这些作品和印度或锡兰的艺术风格极为相似，好像出自印度匠人之手。但库氏的解释并非尽善，因当时出土物很少，考证多着于艺术内容，一些结论尚可商榷：如认为石柱是开元寺原构件，明清间摹拟印度雕刻，原摹本早已毁坏。艾克则认为那两根石柱是元代重建时的作品，其实元代并未重建开元寺。

泉州印度教遗迹真正引起反响是在抗日战争之后，拆城辟路暴露了数量繁多、雕刻精美的印度教雕刻。计有神话故事石刻、龛状石、神像、神殿台基石、蛇形图案纹石、螺旋状石以及各种形式的柱头、柱础、刻柱、樑楣、门楣、门框石、须弥座等。吴文良《泉州宗教石刻》里介绍了近40方石刻。此外，他撰写的《漫谈元代婆罗门教寺》《从泉州古婆罗门教石刻的发现谈到中印关系》等文章，虽然不够深刻，但仍有研究价值，他认为石刻是元代建造的婆罗门教寺（本地传称番佛寺）被毁后的遗物。由于这种新资料的出现，关于神庙的建筑形式到底是什么样？它与开元寺大雄宝殿的石柱关系如何等新的问题提出来了。不久，古建筑专家来泉考察，根据历史线索说明泉州教寺整体形象与印度中世纪一些婆罗门神殿的形式相似，方形、独立式、四面对称、主要尾顶部分凸出，施用柱廊。并指出艾克和库氏对印度式石柱年代和来源的推测是错误的，两根石柱是从元末被毁坏的婆罗门教寺庙移来的。[②] 张氏从建筑学角度所得的结论具有一定

---

① [印度] 阿南达·K. 库玛拉耍弥：《泉州印度式雕刻》，刘致平译，载《中国营造学社汇刊》第 5 卷第 2 期。

② 张驭寰：《关于泉州开元寺印度式石柱的几个问题》，载《建筑理论及历史资料汇编》，1964 年第 2 辑。

的参考价值。

这批宗教艺术品仅有图像而无文字,因而从个别的雕刻中探索传教史是困难的,但如果将它置于其文化的整体中,价值就提高了。20世纪70年代末期,由于泉州湾古船的发掘和陈列,"海上丝瓷之路"热方兴未艾,泉州外来宗教史研究有所突破。累计约300多方的印度教石刻是了解泉州印度教传入路线、派属兴衰史以及教寺建筑规模、形式的重要材料,开拓了人们的研究视野。

蒋颖贤认为婆罗门教的传入应在北宋初,泉州临漳门外的"石笋"是婆罗门教徒为崇拜主神湿婆的林伽。[①] 庄为玑结合印度宗教艺术特点探讨了"石笋"、祭坛和番佛寺三处遗址,认为分属三个时期的印度教遗物。[②] 杨钦章搜集了国内外印度教雕刻艺术和建筑的资料,认真地进行比较研究,认为一些学者由于缺乏必要的参考资料而推断石刻属于婆罗门教寺是不妥当的,有年代和概念上的混淆之处,指出除了石笋之外,现存印度式石刻都是属于一座元末被毁的印度教寺。泉州印度教寺渊源于南印度的湿婆教寺庙。[③]

目前,宗教美术界对泉州保存的印度教文化遗迹日益重视,许多国家的学者专程前来考察。今后,随着研究和发掘工作的深入,有关泉州印度教寺的创建准确时间、礼仪制度、建筑复原、教中人物、雕刻艺术源流和其他令人感兴趣的问题将能得到进一步的解决。

四、佛教

学者们通常认为,西晋末年中原一部分士族和大批劳动人民南迁,把佛教从北方传入泉州。晋太康九年(288)在当时闽南的政治、经济、文化中心南安丰州九日山附近首先建造延福寺,这是泉州最早的佛教寺院。

[①] 蒋颖贤:《印度的婆罗门教及其传入泉州》,载《海交史研究》1980年总第2期。
[②] 庄为玑:《泉州印度教史迹及其宗教艺术》,载《世界宗教研究》1982年第2期。
[③] 杨钦章:《泉州印度教雕刻渊源考》,载《世界宗教研究》1982年第2期;《对泉州湿婆雕像的探讨》,载《南亚研究》1984年第1期。

随着泉州海外交通的发展和经济的繁荣，佛教也日益发展，唐宋时期，泉州素有"泉南佛国"之誉，佛教胜迹遍布各处。

泉州开元寺是泉州三大丛林之一，陈泗东、王寒枫曾专文介绍开元寺的发展历史和文物史迹。[1] 开元寺东西塔雄伟壮观，是宋代多面多角楼阁式石塔的典型。早在1925年戴密微和艾克在厦门大学任教时，曾相率来考察，进行实测和摄影，他们合著的《刺桐双塔》一书对东西塔的建筑和雕刻做了研究。可惜至今未见该书的汉译本，只有吴文良节译了有关章节。[2] 20世纪50年代一些研究者亦就此做过调查，如林钊的《泉州开元寺石塔》[3] 以及其他学者的一些调查报告。[4] 最近李玉昆考证出完成镇国塔第五层和合尖工程的天竺讲僧既不是印度僧人，也不是浙江杭州天竺寺的僧人，而是泉州开元寺天竺院长的僧人。[5] 此外，沈玉水发表了《泉州与日本间佛学界的友好往来和文化交流》，[6] 李秉乾对《温陵开元寺志》及其作者释元贤做了专题考证。[7]

宋元时期密宗在泉州相当盛行，开元寺大殿元代塑像即为密宗五方佛。不久前，张保胜在西塔三层北侧石壁上、洛阳桥南端佛塔和桥北端金刚宝座上发现兰查体梵文六字真言，汉译为"唵麼尼钵咪吽"或"唵嘛尼叭弥吽"。六字真言是观世音的心咒，刻六字真言于桥上或塔上，意味着五佛常驻于斯，并以法力保护这不朽的建筑，福佑过往的行人和捐助修造镌刻真言的人。[8] 1956年泉州的五堡发现一石刻，日本学者斯波义信认为石刻上的铭文为泰米尔文，其译意为："向庄严的褐罗致敬。愿此地繁荣昌盛。时于释迦历1203年哲帝莱月（公元1281年4月）港主挹伯鲁马尔，

---

[1] 陈泗东：《泉州开元寺》，载《泉州文史》第2、3期合刊，1980年；王寒枫：《泉州开元寺兴衰初谈》，载《泉州文史》1983年第8期。

[2] 吴文良：《泉州镇国塔佛传图石刻浮雕》，载《泉州海外交通史料汇编》第4辑，1959年。

[3] 载《文物》1958年第1期。

[4] 中国海外交通史研究会、福建省泉州海外交通史博物馆：《泉州海外交通史料汇编》，1983年。

[5] 李玉昆：《开元寺天竺讲僧天锡非印度人》，载《华侨日报》1985年5月2日。

[6] 载《海交史研究》1980年总第2期。

[7] 李秉乾：《略谈〈温陵开元寺志〉及其作者释元贤》，载《泉州文史》1983年第8期。

[8] 张保胜：《梵文石刻在泉州》，载《泉州文史》1986年第9期。

别名达瓦浙哈克罗·瓦帝格尔持察哈台一罕的御赐执照,庄重地把乌帝耶尔·斯鲁迦尼——乌帝耶——那依那尔神灵敬请入座,并愿吉祥的察哈台一罕幸福昌盛。"①

开元寺藏经阁收藏各种版本佛经达三万七千余卷,对这些经卷,尤其是那些珍贵的宋元版本的研究几乎未见。② 只有寺住持妙莲法师曾编过二份简目。

综观泉州的佛教对东南亚的影响,对照泉州佛教史的研究,以往的研究显得十分单薄,缺乏系统和深度。

五、摩尼教

摩尼教传入泉州的路线,以往均循陈垣的观点,认为:"摩尼教之来,盖由陆道非海道,故其教先传至京师。"③ 近年来见有海路传入一新说,如林文明④和庄为玑⑤,他们认为唐代泉州海上交通中心在南港,即安海港,摩尼教遗迹亦出现在安海附近,可能正是由于其由海路传入,而非来自陆路。不过,李玉昆认为林、庄海路之说仅是推测,在没有新史料发现以前,陈垣认为摩尼教之传布先由北而南,复由南而北的论断是不可推翻的。⑥

晋江华表山草庵是我国现存唯一的摩尼教遗址,明代方志学家何乔远《闽书》卷7《方域志》有记载,最早发现这条摩尼教史料的是陈垣,见其1923年发表的《摩尼教入中国考》。随后法国学者伯希和撰《福建摩尼教遗迹》⑦ 一文,加以解释和补充。1928前往查访。20世纪50年代,吴

---

① 见厦门大学人类博物馆碑廊陈列说明。
② 郑丽生、王铁藩:《泉州开元寺所见福州北宋刊本〈大藏〉考略》,载《泉州文史》1980年第2、3期。
③ 陈垣:《摩尼教入中国考》,载《国学季刊》第1卷第2号,1923年4月。
④ 林文明:《摩尼教和草庵遗迹》,载《海交史研究》1978年第1期。
⑤ 庄为玑:《泉州摩尼教初探》,载《世界宗教研究》1983年第3期。
⑥ 李玉昆:《福建晋江草庵摩尼教遗迹探索》,载《世界宗教研究》1986年第2期。
⑦ [法]伯希和撰,冯承钧译:《福建摩尼教遗迹》,载《西域南海史地考证译丛九编》,北京:中华书局,1958年。

文良确证一重要遗址是摩尼教寺院，并在《泉州宗教石刻》一书中，将草庵摩尼教寺院、摩尼光佛像和明代题的"劝念清净光明，大力智慧，无上至真，摩尼光佛"石刻照片公诸于世。之后，有一些学者进行研究，但国外有的学者认为"对这个有意义的发现，尚未有文章加以详细的说明"①。

草庵的创建年代，大部分研究者根据《闽书》《晋江县志》和陈真泽的石刻题记，认为它创建于元代。近代名僧弘一法师撰、书的《重兴草庵碑》云："草庵肇兴，盖在宋代，逮及明初，轮奂尽美。"弘一法师认为草庵肇兴于宋代。1979年在草庵发掘出一批写有"明教会"的宋瓷碗证实了弘一法师的论断是正确的。②

草庵摩崖石刻中有明正统乙丑年九月的题记，可惜已毁。林悟殊认为其中"清净光明、大力智慧，无上至真，摩尼光佛"16个字系出自《宁万经》，它是表示察宛光明王国的最高统治者中波斯语称为"察宛"，意为永恒（汉文摩尼经则称为明父或大明尊）和光明威力、智慧四位一体的概念。③关于《闽书》所载会昌年间来泉州传播摩尼教的呼禄法师，李玉昆认为呼禄就是呼嚧唤的异译，它是摩尼教寺院中的僧职而非人名。关于定诸是否摩尼教徒的问题，庄为玑持肯定意见④。李玉昆则根据《紫云开士传》中《定诸传》云："定诸禅师，温陵晋江人，学佛而佛儒术兼通之。宋端拱受江中南灯印可归草堂隐焉。草堂法华白衣也。"认为定诸应是开元寺僧，否则《紫云开士传》不会将他收入。草堂是开元寺中一支院，定诸禅师即居住于此。既云草堂法华白衣，定诸应为法华派。⑤

福建省泉州海外交通史博物馆收藏有摩尼教墓碑石三方，这是我国仅存的摩尼教墓碑石，对此中外学者均有研究。其中皇庆二年帖迷答扫马碑，由汉文和用叙利亚文字母所拼写的突厥文组成。夏鼐考证其碑文中"失里门"为人名，"马里"为 Mari 的对音，是尊称，"阿必里古八"是教

---

① [英]刘南强著，林悟殊译：《摩尼教寺院的戒律和制度》，载《世界宗教研究》1983年第1期。
② 黄世春：《福建晋江草庵发现"明教会"黑釉碗》，载《海交史研究》1985年第1期。
③ 林悟殊：《摩尼的二宗三际论及其起源初探》，载《世界宗教研究》1982年第3期。
④ 庄为玑：《泉州摩尼教初探》，载《世界宗教研究》1983年第3期。
⑤ 李玉昆：《福建晋江草庵摩尼教遗迹探索》，载《世界宗教研究》1986年第2期。

长。"帖迷答扫马"是采用基督教古代的人名为名。① 说明元代泉州摩尼教（明教）、景教很盛，因此派遣教务大臣来管理泉州的宗教事务。另外两方墓碑，其中一方中刻十字架，下有莲花，莲花下刻幡幢，上刻"大德黄公，年玖叁岁"。日本学者村山认为"大德黄公"与帖迷答扫马碑中的"马里失里门阿必思古八"可能是一个人，夏鼐则认为是两个人。② 不过亦有人怀疑这两方墓碑不是摩尼教墓碑，只是迄今未见同类的文物可做比较，难作结论。

六、犹太教

犹太教传入中国的时间众说纷纭，有认为周朝已传入，有认为汉代传入。不过，唐代广州有犹太人，元代北京、杭州、宁波、扬州、苏州、南京、宁夏也有犹太人都是有史籍可查的。泉州是否有犹太教，研究者都予以肯定的回答。从1326年泉州方济各会主教安德烈给罗马教皇的报告中所说的"犹太人及萨拉森人改信吾教者至今无一人"，可以证明当时泉州有犹太人，而且人数不会太少，他们可能是来泉州经商，是否建有教堂不得而知。有关泉州犹太教的文字记载非常少，因此给泉州犹太教的研究带来很大的困难，迄今未见实质性的研究成果。

入居中国的犹太人是以隐遁于伊斯兰教的形式而存在的，它和伊斯兰教有许多共同的地方，他们的寺院也叫清真寺，伊斯兰教称回教，古时犹太人称"蓝帽回回"。显然，这一研究尚需作深入细致的社会调查，把隐遁于伊斯兰教中的犹太人区别出来，填补泉州犹太教研究的空白。

本文与李玉昆、陈达生合撰，原载《世界宗教研究》1986年第4期

---

① 夏鼐：《两种文字合璧的泉州也里可温（景教）墓碑》，载《考古》1981年第1期。
② 同①。

图版二十六　安德烈墓碑

图版二十七　带翅膀的天使

图版二十八　八思巴文石刻

图版二十九　八思巴文石刻

图版三十　叙利亚文石刻

图版三十一　十字架石刻

图版三十二　基督教石刻

图版三十三　基督教墓石

图版三十四　叙利亚文石刻

图版三十五　也里可温石碑

图版三十六　也里可温石碑

图版三十七　四翼天使石刻

图版三十八　十字架石刻

图版三十九　十字架石刻

图版四十　阿拉伯文石刻

图版四十一　阿拉伯文石刻

图版四十二　基督教石刻

图版四十三　基督教石刻

图版四十四　基督教挡垛石

图版四十五　八思巴文石刻

图版四十六　叙利亚文石刻

图版四十七　叙利亚文石刻

考古与航海文化研究

泉州法石乡发现宋元碇石

我国古时行船，停泊时用碇石沉于水中，借以稳定船身，其作用如后世的锚。因此，古语开船谓之"启碇"，停船谓之"下锭"。锭，本作碳，又作矴，字书释为"硾舟石"，即稳定船身的石块。其后由简单的石块发展为木爪碇石，又由木爪碇石发展为铁锚。但古代碇石实物在我国早已不存，过去能看到的，只有1899年在日本佐贺县唐津市附近海中发现的一块元代碇石，长299厘米，中段厚26.5厘米，宽36厘米，两侧凿有凹槽，由石灰岩制成。这块碇石现在作为珍贵文物，保存在唐津市凑疫神社里面。近年日本在博多湾附近海域发现许多元代忽必烈舰队的石锚，还有大量沉船遗物，日本考古界期待在我国也能发现这些古物。1975年4月间，泉州法石乡晋江滩地出土一件碇石（图版四十八），因同一地层埋藏有大量宋元划花青瓷和白瓷片，知道是宋元遗物。这块碇石长232厘米，中段宽29厘米，厚17厘米，两侧对称地凿有29厘米×16厘米×1厘米的凹槽，用坚硬的花岗岩制成，与日本发现的元代碇石相似。最近中国科学院自然科学史研究所与泉州海外交通史博物馆合作，试掘泉州法石乡的一艘宋元古船，对上述宋元碇石进行了初步的研究和鉴定。这样，古代碇石实物在我国果然被找到了。

我国使用碇石或石锚由来已久，广东东汉墓出土的陶船，船头就装置有石锚。据《三国志·吴志·董袭传》载，建安十三年（208）吴大帝孙权讨黄祖，黄祖用小战船挟守沔江口，船上就"以大绁系石为碇"。锚字始见于梁顾野王《玉篇》，6世纪时当已有铁锚，但《唐书》还有对船只征收"下碇税"的记载，可见当时还普遍使用石锚。宋元时期我国造船业和航海技术很发达，有关碇石的记载较多。宋徐兢著《宣和奉使高丽图经》云："船首两颊柱，中有车轮，上绾藤索，其大如椽，长五百尺，下垂矴石。石两旁夹以二木钩。"① 因用绞车升降，碰到风涛紧急停泊时，还要在船侧下"游碇"。宋《萍洲可谈》也谈到石锚的作用，"逆风尚可用矴石不行"。1974 年发掘泉州湾后渚港宋代海船时，在残船上发现了升降石锚的绞车构件，舱内发现了大量木货签，其中一块墨书"丘碇水记"，就是一位姓丘的管理碇石的碇工的货牌，可见这只船可能用的也是碇石。明清时期，由于碇泊工具逐步改进，海船已经普遍使用四爪铁锚。

这次发现的古碇石，和宋元文献上有关记载基本相符。两端较窄，中间的楔沟，显然是用以在两旁固定木钩的。遗憾的是，当时掘出碇石的人不知道它是有价值的古物，没有注意到是否有木钩加在上面。

法石乡在泉州城东南十里许，位于江、海交汇处，是一个避风小港。碇石出土位置距古船百余米，距江边十五六米。这里在宋元时期是泉州通往后渚港必经的中心集镇。南宋淳熙年间，便因其地"内足以捍州城，外足以扼海道"，在此设置了法石寨（泉州左翼水军三寨之一）。法石在历史上与海外贸易有关，设有造船和制篷的作坊，至今仍有"做船巷""打帆巷"等地名。宋元之际，航海而至泉州从事经商或传教的阿拉伯人，一部分聚居法石港，现在这里的金、丁、郭诸姓就是当时阿拉伯人的后裔。宋末元初执掌泉州市舶司的阿拉伯人蒲寿庚，曾在法石宝觉山建"望云楼"，以望海舶。人们相信，这一地区可能还有大量有关我国古代造船、航海的重要文物出土。

本文与陈鹏合撰，载《自然科学史研究》1983 年第 2 期

---

① （宋）徐兢：《宣和奉使高丽图经》卷 34，"客舟"。

船舶石制碇泊工具初考

——从泉州湾新发现的三块石碇谈起

石质的碇与石质的组合碇在历史上都有记载过。碇，本作矴，又作碇，字书释为"锤舟石"，即稳定船身的石块。其后由简单的石块发展为木爪碇石，又由木爪碇石发展为铁锚。本文希冀通过我国东南沿海泉州湾近年来发现的三块海船石碇，结合古代文献的记载，追溯亚非欧一些海洋国家和地区，特别是日本博多湾发现的古碇，探讨在我国古代海船使用碇泊工具发展史上的一个重要阶段。

一、泉州湾石碇的新发现

1982年夏天，中国科学院自然科学史研究所与福建省泉州海外交通史博物馆联合试掘泉州东海乡法石村的南宋海船，首次在距泉州湾后渚港约有8公里的晋江江畔找到了古代海舶使用的石碇。[1] 因同一地层埋藏有宋代划花青瓷和白瓷片，进而推断石碇为南宋时期打制的。该碇为白花岗岩凿成，呈角柱状（图版四十八），全长2.32米，重237.5千克，中间厚，两头稍窄，中段宽29厘米，厚17厘米。中段的宽面上对称地凿有29厘米×16厘米×1厘米的凹槽；在窄面上凿有17厘米×6厘米×1厘米的楔沟（图1）。碇上的凹槽与楔沟显然是为固定安装木质构件而凿下的，与日本发现的元代蒙古军船遗留的石碇相似。被称为"蒙古碇"的类似实物在中国发现的消息，很快引起日本西部考古界的重视和反响，著名考古学家、九州大学文学部教授冈崎敬在给海交馆的信中高度评价新出土的石碇。

---

[1] 陈鹏、杨钦章：《泉州法石乡发现宋元碇石》，载《自然科学史研究》1983年第2期。

1984年6月5日,《西日本新闻》以"碇石的探讨"为题,刊载了福冈教委柳田纯孝的评论文章。日本学术界期待着我国能再度发现这类古碇,使得对古代航海中木爪石碇的比较研究更具有科学性。

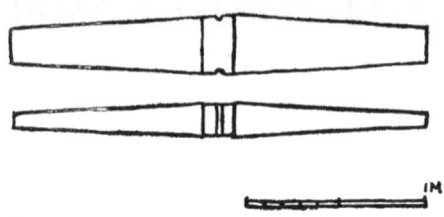

图1 法石石碇实测图

1988年8月底,华侨大学保卫干部叶道义同志途经泉州城东乡浔美村时,村民万长日住居前大树下的一石板凳(图版五十九),引起了他的好奇。他注意到此石形状异常,与海交馆陈列的南宋法石石碇很相似。为了获得详细资料以便查证,10月初,我们一起前往该地进行调查访问,这果然是一件颇有研究价值的大型石碇,白花岗岩质地,呈菱形的角柱状。据我们的实测:长2.88米,中段宽34厘米,厚21.5厘米,重达385千克。中段两侧的宽面上凿着34厘米×13.5厘米×1厘米的凹槽,窄面上的楔沟为21.5厘米×6厘米×1厘米,令人感兴趣的是碇身还有绳索捆绑的痕迹,显然长期使用过。我们被告知,古碇是1975年城东乡修造海堤时在浔美段的海滩上掘获的,当时伴随出土的还有零星木头,可能就是石碇的木质构件,而后由万长日挪移到其房屋前后作石凳。在查访中群众又反映,在附近海滩的水渠里,还有一同样形状的石头。我们喜出望外,赶到是处,七八位乡民蹚到水里,捞起了另一古碇,还是白花岗岩质地,形如角柱状,全长2.26米,重约为250千克。中段宽34厘米,厚20厘米,两侧的凹槽和楔沟分别为24厘米×21厘米×1厘米和20厘米×5.5厘米×1.5厘米。从出土情况以及与法石石碇的比较,浔美两石碇可能同属南宋时期,毫无疑问是在泉州打制的,为海船属具。

浔美位于泉州湾内的洛阳江畔,与乌屿隔江遥遥相望,洛阳江外通乌屿港,此港港道深邃,"宋明间洋艘岁泊于此"。既可泊巨船,便于中外海船往来停泊，而洛阳江又南连泉州，北接惠安，陆路交通便捷，优越的地理条件使它成为古代泉州海外交通贸易的重要渡口。其邻近有历代以造船为业的西方村。有宋一代，这里"商贾络绎，驾石成桥"，宋代遗留下来的石桥、石刻文物众多。因此，在浔美一地连获两块古代海舶使用的石碇，并非偶然。根据目前的考古资料，唯独泉州发现有三块在古代海船遗留的石碇。

二、在地中海、西印度洋、印度班达海发现的若干石碇

在泉州湾宋代海船、韩国新安沉船、泰国沉船的调查发掘之前，有关亚洲古代的造船史与航海技术，是个有待发掘探索的领域。欧洲有考古学家曾说过，所有关于石碇和其他碇泊工具的知识，原是基于西方研究的结果，"这个研究领域只限在西方"，主要是环地中海地区的有关石碇发现物为最早，其形制可在希腊罗马时期的浮雕绘画里找到。地中海区域曾发现若干石碇（图2），在塞浦路斯的大石碇是单孔重型的，杰勒米·格林研究

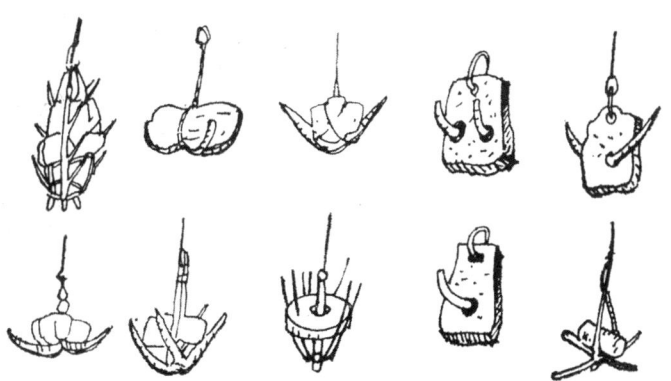

图2 地中海沿岸国家的石碇类型

过塞浦路斯早期的碇泊遗址，他叙述较大的石碇是代表早期的，而较小的适应浅水的石碇则为近代的小工艺。较有特色的是土耳其博德鲁姆出土的石碇，碇面刻着一个十字与两个字母，上方镂空的孔洞看来是绑缚绳索的，下边的两个孔洞用以安装木钩，这种带木质构件的石碇适用于碎片沙

底的海域。在爱琴海发掘出一柱状的石碇，乍一看来，与泉州石碇的式样很相仿，中段略凹，显系装木质构件之用，这种较有平衡作用的复合碇发现的例子很少，尽管碇面粗糙，却是属于公元 5 世纪的遗物。1975 年，从希腊海岸获得公元前 3 世纪沉船的一石碇，其令人迷惑的风格在于顶端装备着一铅制的把柄。① 根据西方的考古学资料，在罗马帝国后期，以铁、铅之类金属作把柄，木石结合的石碇已在采用，这种发展导致地中海沿海国家较早地使用了铁锚。但是在船用石制碇泊工具的应用上，其特色与性能并不显著。与此相类的石碇，公元 8 世纪之前，也广泛使用于西印度洋。20 世纪 70 年代以来，在东非索马里、肯尼亚和坦桑尼亚海岸，发现了一些用砂岩制成的石碇。② 且看保存于摩加迪沙博物馆的两块，其截断面呈长方形，一端较厚，厚的那一端打着两个平等孔，通常是矩形的。一个孔洞用以捆碇，另一则打上木钉，以装木钩。碇石之一长 1 米，其外表被石匠修平，留有绳索捆绑过的平等线纹。另一长约 0.7 米，有残断，较为粗糙，同样凿有两孔。在印度的班达海，用木头制钩，石头作重的碇石也被发现，相当粗糙，有的材质为大理石。吉纳里·卡内（Genelli Carrei）早在 17 世纪末叶于波斯湾见过此类的石碇，他描绘石碇的中部有孔，以穿绳索。③ 以上所列举的石碇属于公元前后到 17 世纪的漫长岁月，包括了从地中海、印度洋到太平洋的广袤海域。它体现了人类早期战风斗浪、冒险远航的精神与为生存而斗争的勇气，随着航海技术的日益提高，碇泊工具亦在不断地改进。仅从石碇的使用以及演进而言，地中海、印度洋沿岸国家发现的种种石碇，显得较简陋，碇面粗糙，不够精细，在使用性能与稳定性方面，由于其组合碇形式的构造不够完善，碇爪的抓力显然较差，加诸重量较轻，所附着的船舶吨位一般不大，估计多属小船，在近海使用，故其碇泊能力远不及我国海船石碇的安全系数及功能作用。

---

① George Fletecher Bavs. *A History of Secfaring Based on Underwater Archeology*, New York, Walker, 1972.

② Neville Chittick, "Stone anchor-Shanks in the Western Indian Ocean, *The International Journal of Nautical Archaeology and underwater exploration* 9·1：67-86", 1980.

③ G. F. Hourani：*Arab Seafaring in the Indian Ocean in ancient and early Medieval times*, Khayats, Beirut, 1963, P. 99.

我国使用石碇由来已久,广东东汉墓出土的陶船,船头就装置有石碇①(图3)。我国古籍有关碇的记载很多,《唐书》就有征收"下碇税"的记录。唐宋时我国造船业和航海技术有了迅速的提高,广泛使用了有木质构件的组合碇。被称作碇的石锚,在我国的航海上使用了相当长的时期,主要因为它结构合理,取材容易。但是,在泉州石碇出土之前,由于国内从无发现实物,文献上的记载难以得到印证,更无法研究其分布、制作技术及其演化,追溯文化传承关系。出乎人们意料,近百年来在日本西海岸的博多湾一带,发现了大量中国沉船的石碇以及其他遗物,这些体大、量重、形制规程化的组合碇,开拓了人们的研究视野,从博多湾到鹰岛、五岛列岛的海域被称为"沉船的宝库",这里沉睡着难以计数的"蒙古船的锚石"。

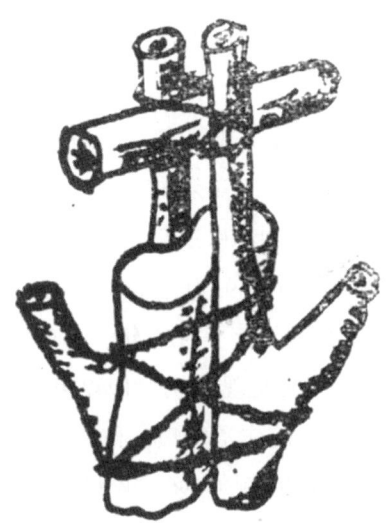

图3 广州东汉陶船石碇复原示意图

---

① 东汉陶船的石碇复原图承席龙飞教授绘制并提供,谨在此表示谢意。

199

三、以博多湾为中心出土的"蒙古碇"

最近几年，有数批日中文化交流友好团体前来我国，参观泉州湾宋代海船并希冀寻找中国石碇的踪迹。日本考古学家为何如此关注中国有否出土古碇，原因是在西日本的九州一带，出土并保存着众多的宋元石碇。

征诸《元史》，我们知道，元初世祖忽必烈下令攻打日本。公元1281年6月18日，范文虎所率江南军10万人，乘战船3 500艘，从庆元（今宁波）启碇出港，直航日本平户岛，在与东路军的900艘战船汇合后，进屯博多湾海面。8月1日夜，"台风大作，波如山""震撼击撞，舟坏且尽，军士号呼溺死，海中呼号如麻"[1]。留在岛上的残余元军遭日军的猛烈攻击，大部分被歼灭，14万军队，只有五分之一生还。大批战船、军器、印章、铜钱、陶瓷器、生活用品沉入海底，这一年是日本后宇多天皇弘安四年，日本史上称为"弘安之役"。

19世纪末叶，博多湾开始发现蒙古战船的石碇，碇即被称为"蒙古碇"。关于这种古碇，1892年山田安荣在其名著《伏敌篇》首次刊介。他在第四卷中介绍了福冈市博多中岛町服部太三郎和社家町梠田神社所收藏的"蒙古碇"，并发表了碇图。1899年在佐贺县唐津市附近海中也发现一石灰岩质的石碇，由凑疫神社收存。1926年，一艘铲斗疏浚船在博多湾海中铲到碇石。1932—1941年又发现6块。1942年川上市太郎在《元寇史迹》的地之卷中，对21例石碇作了整理，称之为"蒙古军船碇石"[2]；其后又出土了9例，共确认了30例。1968年11月，福冈市教育委员会在"元寇防垒"遗址做调查之际又发现一花岗岩质的石碇。1976年上田雄市辑集了41例。1980年福冈博多区下吴服町的日通大厦施工时，发现以石灰岩为材质，重达584千克的大石碇。[3] 1981年松冈史搜集了实例图34

---

[1]（元）苏天爵：《赠长葛县君张氏墓志铭》，载《滋溪文稿》卷21。
[2] [日] 冈崎敬：《所谓"蒙古碇石"的发现——以志贺岛、唐泊的出土物为例》，载《福冈市元寇防垒调查》，1966年。
[3]《从海底再现的元寇史》，朝日新闻社，1981年，第15页。

例，且详加考订。1982年对博多湾进行水下考古时又获得一长2.14米的碇石。据统计，已获得的近50块石碇（图版六十和图版六十一），其中近30块是从博多湾的水下捞起的。博多湾之外，石碇还分布在筑前新宫之相岛、佐贺县唐津市的神集岛、横野塔之元冲、呼子町的加部岛、伊万里湾、长崎县壹坡的芦边町、平户的志志伎宫之浦、五岛列岛之小值贺，甚至在山口县萩市的佐佐古浜也发现过。[1] 总之是以博多湾为中心，九州西北一带分布着，这与元军进攻日本时江南军进攻的路线（航道）大约是一致的。

有关博多湾出土中国石碇的规格形制与石质，日本学者进行过认真的测量与记录，兹据松冈史、川上市太郎、柳田纯孝等所记录的资料重新编集如表1所示。[2]

表1 博多湾出土的中国石碇一览

所在地	石质	全长（厘米）	凹槽（厘米）	重量（千克）
1. 博多港工事事务所	白花岗岩	248	20×6×1	约300
2. 陆上自卫队福冈驻屯地	白花岗岩	238	18×12×4.5	约390
3. 栉田神社	白花岗岩	227	20×6×1.5	约230
4. 筑紫野市太宰府天满宫	白花岗岩	222	16.5×4×1	约260
5. 久留米市木村长门石神社	白花岗岩	189	16.2×5×1	
6. 平户壹岐郡芦边町长谷川氏宅	白花岗岩	242	11×3	约306
7. 福冈县筑紫郡太宰府天满宫	白花岗岩	218		260
8. 福冈市上川吴服町善导寺	白花岗岩	250		
9. 福冈市大字箱崎筥崎宫	白花岗岩	238		
10. 博多区冷泉小学校	白花岗岩	12.5（残断）		
11. 筥崎八幡宫	砂岩	222	17×3.5×2.3	250
12. 福冈市少年文化会馆	砂岩	209	18×3.5×1	190
13. 横滨海洋科学博物馆	砂岩	210	18×4.5×1	约190
14. 栉田神社	砂岩	269	20×3.5×2.2	约350
15. 承天寺	砂岩	208	16.5×5×1	约230

---

[1] ［日］柳田纯孝：《碇石的探讨》。
[2] 所引资料参见［日］松冈史：《关于碇石的问题》，载《白初洪淳昶博士还历纪年史学论丛》；［日］川上市太郎：《元寇史集·地之卷》；［日］柳田纯孝：《碇石的探讨》。

续表

所在地	石质	全长（厘米）	凹槽（厘米）	重量（千克）
16. 圣福寺瑞应庵	砂岩	125（残断）	20×6×1	
17. 福冈市中央公民馆	砂岩	192	18×5×1.5	约110
18. 粕屋郡相岛西野氏宅	砂岩	196	18×3×1	约220
19. 福冈市美野岛桥本氏宅	砂岩	66.5（残断）	20×8.5×0.5	
20. 陆上自卫队福冈驻屯地	砂岩	89.6（残断）		27
21. 陆上自卫队福冈驻屯地	砂岩	87.6（残断）		21
22. 山口县萩市大井佐佐古	砂岩	约250	24.3×6×1.5	约310
23. 佐贺县呼子町日岛神社	砂岩	217	22×6×1.5	约230
24. 唐津市神集住吉社	砂岩	268	28×11×0.7	约300
25. 长崎县志志岐神社	砂岩	316	34×5.5×1.5	约460
26. 平户市役所	砂岩	212	20×5×1	约270
27. 福冈市天神中央公民馆	砂岩	211		190
28. 福冈文化财	砂岩	298	22.5×7×1	584
29. 佐贺县呼子町加部岛	砂岩	320		
30. 福冈文化财	砂岩	212		
31. 福冈市少年文化会馆	石英斑岩	224	17×5×1.5	约227
32. 长崎县小值贺岛松永氏宅	石英斑岩	189	15×5×1.5	约170
33. 长崎县小值贺宇野氏宅	石英斑岩	212	22×6×1.2	约300
34. 长崎壹岐郡鬼川大师堂	石英斑岩	145（残缺）	4×1	约140
35. 长崎壹岐郡千人堂	石英斑岩	140		
36. 佐贺县唐津市凑厄神社	凝灰岩	290	22.5×5×1	约510
37. 博多区善导寺	凝灰岩	246	5×0.9	约330
38. 广岛市宇晶町陆军运输部	凝灰岩	207		
39. 广岛江田岛教育参考馆	凝灰岩	237		
40. 福冈市侄湾石桥氏宅	玄武岩	208	3×0.5	约450
41. 陆上自卫队福冈驻屯地	蛇纹岩		径14.8	（柱状不定形）
42. 长崎壹岐郡役场横	辉石安山岩	135（残断）	6×1	约250

从上面列举的40多块石碇里，我们可以看到，最大的当推呼子町加部岛的长3.20米的碇石。它不仅体大量重，且形制规程化，与泉州湾出土的

南宋石碇何其相似，几乎都按照同一沿用久熟的模式、同一方法加工制成的。主要有角柱对称形、角柱非对称形、不规则形状 3 种形制，其中以角柱对称形的石碇最常见、约占出土石碇的 2/3 以上。尽管石碇的质地不同，但其基本特点却是一致的：台面平整、形制规范、加工精细，中段厚，两头稍窄，两侧的宽面上凿有凹槽，窄面上有楔沟，凹槽和楔沟显然是用木杆夹住石碇并装置木钩的。以上的考古发现说明，在相当长的历史时期，我国海员熟练地掌握了木石结合的组合碇，这种具有抓力和拉力，稳定船身且有便于操纵升降的碇泊工具，有着统一的固定模式，它不同于我国南海以西、地中海以远的各类石碇，属于重碇之类，即所附着的海舶吨位较大，由于采用固定沟，易于平衡地操纵，加诸发明了提升碇的绞车，使用上较为省力，减少船员的劳动强度。在铁锚使用之前，中国的这种石质的组合碇为东方海域理想的碇泊工具。有关这种类碇，其溯源、复原构式以及使用情况，我们将在下面予以详述。

四、几点认识

在泉州湾内两个不同的地点发现南宋时期的三块石碇，再次证明了海上丝绸之路起点——泉州，在海交史、航海技术史文物方面占据有突出的地位。

1974 年考古工作者发掘泉州湾后渚港宋代海船时，在船舱内出土绞关木残段 1 件，长 1.40 米，直径 35 厘米，还有船缆，系升降石碇的绞车构件，舱内发现了大量木货牌（货签），其中一块墨书"丘碇水记"，可能就是一位姓丘的管理碇石的碇工的货牌。但由于发掘过程没有发现碇，所以对宋代海舶的碇泊工具是以木石的组合碇抑或木椗，尚有不同看法。日本博多湾，泉州法石、浔美石碇的先后发现，为宋元文献记载的准确性，提供了可靠的依据。公元 1124 年，北宋使臣从海路出使高丽，随员徐兢撰《宣和奉使高丽图经》，记叙此行见闻，提到宋代海船木石结合的石碇结构及使用方法，书云："船着两颊柱，中有车辆，上绾藤索，其大如椽，长五百尺，下垂矴石，石两旁夹以二木钩。船未入洋近山抛泊，则放矴箸水底,如维缆之属,舟乃不行。若风涛紧急,则加游矴,其用如大矴,而在其两旁。遇行则卷其轮而收之。"① 可见,从北宋初至元代的数百年间,比较先进、有一定安全系数的木石结合的组合碇,在中国大型船舶(贸易商船、军船)上已是普遍采用,宋元的海舶一般都有二碇以上。元代人谈及宋代泉州海外贸易船只时说:"锚有二,一正一付,俱在船艏,维以藤索,自辘轳上下之。"1982年法石石碇首次发现时,当地的群众反映,在毗邻的江边渡头,还有一类似的古碇,作为系船的固定物。笔者曾作调查,可惜没有找到,大概是坠入江边,被泥沙所掩埋。这次在浔美一地亦连获两碇,与文献上的揭载吻合。

(一) 博多湾石碇的溯源

日本博多湾石碇出土以来,关于其制作地点和寄泊港,历来有争议:例如川上市太郎以为,弘安之役蒙古兵船使用的碇石是从朝鲜半岛南部港口附近开采,而后制作的。其理由似乎是,从忽必烈起,高丽成了元朝进攻日本的基地,"至元十五年壬申敕平滦、高丽……泉州共造大小战舰三千艘。"② 弘安期间又命令高丽出战船900艘,士兵1万人,水手1.5万人,编为"东路军",显然高丽不得不花长时间制造大船、快船。在此需要指出,在弘安之役,元军的主力是范文虎所率的10万江南军,从宁波进发的。"至元十六年二月敕扬州、湖南、赣州、泉州四省造舰六百艘。"范文虎曾向忽必烈献策,战船可以从旧船中挑选。可以想象这600艘南宋江南造的旧海船,经过改造后,成为元军里的主力战舰。因为据前述的《宣和奉使高丽图经》,当时朝鲜、日本的造船业还落后,不能建造穿越大洋的海舶,其时留学中国的朝鲜高僧,佛教兴隆时的头面人物,常以钦佩的语气,谈到中国的帆船,并详细记录了使用方法。③ 而中国典型的帆船又是福建、浙江建造的,宋代朝廷同朝鲜进行遣使或贸易往来,不就近于北方招募海船,宁要"先期委福建、两浙监司顾募客舟"。这条资料表明福

---

① (宋)徐兢撰,朴庆辉标注:《宣和奉使高丽图经》卷34,"海道一·客舟",载《长白丛书》(五集),长春:吉林文史出版社,1991年,第70页。
② 《元史》卷11,《世祖本纪》。
③ 据《华严缘起画卷·义湘传》等。

建、浙江的造船业居全国之冠。根据宋元文献，由于利用了指南针，船桅安上转轴，设置水密舱，发明了升降石碇的绞车，江南造船业在宋元之际非常兴盛。不难理解，元军进攻日本时，高丽所造的海船可以说是模仿我国江南的造船技术，更不用说木石结合的组合碇。

1966年，冈崎敬教授在《所谓"蒙古碇石"的发现》一文中写道："（博多湾的）碇石到底是哪里制造的？将作为今后的研究课题。"泉州湾内石碇的出土，为这悬而未决的问题找到了满意的解答。诚如文献指出的，"海舟以福建为上"[①]，以福建泉州为代表的尖底海船，吃水深，抗风浪能力强，泉州湾宋代海船的出土就是明证。其次，在博多湾出土的碇石中，约有四分之一是以白色花岗岩为石材的，与泉州出土石碇的质地相同，乃是同一岩类，形体规格、重量均很接近、即如同一工匠制造的产品。另外，福冈市祇园町圣福寺里出土了元代福建生产的银锭，福冈田岛京之隅出土的"黄釉铁绘牡丹大盘"，经鉴定为南宋泉州磁灶童子山窑的产品。从博多湾水下打捞起的低火力烧成的盘子、青瓷、白瓷、青白瓷碗等，很多为泉州生产的外销瓷。凡此种种，泉州港与九州确实有着悠久的历史联系和贸易往来，为研究博多湾石碇的出处，提供了佐证。

目前，在江南的闽浙一带，从无发现海船使用的同类石碇，似乎可以这样理解，以泉州出土物为代表的石碇，其使用范围较广，不仅用于官船、贸易船，而且用于战船，使用的时间也相当长，它是宋元时期东方船用碇泊系统的杰作，应用于东方海域的沙泥底与珊瑚底，正是博多湾石碇的主要寄泊港和追溯渊源的所在地。

（二）泉州湾石碇的复原构式

诚如上述，宋元文献提供了石碇的存在、式样和使用情况，然而由于没有当时绘制的模型或轮廓图形可供参考，要具体制作复原模型，尚有一定困难。令人欣慰的是，在日本、朝鲜古代的绘画里，不止一次地出现中国海船的画面以及蒙古军船与日本战船交战的场面，为我们了解石碇的复原构式，提供了形象化、有价值的资料。

---

① 《三朝北盟会编》卷176。

其中绘有石碇的画轴里，有《北野天神缘起绘卷》（弘安本，1278）、《蒙古袭来绘词》（1293）、《一遍上人绘传》（欢喜光寿本，1299）、《津田天满宫缘起》（1298）、《华严缘起绘卷》（13 世纪）、《同国博物馆本》（14 世纪初）、《松崎天神绘卷》（1311）、《欢喜天灵验记》（14 世纪）等，最有参考价值的当推镰仓时代的作品《蒙古袭来绘词》，这套绘画是肥后国的武士竹崎季长请画家绘制元军两次进袭日本的海战经过，现为皇家所珍藏。绘画卷中的"抛锚中的敌船"（蒙古军船），（图版六十三、图版六十四）中，有两艘船首可明显地看到用木框夹住的石碇，用船缆系在船首。而在另一艘大船上，船首有绞车（图版六十二），这就是升降组合碇的用具。绘画上木石结合碇的结构和使用法一望可知，与《宣和奉使高丽图经》所记如出一辙，互为印证。石碇为定型角柱状，碇中央设置凹槽，使木石构件经绑缚后，互相紧贴结合，前后左右不能移动，再在凹槽打入木楔，穿过木制碇杆，使木石结合更加牢固（图4）。由于碇的整体呈"十"字形，石构件设置于上下两爪之中间位置，使船碇投入海底，保持平衡，木钩产生抓力，船的惯性拉紧了缆绳，船的主体便被系住（图5）。1976年，前田军治、惠美子夫妇、吉冈完祐、松冈史等对鹰岛西海岸的水下遗物进行调查，下潜到海底时，发现了带有木钩的石碇。① 其形状与使用法，与宋代文献、日本绘画中的描绘是一致的。

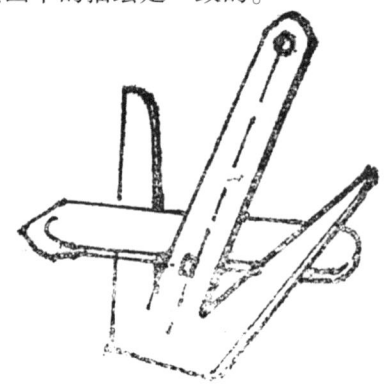

图4 泉州湾石碇复原构式

---

① 参见［日］松冈史：《关于石碇的问题》，第23页。

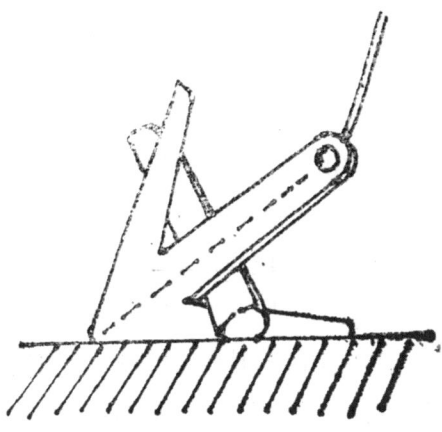

图 5　组合碇使用示意图

公元 13—14 世纪，阿拉伯国家的远航船频繁地到达广州、泉州，商品经济的发展刺激了造船业，海外贸易的扩大迫使大船建造数量的增加，史乘记载当时泉州所造的大海船，载客可容 500~600 名，货物可以载重 2 千斛。从泉州湾出土石碇的重量，仍然可以粗略地估算当时所附着海舶的吨位，尽管有一定加减，但误差幅度并不太大。船头大锚重量推算的近似公式如下：

$$G = 9D^{\frac{2}{3}}①$$

其中：G 为锚重（千克）；D 为排水量（号）。

以法石古碇（$G_1 = 240$ 千克）、浔美古碇（$G_2 = 385$ 千克）的重量为例，假如它们皆是主碇，则有

$$法石碇：D = \frac{G_1}{27}\sqrt{G_1} = 138（吨）\approx 140（吨）$$

$$浔美碇：D = \frac{G_2}{27}\sqrt{G_2} = 280（吨）$$

上述的演算公式适用于近代的将军锚（铁锚的一种），因铁锚的抓力

---

① ［苏］高伦斯基、阿伏琴著：《海上运输船舶原理与结构》，王今、张孝镛译，北京：人民交通出版社，1954 年。

较强，而木钩的抓力显然不如前者，故应推算法石碇所在船的吨位大约是 120 吨，浔美石碇所在船的吨位约为 200 吨；且再参考闽南造船的传统计算方式，有经验的老船工说，碇重和船载重量的比例大概是 1∶500，代入法计算石古碇：240 千克×500 = 120 000 千克（120 吨），验算结果是一样的。宋元时期泉州所造船的大小，由此可见一斑。

福建泉州湾、日本博多湾发现的一系列宋元石碇，长度大部分超过 2 米，重量多数在 250 千克以上。换言之，碇石所在的商船、军船都是较大型的船舶，从另一侧面反映了宋元时期我国造船业的发达状况，有先进的航海技术，在世界上处于领先的地位。诚如著名的英国科技史家李约瑟博士所说，中国"在航海技术上的发明，随处可见……他们的航海舰队，在 1100—1450 年之间，肯定是全世界最伟大的"[1]。

原载《海交史研究》1989 年第 1 期

---

[1] 胡菊人：《李约瑟与中国科学》，台北：时报文化出版事业有限公司，1979 年，第 122 页。

泉州法石古船试掘简报和初步探讨[*]

1976年，位于福建省泉州市东海公社法石大队的中国农业银行东海营业所，在挖掘水井时，发现类似船板的松木。泉州海外交通史博物馆闻讯后，即派人前往现场察看，并对带回的木块进行分析，同时作了进一步的调查，初步认为是一艘古代遗留的船体残骸。1981年春季和夏季，中国科学院自然科学史研究所两次派员前往实地考察。两个单位经反复酝酿、准备，并经上级有关部门审批，决定联合进行试掘。试掘工作于1982年5月中旬开始，9月中旬结束。[①]

试掘中，清理出古船后部的四个舱位，出土了一些船舶构件和古代遗物。由于船体的中部、前部被压在东海营业所的主体建筑下，尚未挖掘，因此本文只能根据目前掌握的情况，作一简要报告和进行初步探讨。

一、古船的地理位置

发现古船遗迹的中国农业银行东海营业所位于法石乡中部，北面临街，南面临晋江。其南部后院是沿江边筑石堤然后填高加围墙而成，现涨潮时江水仍可达到石堤外侧。这次试掘到的古船后部四个舱位，皆在营业

---

[*] 中国科学院自然科学史研究所、福建省泉州海外交通史博物馆联合试掘组，试掘小组成员有：福建省晋江地区文化局局长李传枝，泉州海外交通史博物馆林文明、许清泉、杨钦章、陈鹏、李祖涌、郭慕良，泉州市文管会曾庆生，自然科学史研究所杜石然、李仲均、周世德、金秋鹏、陈美东。试掘工地负责人许清泉同志，在试掘工作中吃苦耐劳、以身作则，因劳累过度，于1982年9月中旬在工地患病，忽然逝世；试掘小组负责人林文明同志，也不幸于1982年年底去世，这对我们的工作是重大损失，我们谨此表示哀痛和悼念。

[①] 法石古船试掘过程中，得到了国家文物局、福建省文化局、福建省博物馆、晋江地委文教办公室、晋江地区文化局、泉州市文化局、泉州市文管会、农业银行泉州支行暨东海营业所、东海公社暨法石大队的干部群众的热情支持和大力帮助。对此，我们谨致衷心的谢意。

所后院的南、西两边石堤以内（图1）。

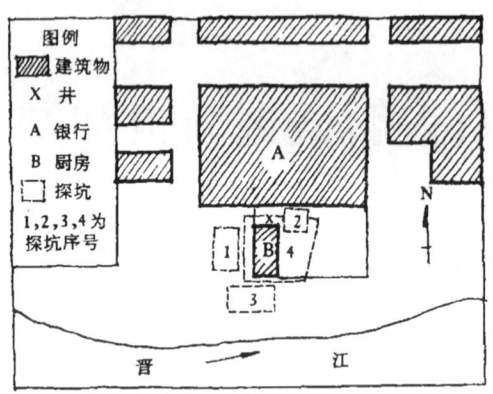

图1 古船所在地附近地物和探坑

法石，又称石头街，在泉州城东南五公里左右，地处晋江下游交汇海口的冲积平原上。其地枕山面江，地理位置险要，历史上既是后渚港通往泉州城的中心集镇，又是兵家驻守设防的要冲之地。这里水道交通便捷，上溯溜石、厂口而抵泉州城，下经浔埔出岱屿门，可泛海出国贸易，是一处天然的通商良港。距此不远的乌墨山澳、鸡母澳，1959年挖水渠时，曾出土船板、绳缆，从地理位置上看，早年可能是船只停泊避风或修造的场所。

法石的圣殿（又称真武殿），宋时建造，为当时郡守"祭海之所"①，与泉州九日山祈风石刻同为泉州海外交通的重要史迹，今尚存留有明嘉靖十二年（1533）的"吞海"石碑。临江的四面观音、圣殿等渡头，至今仍有宋时的渡头石塔构件的遗存。这里的群众在挖地时经常发现古代船舶的构件，以及宋元时期的生活用瓷残片，说明法石曾经是个重要的港口，且是"人烟辐集"②的集镇。

在法石一带还曾发现不少刻有阿拉伯文的墓盖石，表明这里曾经是来泉的阿拉伯人的聚居地之一，至今当地仍居住有不少宋元时留居下来的阿

---

① 《晋江县志》卷15，"寺观"。
② 同①。

拉伯人后裔。由于宋元时有众多的阿拉伯人侨居此地，法石附近的山又名为"天堂山""番仔山"。这些都反映了历史上外商在法石的长期活动，以及与当地居民融洽相处的情况，是不可多得的中外交通史料。

随着海外交通的昌隆，数百年来法石的航海、造船业历久不衰。当地居民以航海为业，从事海外贸易，同时也促进了造船业的发展。现称"做船巷""打帆巷"的地点，应是古时造船工场、作坊的处所。

明清以来，泉州的海外交通形势虽日渐衰落，但法石仍不失为通海之埠，商船往来频繁。当地居民曾以家中筷子数目来譬喻船只桅杆之多。1974 年以来多次出土明清时期的西班牙银币（共 200 多枚），这是在菲律宾的西班牙殖民者用来和中国商人贸易的货币。在法石境内的美山、长春今仍各有一座明清时期的天妃宫，文兴有一座海运宫，都是祭祀与航海有关的神祇。

文献和史迹表明，法石在泉州海外交通史上有着重要的历史地位，因此在这里发现古船并不是偶然的。

二、古船后部四个舱位的情况

整个试掘过程，根据具体的地形、地物，共挖了四个探坑，面积合计 73.55 平方米。其中第一、第三号探坑没有发现船体，第二号探坑面积较小（2 米×2 米），实际上包括在第四号探坑中，故这里主要介绍第四号探坑的情况。

第四号探坑面积为 6 米×7.8 米，在距地面 2.3~3.5 米处，揭露出船体后部的四个舱位（图 2）。从揭露后的情况看，船头指向为北偏东 20 度，船身放置接近水平，船体木料含水较多，船体残破比较严重，上层建筑已无存，已见到的后部船底基本完好。揭露部分最长处有 7.5 米，最宽处有 4 米，最深处有 0.87 米，船尾宽 1.42 米，尾部向上起翘（图版四十九和图版五十）。

船为有龙骨的尖底船，但由于是尾部，故坡度不大，龙骨两侧底板升高的弧底较为平展。龙骨已见部分长 7.22 米，由二段木料拼接而成，保存

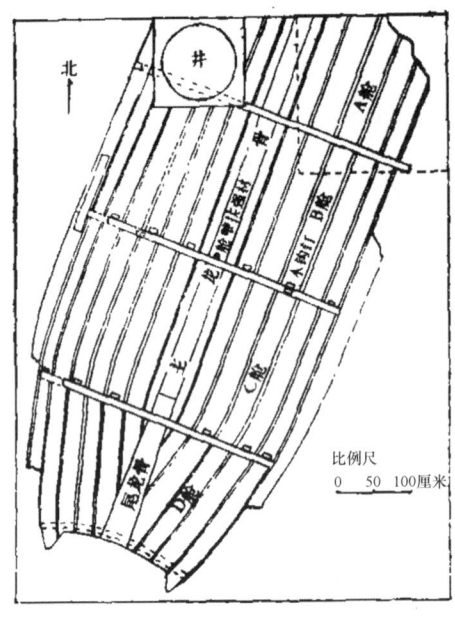

图2 古船后部四个舱位示意图

尚好。主龙骨与尾龙骨在C舱舱底接合，截面均为方形。主龙骨用褐红色木料（待化验鉴定）制成，可见段长5.25米，面宽26厘米。尾龙骨用松木制成，长1.97米，面宽26~38厘米。

船体的底板为单层松木结构，搭接尚好。龙骨东侧（右）现存底板7列，外侧4列已残；龙骨西侧（左）现存8列底板，外侧6列残损，其中5列是1976年挖井时凿破。船底板厚9~9.5厘米，宽23.5~34.5厘米不等。板与板之间的横向拼接，据对东侧（右）第7、第6列板取样观察的结果，第6列板两边均有截口，第7列板则仅内侧有截口，它们之间为高低榫搭接。第5列板的外侧也有截口，可见它与第6列板的搭接也是如此。因是高低榫搭接，故船底壳的内外壁自然形成台阶状结构。由于第1列到第5列板间均有台阶状起伏，故推测它们之间的搭接也应是采用相同的高低榫形式。而第7列板的外侧没有截口，仅是上下削角，故向上的各列船板之间的连接方法就不清楚了。现存的底板在搭接后，均用锹钉钉合，再用桐油灰、蔴筋舱缝，使其密合不漏水。

在已清理的四个舱（A 舱部分清理）中，留有三道水密舱隔舱板残段，B、C、D 三舱的长分别为 1.90 米、2.06 米、1.66 米。隔舱板厚 9~9.5 厘米，B 舱与 C 舱之间的隔舱板残高 0.68 米、宽 3.40 米，C 舱与 D 舱的隔舱板残高 0.65 米、宽 2.45 米。隔舱板上下之间采用四面截角的直角方榫拼合，再用锹钉加固，没有肋骨，隔舱板和底板除用方钉钉合外，还用木钩钉加固。现存的木钩钉计有 12 个，它们对称地分布于 C 舱龙骨两侧各 3 个，其位置分别于东 3、5、6 列板和西 3、5、7 列板上；B 舱的龙骨两侧也对称分布各 3 个，分别位于两侧的 2、4、6 列板上，钉距 50~70 厘米。现存的木钩钉中，仅有 2 根完整的，长约 75 厘米，钉头横剖面呈 6 厘米×6 厘米的方形，钉尖横剖面则呈 2 厘米×3 厘米的矩形。木钩钉是这样装置的：先在底板贴近隔舱板前侧（朝船首的一面）交界处，凿通一个 6 厘米×6 厘米的方孔，然后将木钩钉由底板外侧垂直打进方孔，使它的内侧面紧挨隔舱板的前侧面，再用铁钉把它与隔舱板钉合。方孔周围的缝隙则用蔴筋、桐油灰艌缝。在 B 舱与 C 舱之间隔舱板的前侧面正中间（即龙骨的正上方），竖贴钉合一条高 75 厘米的隔舱板作扶强材，估计 C 舱与 D 舱之间隔舱板也应有同样的扶强材（出土时已无存）。隔舱板底部留有过水眼，略呈方形，高 6 厘米、底宽 5 厘米（图版五十）。

此外，在船底还发现了几处修补的地方。修补方法是利用船底板之间的台阶状起伏，用木板块贴在凹处，使与凸起处平齐，再用桐油灰等物艌合。

在清理船舱的过程中，还出土一些木构件及属具，主要有：竹帆及其绳索竹帆的遗迹几乎遍及 4 个舱，采集的有 5 件，最大的一块宽为 50 厘米、长 94 厘米、厚 5 厘米（图版五十一），为多幅折叠而成。表层为六角形竹编，中间夹铺竹叶，两边用直径 2 厘米的竹管封边。竹编系由 6 条篾皮织成一个六角形的孔目，篾皮宽约 0.5 厘米，厚 0.1 厘米，编织工整。出土时篾皮呈鲜黄色，竹叶呈灰褐色，经与空气接触后，分别逐渐变成棕褐色和酱色。竹帆中多数夹缠着蔴织绳索的残段。绳索分粗细两种，结构大多基本完整，均由两股拧绞而成，股与股之间绞的相当结实（图版五十二）。粗的横截面直径 1.5 厘米，细的横截面直径 0.5 厘米。粗的每股中夹有一条宽约0.3厘米，厚小于0.1厘米的藤皮或竹皮。

出土的木构件多数为残段，其中有：

略呈弧形的木构件一件（图版五十三）。残长2.14米，粗的一端宽23厘米，厚10厘米，完好地留有榫头；细的一端已断残，宽20厘米，厚8.5厘米。在板面中轴线上距粗端约39厘米和81厘米处，分别凿有口径4.5厘米和6厘米的斜孔。在弧形的外缘，距细端约40厘米处，开有宽13厘米，深3厘米的直口。

横剖面呈凸形的木构件一块完好（图版五十四右），长1.73米，宽41厘米，厚9厘米，一端有榫头。板面的一面中间起凸，长1.64米，宽9.5厘米，高4厘米；另一面为平面，在板面中轴线上距榫头27厘米处有一榫眼，长6.5厘米，宽4厘米，深3厘米。

横剖面呈"凸"状的木构件一块（图版五十四左）。残长1.42米，宽13厘米，厚6厘米，两端均略有削角。所截阶梯状直角，高1.5厘米，宽4.5厘米。

长方形木板一件完整长2.07米，宽9.5~10厘米，厚5厘米，板面留有8个钉孔和钉头，孔距最长的50厘米，最短的30厘米。

三、试掘现场的地层情况和出土物

从四个探坑挖掘的情况看，由地表到船底部的地层大致可分为三个时期的堆积层。第一层为近现代扰乱层，厚0.7~1.5米，黄色杂土夹杂灰土瓦砾，出土物大多是碎砖乱石和近现代青花瓷片。第二层为明清堆积层，厚0.5~2米，黄灰杂土中包含明清青花92片和明代白釉瓷片等。第三层为宋元文化层，厚0.65~0.9米，泥质灰黑细密，瓦砾、瓷片较少，出土物有宋代的陶瓷片、砖瓦片、陶网坠以及零星果核和贝壳（图3）。经用麻花钻机钻探取出土样，在深4~4.5米时为灰泥层，泥质纯净，应是海泥缓慢沉积而成。在深4.5米以下为辉绿岩风化层，应是原生的岩层。

试掘过程中，在接近舱底处清理到少量陶瓷片和瓦片，一些木器件，以及几颗果核和贝壳等，分述如下。

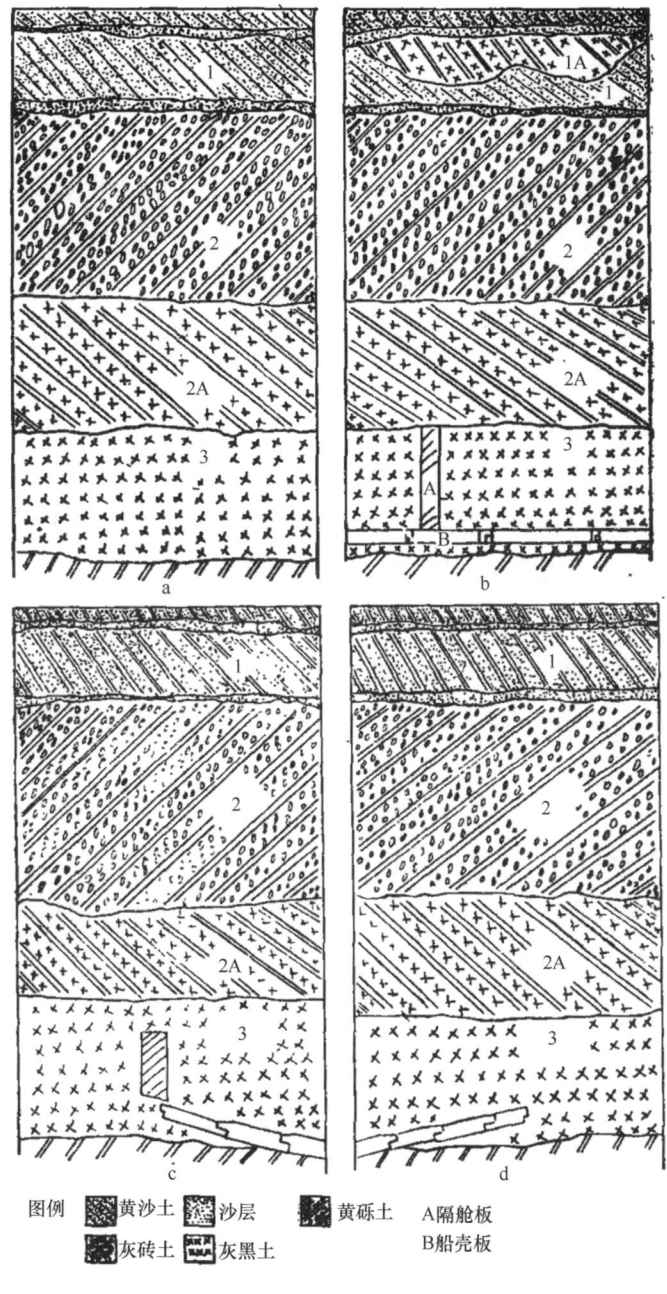

图例 ▨黄沙土 ▨沙层 ▨黄砾土 A隔舱板
▨灰砖土 ▨灰黑土 B船壳板

图3 第二号探坑剖面图
a. 东壁；b. 西壁；c. 南壁；d. 北壁

（一）陶瓷器

在第三层采集到的陶瓷片共32件，均是南宋时的产品，多数不可复原。器型有：

1. 小口瓶5件。其中一件小口，丰肩，小平底，口肩部施褐色釉，残高29厘米，底径6.2厘米。另一件残高6.5厘米，底径6厘米。出于A、B舱中，为晋江磁灶窑产品（图版五十五）。

2. 灯盏1件。敞口，小平底，器内施青釉，口径9厘米，出于C舱，为晋江磁灶窑产品。

3. 碗12件，残片。其中白釉瓷片5件，未见纹饰，有的是德化窑产品；青瓷片6件，划有卷云纹、蓖点纹，所施青釉厚而莹亮，稍有碎裂痕，似为安溪桂瑶窑、同安汀溪窑作品（图版五十六）；影青瓷片1件，印有孔雀纹，釉薄处呈现白胎，似为江西景德镇产品。

4. 注子1件。仅余流部，施白釉。

5. 瓮、罐5件，残片。施褐色或酱色釉，有的带系。

6. 网坠2件。管状，红陶质，长4.1~4.4厘米，径3.6厘米，出土于A舱。

此外，还出土了一些南宋时期的深灰色砖瓦片。

在试掘2号坑时，曾经拆了两小块船底板，清理了一些船底下面的泥层，出土有小口瓶残片1件、划花青瓷片5件，皆为南宋时产品。有的划有蓖点卷云纹，类同同安汀溪窑的南宋产品。

（二）木器

1. 小木桶2件。一件高31.6厘米，最大径33.4厘米，由20块杉木桶板组成，提把锯成斜口，内向，出土时不见底部（图版五十七）。另一件仅剩一块桶板，高23厘米。

2. 雕花木饰1件。略呈直角三角形，透雕一支草叶花，最长边63厘米，次为37厘米（图版五十八）。可能是甲板上木构建筑斗拱处的装饰。

（三）果核

1. 龙眼核2个。核心已腐没，仅余干瘪的黑皮。

2. 橄榄核 2 个。

这两种果品皆是本地的物产。

（四）贝壳

1. 黄蚬 2 件。外壳可合为一体，黄褐色釉质已斑驳，壳大 1.8 厘米。

2. 乳玉螺 1 件。乳白色，壳高 1 厘米，上有紫色斑纹，外壳已失去光泽。

3. 竹螺 1 件。分四段螺旋节，残长 4.8 厘米。

4. 蚌壳仅见四小块碎片。

5. 牡蛎壳 3 件。长 3.7~4.5 厘米。

以上均为本地江海生物。

除上述出土物外，在挖掘一、三号探坑的第一、二层时，还发现有明清时期石块铺砌的码头遗迹。一号坑挖掘至深 1.65 米处，出现有不规则排列的石块，石块缝隙间夹有明清时期的瓷片。石块下有 30 厘米厚的瓦砾层，面积遍及全坑（2 米×5 米），可能是铺填的码头基础。三号坑的东侧在深 0.9~1 米处，发现用条石直铺的码头。条石下有 20 厘米厚的瓦砾层，条石上面堆积层中有晚清和民国时的青花瓷片。查此地清末民初为"伍厝渡头"，系当地一伍姓船商的专用码头，20 世纪五六十年代前尚在使用。据推测这次发现的条石铺成的码头，应即是"伍厝渡头"。在深 2.3 米处，又发现不规则石块铺砌，范围 2 平方米余，石块下铺填有瓦砾，其中一块条石下，还垫有整段松木，从地层深度和地理位置来看，皆与一号探坑所发现的码头相近，估计是一号坑发现的明清时期码头的延伸。

四、几点认识

（一）关于古船的年代问题

由于在试掘中没有发现任何有确切纪年的实物，故古船建造的准确年代尚不能定论。从船底上方的地层看，靠近船底的一层是较为纯净的海泥沉积层，沉积层中发现的陶瓷器全是南宋时期的产品，没有任何后世的掺杂物。其中在船舱出土的小口瓶，是南宋时晋江磁灶窑大量烧造的瓷器。此种瓷器在泉州湾后渚古船舱内出土过，在泉州府后山宋文化层以及其他一些宋遗址中也曾大量被发现。舱内出土的划花青瓷碗片，产地来自南宋时的同安汀溪窑和安溪桂瑶窑。小口瓶和划花青瓷都是南宋时期比较典型的泉州瓷器，这些瓷器在船壳板叠压的泥层中也有发现，说明法石古船置于南宋文化层之中。据此，我们初步推断，这是一艘南宋时沉没的古船，其建造和使用亦大致是在这一时期。

（二）初步确定这是一艘属于福船船型的海船

从已揭露的船体后部船底分析，该船是一艘底部装置龙骨的尖底船舶，结构大致与泉州湾后渚港出土的宋代海船相似。福船船底头尖削，利于劈浪，且吃水深，稳性大，是我国古代远洋航行的优良船型。正如宋徐兢撰《宣和奉使高丽图经》中所载："上平如衡，下侧如刃，贵其可以破浪而行也。"《太平寰宇记》卷120"泉州"条也说："船头尾尖高，当中平阔，冲波逆浪，都无畏惧。"[①]该船尾部正是向上高起，由船尾部向船中部逐渐平阔，与史书记载相符。泉州在南宋时是中国对外交通的主要港口之一，又是当时中国的一个主要造船基地。关于当时泉州建造船舶的情况，史书不乏记载，法石在当时的造船业很是发达，故我们估计，法石古船可能是当地建造的一艘海船。

从已见的船后部四舱的情况推断，法石古船应是一艘设置有水密隔舱的多舱船舶。至于水密隔舱的数量有多少，则由于船的前、中部情况尚不明，有待全面发掘后才能确定。

法石古船的船壳板使用松木，其他部件松、杉、杂木（待鉴定）混用。船底板虽为单层结构，但因船板较厚，用材宽大（厚9.5厘米，最宽的船板达34.5厘米），因而坚固性强，经得起风浪的打击。

[①]（宋）乐史撰，王文楚等点校：《太平寰宇记》卷120，"江南东道十四"，北京：中华书局，2007年，第2030页。

(三) 法石海船与后渚古船的比较

法石古船与1974年发掘的泉州湾后渚古船[①]年代相去不远，在造型、结构、工艺与用材等方面有不少类同的地方，但它也有自己的特点。

法石古船属有方龙骨的尖底造型，但与后渚古船比较底部较为平缓，尤其是尾部更为明显。法石古船底板虽为单层结构，但板厚达9.5厘米，而后渚古船底板则是由二重板叠合而成，但两板总厚度仅12厘米。尖底海船的船壳板弯曲弧度较大，多重板结构采用较薄的木板，建造时工艺比较容易，故法石古船以单层厚枋板建造，在技术工艺上的难度比后渚海船大些，反映了造船工艺上较为进步。同时，法石古船的发现，也反映了南宋时的海船船壳不仅有多层板结构，也有单层板结构。

在船底板之间的接合方面，法石古船与后渚古船一样，均为台阶式结构，不同的是：法石古船每列底板之间均用高低榫接合，而后渚古船的底板每三列方有一处高底榫搭接，其余用平接方法。因此，法石古船每列底板均形成一级台阶，而后渚古船则是每三列形成一级台阶。为了便于上下行走和堆放货物，法石古船船底内壁的台阶均加工成倒角（倾斜度约45度，面宽约5厘米），后渚古船则用加钉木条的办法，使台阶直角形成坡面。

在隔船板与底板的衔接工艺方面，除用方钉钉合外，法石古船还用木钩钉加强它们之间的勾连，而后渚古船用的是铁钩钉钩接，并以肋骨加固。法石古船没有肋骨设置，可能是直接打入船壳板的木钩钉也起有肋骨的作用。在隔舱板拼接方面，法石古船用的是四面削肩的直角方榫接合，并以锹钉加固，龙骨上方用舱壁扶强材，以免堵住流水孔。后渚古船隔舱板是同口4接（即平接），宽铁钩钉夹合，隔舱板厚度也较大（10~12厘米）。后渚古船有13舱，最大舱距1.84米，最小0.80米。法石古船的舱距则较大，后部四舱中，舱距最大2.06米，最小1.66米。根据法石古船后部的船底板厚度和龙骨大小，我们粗略估计，该船的长度大约在23米以

---

① 后渚发掘的古船现存放在泉州海外交通史博物馆。

上（载重量可能在 120 吨以上），比后渚古船的规模为小，因而舱数可能也较少。

后渚古船发掘时，在几个船舱中出土有六角形竹编，当时有人认为是遮盖用的船篷，也有人认为是作为帆用的，但均没能确定。这次在法石古船上发现了较大面积的竹编，系之以绳索，从其厚度和折叠状况看，使我们比较相信这是船上的竹帆残存，而不是作为遮盖用的船篷。这种竹帆行驶时挂于桅上，泊碇时则折叠置于甲板上，用绳索牵引其升降。《宣和奉使高丽图经》中记述船有布帆与利篷，利篷是以竹席构成的。竹帆的发现，说明宋时不仅以布、篷作帆，还有以竹编作帆的，这就补充了文献的记载，提供了竹帆制法的证据。但这种竹帆是否经受得住比较强大的风力，尚有待进一步探讨。

选用船材方面，法石古船的底板用松木，隔舱板用杂木，后渚古船则是底板用杉木，隔舱板是杉木、樟木混用。

据上所述，可以看到法石古船不论在船体造型、结构、工艺、用材等方面，都有其自身的特色，为我们提供了研究宋代海船的丰富内容。

（四）其他的收获

试掘的四个探坑的地层表明，法石自宋代以来，港道移位不大，江岸除了部分人为的填高以建造房屋外，大体依旧，只是原来港道较深，而后来经逐年淤积，河床上升，故退潮时江心出现浅滩。自宋元以来，这一带一直是泉州港船舶寄碇、装卸货物的重要口岸之一。第一、三号探坑发现的明清时期石砌码头，在铺筑方式上，与后渚港发现的古码头同是以瓦砾上铺松木为基础，然后再垒砌条石，这也是闽南地区古代建造花岗岩石桥桥墩的常用方法。在古船试掘期间，还在离试掘工地百余米处的江边，发现了一件花岗岩雕成的碇石，其出土地层与法石古船相类。据考证，这是宋元时期船舶上的碇泊工具，系国内首次发现，填补了国内有关碇石实物的空白。

五、结束语

　　法石古船是继泉州湾后渚古船出土之后，我国又一艘宋代海船的发现，也是海湾考古工作的新收获。它的发现和试掘，为研究南宋时期泉州海外交通史、造船史、航海史以及泉州湾地理变迁的情况，提供了宝贵的实物资料。特别是它在结构方面与后渚古船不同的特色，为我们展示了一幅需要探讨的船舶结构发展过程的图景，对于研究我国古代船舶结构的发展过程有着重大的意义。这次试掘，也为今后对该船的全面发掘和研究奠定了良好的基础。虽然法石古船估计比后渚古船规模为小，但其尺度却与哥伦布横渡大西洋发现新大陆时所乘的船相当或稍大[①]。因此，我们认为法石古船有重要的发掘价值，并热切地盼望着这艘海船能尽快出土，也希望泉州湾的考古工作能有更新的重大发现。同时，对法石古船的研究工作只是一个开端，还有很多问题值得深入研究，我们将继续进行探讨，也欢迎各方面人士提出宝贵的意见和见解。

　　本文执笔人有：周世德、金秋鹏、陈鹏、杨钦章、李祖涌，原载《自然科学史研究》1983年第2期

---

① 哥伦布1492年航行时所率领的三艘船长为19~24米。

宋代的海船与海员生活

1974年，泉州湾后渚港海滩上发掘出一艘宋代远洋海船，在船舱中发现一批珍贵的历史文物。1982年，在泉州湾内法石晋江之畔，又试掘到一艘宋代沉船。它们不仅是中外人民友好往来的历史见证，还对人们了解我国宋代的造船技术、航海史，以及经济贸易活动，提供了极为重要的实物证据。

泉州湾内屡屡发现宋代海船和海上交通史文物并非偶然。泉州是我国宋代最重要的对外贸易港口之一，古人曾有"涨海声中万国商""风樯鳞集"的赞语。在阿拉伯旅行家的记载中，描述泉州是东方第一港——"刺桐港"（因唐末五代泉州环城植以刺桐树）。泉州湾宋代海船的出土，反映了宋代泉州港的繁盛，来往海船众多，诚如史籍所载。

万里海洋，茫无涯际。宋代舟师远洋航行，首先需要建造结构坚固、抗风力强、便于装载和远航的船舶。宋人徐兢《宣和奉使高丽图经》说，海船"上平如衡，下侧如刃，贵其可以破浪而行也"。泉州湾出土的海船，证实了徐兢的这一记载。后渚古船虽然只是一个残存的底部，残长24.20米，残宽9.15米，但是仍可想见原船的巨大。据推算，该船的载重量为200吨左右。从结构看，尖底，船身扁阔，具有矩形龙骨，船舷侧板为三重木板，船底板为二重木板，舱内分13个水密隔舱。水密隔舱的创造是我国古代船工在造船技术上的一项重大成就。从保存完好的头桅和中桅底座看，这肯定是一艘三桅以上的海船。法石古船型制与之相近，复原长度约23米，单层板，但板厚达9.5厘米，与历史文献记载的宋船型制相吻合，是宋代海船发展到一定高度的体现。

根据宋代市舶法则的规定，出海贸易的船只、人员、货物，都要呈报市舶司审批，领取允许出海的"公凭"方可出海。每艘船的公凭，开列船员的姓名和职务。当时一艘海舶,大的可容数百人,小的也能载一百多人。有这么多"风雨同舟"的船员,是由于宋代船舶设施的改善和日趋大型化,需要有明确的分工,各司职事。宋船有纲首(即船长,以巨商充任)、副纲首、直库、杂事、部领、梢工、舵工、火长、碇手、缆工等职务名称。在后渚古船的遗物中,有一批有文字的木牌木签,形状多样,有方形、六角形、长方形、菱形束腰等数种。属于职称牌的有曾幹、林幹、张幹、朱库、礼天、丘碇、张绊、张什、杨工、尤工、陈工、三九工、安厨纪等不同身份的船员。"幹"应是宋代幹办官、舶幹之省称,在民间转称幹人。泉州九日山南宋"祈风"石刻中,就有舶幹的记录。墨书有"幹"字的人员,为船上的舶幹。朱库即直库,在船上管理武器;张什即杂事,负责日常事务;礼天可能是司祭。丘碇即碇手,负责操纵石碇,安厨纪即厨工;张绊为缆工,负责索缆。其他带有"工"字的大概是一般水手。这些700年前的木牌签,是宋代船员内部组织严密的具体例证。

海船启碇出港,扬帆翔风,经常要受到波浪、潮汐、风信、流向等海洋运动的影响。宋代船员们大部分是沿海一带的劳动人民。他们在同大自然的斗争中,积累了丰富的远洋航行经验。宋时我国海员已经熟练地掌握海洋季节风的规律,利用它来出海或返航。去南海诸国,是"北风航海南风回"(王十朋《梅溪后集·提舶生日》);去朝鲜乘夏至后南风,"北风方回"(赵彦卫《云麓漫钞》);去日本一般利用初夏的西南季节风,回舶则利用春季的东北季节风。指南针被应用于航海,出现了航海罗盘,是这时期我国航海技术的一项突出成就。宋人朱彧《萍洲可谈》记述道:"舟师识地理,夜则观星,昼则观日,阴晦则观指南针。"指南针的普遍使用,使得海舶能比较安全地在海上航行。中国船员刻苦耐劳,且善于创造。泉州一艘古船出土了一只完整的椰子壳,壳顶开有小孔,另一沉船上有个碗形的铜钵(盆)。有的同志认为,这种椰子壳和铜钵,就是船员创造的航海水时计,它是计算昼夜顺风行驶有多少更数的时计。第三舱出土的一件铜勺,是"换水神君",专门为船上水罗盘和水时计换水之用的。

由泉州放洋至南海诸国,一般是一年往返,可以想象,海洋生活是相当艰苦的。古代船员凭借船上风帆,把碧海波涛化作友谊桥梁,为各国人民的和平交往而远航。他们航海生活虽然紧张忙碌，但也有游戏、娱乐的时光。后渚古船出土的木质象棋子，便是船工文化生活的遗物。出土象棋子20枚。一种阴刻加圆框填红；另一种墨书或双钩朱书，有将、士、象、车、炮、马、兵等名称，属于三套不同形制的象棋残存。海船发现的象棋子，说明象棋在宋代已经定型，对弈游戏之风，盛行于宫阙市井，乃至航船。它们是船员的消遣娱乐用品。异域海滩上五光十色的贝壳和珊瑚，吸引着航海者的目光，为船员们增添许多情趣。宋船发掘时，人们从舱内的海泥里筛洗出贝壳2 000多个，还有一块珊瑚，其中有环纹贝壳、篱凤螺、水晶凤螺、银口凹螺、乳玉螺等，光彩夺目，惹人喜爱。色彩斑斓的贝壳，向人们标示了古船的万里航线，它们是船员们的玩赏品和装饰品。

宋代远洋货船，主要航行于南洋至印度洋的航线。热带的高温气候，火烧火燎，令人口干舌燥。"凡舟船将过洋，必设水柜，广蓄甘泉，以备食饮。盖洋中不甚忧风，而以水之有无为生死耳。"（《宣和奉使高丽图经》）由于淡水的需求量比较大，航船设有水柜，后渚古船第七舱中垛（舱名）就盛装着供饮用的淡水。饮用水异常宝贵，势必采取有计划配给的办法，让个人保存一些，以防备淡水柜受损漏水或其他意外。泉州湾古船曾出土带有"水记"的标签22件，如"曾幹水记""林幹水记""丘碇水记"等，有的还系上小绳，可能就是船员个人贮存淡水的记号。出土物中不少带有盖子的罐、瓶类，可能就是个人盛水的容器。那种有"××水记"字样的八角形小木牌，很可能还兼作这种水罐的木盖。

海上航行周旋时间长，船用设备方面，也应考虑生活的设施。宋人周去非《岭外代答》记载说："一舟数百人，中积一年粮，豢豕酿酒其中。"宋代海船出土的一件件遗物，向人们形象生动地展示了一幅幅生活情景：小方格纹的麻袋编织物，曾装满了大米及其他粮食。猪骨、羊骨、鱼骨和鸟骨，显然是船员食用过的残存骨骼。其中的鸟骨还揭示了"绿水扬洪波，飞鸟相随翔"的漫长海程。小口陶瓶应是装酒用的，长年和风浪打交道的船工，"陈年佳酿"是必备的饮料。散布在各舱的，还有一些桃核、荔枝核、李核、杨梅核、银杏核、橄榄核、椰壳。它们清楚地说明，在数百年前，这些南方沿海盛产的夏令水果，丰富了海员们水上生活，增加水分和营养。

泉州湾宋代海船所航行过的航线，是历代航海家历尽艰难险阻开辟出来的联系亚非各国的海上通路。这条航路的航海者，就是中外人民的友谊使者。泉州船舶满载丝绸、瓷器、铜铁、药材等物品出发，又从阿拉伯、印度、东南亚等地运回香料、珠宝、象牙、犀角、玳瑁等特产。这些贸易品不仅是有价可计的货物，还满载着中外人民友好情谊的无价之宝。"海上丝绸之路"新发现的宋代海船，出土四千多斤的香药，有檀香、沉香、降真香、乳香、龙涎香，以及胡椒、玳瑁、槟榔等。这些物品多数产自三佛齐、占城、东非的"香料之角"，是宋代泉州海商贩运进口商品的重要物证。

中国海船所到之地，都向当地人民传送了中国人民的友好情谊。许多外国官员民众，聚集海岸，竞相欢迎，甚至出现了"倾国耸观"的热烈场面。例如，在印度尼西亚爪哇，凡"贾人至者，馆之宾舍。饮食丰洁。"（赵汝适《诸蕃志》）泉州商人黄慎赴高丽贸易，国王让他寓于国家宾馆，并遣使随他来宋朝，同宋朝恢复中断42年之久的密切关系。马可·波罗在他的游记中，也记载了中国商船将药材运到埃及亚历山大港备受欢迎的情况。

许多长年在海上从事贸易活动的中国商人和水手，就在一些海外国家定居下来，成为侨民，还同当地人民通婚，促进相互间的了解和友谊。据《宋史》记载，北宋末年，居住朝鲜的就有"华人数百，多闽人因贾至者"。宋神宗的一个诏令说：福建、广东人因贸易到越南，"或闻有留彼用事"。有的客死异邦的侨民，墓地受到尊重和保护。近年在婆罗洲的文莱，发现了保存完好的死于南宋景定年间的"泉州判院蒲公之墓"。频繁的贸易和人员往来，促进了中西文明的交流，指南针和火药，就是通过海外交通贸易，经阿拉伯商人西传到欧洲。据南印度学者的研究，月季花的品种，是由泉州经海路传到印度、斯里兰卡的。

宋代海员不畏风波浪涌，克服无数艰难困苦，为发展中外政治、经济、文化联系做出重要的贡献。

原文载《文史知识》1983 年第 9 期

海神天妃故事在明代的西传

天妃是中国东南沿海一带渔民和航海者所奉祀的海神，也是中国民间和海外部分华人、侨胞所信仰的主要神明之一。天妃俗姓林，福建莆田人，五代时闽国都巡检林惟悫的第六个女儿，出生于宋太祖建隆元年（960），出生后弥月不啼，因名默，终生未嫁，卒于雍熙四年（987）九月初九。相传她"能乘席渡海""常衣朱衣飞翻海上"[1]，能支配降雨以免除水旱灾害，常常拯救海上危难船只，渔民感激其恩德，把她的死说成是升天为神，尊称她为妈祖，并在"飞升"的湄洲岛上建立庙宇，"里人祀之，威灵屡显，护国佑民"。从此信仰妈祖的风气在沿海传播，宋元统治阶级加以利用和支持，不断给妈祖敕封。据《琉球国志略》载，宋代封妃达十四次，其神格不断升级，变成东南沿海民间信仰的江海保护神。元代以后，随着海上漕运、海外贸易的发展，信仰妈祖日益扩大，北起渤海湾，南至珠江口，所有主要港口都建有妈祖庙。明代信仰妈祖的活动扩展到部分内陆江岸，继而传到海外。有关中国沿海妈祖信仰的起源、传播及其影响，史学界著述颇多，笔者不再赘述。本文仅就最近从国外发现的西文材料，明代东来的欧洲传教士有关妈祖的记载，以及西方人对她的认识记录，来论述明代有关天妃故事的西传，舛误之处，还望专家赐教。

一、西方人在南洋、南中国海所见的妈祖崇拜

郑和下西洋期间，明王朝与琉球、日本和南洋诸国如暹罗、满剌加、爪哇、苏门答腊的关系有了发展，因有重要官员参加远洋航行，依赖航海

---

[1] （明）张燮：《东西洋考》卷9，"舟师考"，北京：中华书局，第185页。

女神庇佑更加迫切，对妈祖的封号亦更加尊荣。妈祖信仰首先东传到当时与福建关系最密切的琉球。据日本正德三年（1713）编纂的《琉球国由来记》和东恩纳所著《南岛风土记》载，明永乐、宣德年间在首邑那霸和久米邮建有两座天妃宫。① 妈祖信仰随之也传播到南洋群岛，在海上，船舶起锚之前总要先行祭祀，祈求海神保佑顺风和安全，在船舶之上亦设立妈祖神位，"凡舶中来往，俱昼夜香火不绝。特命一人为司香，不他事事。舶主每晓起，率众顶礼"②，"凡海船舵楼上均设有小神龛，龛中除安设天后牌位外，并且备木制之小斤斧锯凿等物"③。这种近乎宗教狂热的信奉情况引起明代最初到达南洋的西方人的注意。

1549年，葡萄牙人、耶稣会著名的传教士沙勿略（Xavier）在满剌加登上了一艘中国帆船，这船载重量大概有三四百吨，前边很低，后边很高。船身扁阔，三桅，船帆是用草席做成的，也是方形，沙勿略在给西方教友的信中写道："在船舱的左侧……这是上座的神龛里，供着一个妈祖的像，因为她是水手及海盗的保护者。在她的两旁，一边有一个侍卫，全都给她跪着：一个叫'千里眼'，一个叫'顺风耳'。第一个侍卫，是一副靛蓝色的面孔，两个眼睛都闪闪有光，有一个很宽大的嘴，从里面长出几个很长的牙来，他的身材又非常高大；第二个侍卫，有一副同冬瓜相似的面目，长着一个通红的血盆大口，从里面探出一条如同宝剑一样的长牙。他的头发是红色的，在头顶上，还生了两个触角""妈祖婆也叫天妃，船上的人对她的敬礼很勤，每天一早一晚的，总要用高香长烛在她的像前燃着，遇着非常的事故，还要用一种占卜的方法，请求她的指示"。④ 沙勿略是从印度洋边上的果阿来到满剌加的，在这片"完全在魔鬼意志之下"的广袤海域，船员们对海神崇拜的方式（沙勿略称之为异端情形）给他留下了深刻的印象。诚如我们所知道的，收服作怪害民的千里眼、顺风耳和在

---

① 转引自李献章：《妈祖信仰的研究》，日本东京泰山文物社，1979年，第479页。
② （明）张燮：《东西洋考》卷9，"舟师考"，北京：中华书局，2000年，第186页。
③ 姚公鹤著，吴德锋标点：《上海闲话》，上海：上海古籍出版社，1989年。
④ *Manuel des Superstitions Chinoises*, P.123、129，[法] 裴化行：《天主教十六世纪在华传教志》，第67页。

海上翻溺舟楫的晏公，这些妈祖的神秘传说，是到明代才出现的。葡萄牙人的记录，从另一角度提供了旁证。沙勿略发出的一封封信札以及关于妈祖崇拜的实况记述，也被保存在西方教会工作文献里，为欧洲教友所熟知。

26年后，同是来自伊比利亚半岛的西班牙人在南中国海也发回了类似的报道。1575年7月，西班牙使团自菲律宾属地搭乘帆船前来福建泉州，在海途中有一天一夜遇到了风暴，处于朝不保夕的危境，他们发现中国船员向设在船尾的偶像礼拜。① 妈祖的神像给予航海者一种精神上的寄托和安慰，成了海上活动的精神支柱。使团团长奥斯定会主教说，他在料罗岛（Lanlo）看见三幅大娘妈像②放在一起。料罗岛靠近金门岛，拉达一行曾在此避风，明代这里可能有一座妈祖庙，内有三幅（三尊）妈祖像。拉达还说他在到达厦门时亲见中国人举行迎送娘妈的仪式，"她护送我们到此，保佑我们一路顺风"③。西方传教士在途经南洋群岛、南中国海的这些记载，生动而具体地反映了古代船员、商人崇敬妈祖，祈求神明保佑的情形。我国有漫长的海岸线，在古代相当长的时期内，航海和造船技术在世界上一直居于领先地位。欧洲人东来时，对于中国的船舶、船上设施、航海者自然感兴趣。且由于海洋上风云变幻莫测，航海者无法掌握自己的命运。"有感必通，无远弗届"的航海保护神也必然引起西方航海家、冒险家的好奇，因此他们把所见所闻记录在航海日记里，反映在游记上。

二、妈祖故事西传的证明

正是由于官方的提倡和褒扬，妈祖的影响更加广泛和深入人心，从某种程度上也反映了明朝政府对海洋贸易的关注。有关妈祖的故事传播甚

---

① [西班牙]德·拉达著，[美] C.R. 博克塞编著：《拉达出使福建记》，何高济、杨钦章译，载《海交史研究》1986年第1期。
② 福建人、广东人对妈祖的另一称谓叫"娘妈"。
③ 摘译自 [西班牙] 德·拉达著：《记大明的中国事物》，载 [美] C.R. 博克塞编著：《十六世纪的南部中国》，美国哈克鲁特学会。

远，甚至传扬到重洋阻隔的美洲和欧洲。最近，我们从冈萨雷斯·德·门多萨编著的《中华大帝国史》[意大利罗马，（明万历十三年，1585）出版]中找到介绍妈祖（娘妈）的文字材料。其中几段文字很可能是西方有关天妃故事最早的文献。

在该书上册第一部第二卷第二章"续谈他们的宗教及他们崇拜的偶像"里，门多萨写道："他们的另一个叫作娘妈（Neoma）的圣人，生在福建省的 Cuchi 城。他们说她是该城一位贵人之女，不愿结婚，而是离开她自己的乡土，到兴化（Ingoa）对面的一个小岛上去，过着贞节的生活，表现了很多虚伪的奇迹。他们把她尊为圣人的原因如下。中国皇帝的一名将官，叫作康波（Compo），被派去跟那儿不远的一位国王打仗。刚好他乘船来到莆田（Buym）下锚，在准备离开时，他要起锚，但怎么都不能移动它；他十分惊异，往前看去，只见这个娘妈坐在锚上。于是这员将官向她走去，很卑顺地对她说，他是奉皇帝的命令去打仗，而假若她是仙，她会告诫他怎样做最好。她回答他说，如果他要取得对他征伐的百姓的胜利，那他应把她带去。他按照她说的做了，把她带到那个国家，那里的居民是大巫师，把油扔到海上，使得船只像着火的样子。这个娘妈施展同样的法术，破了那些人的妖法幻术，终于，他们的魔法一无作用，更不能伤害中国人。该国的百姓发觉这点，他们便向中国皇帝俯首称臣。那位将官认为这是奇迹，可他仍然求她（做一件好事），证实一下他的看法，他好向皇帝报告，他说道：'仙女，我手头这根枯枝，如果你能够把它变得青葱茂盛，我要把你当菩萨来拜。'就在当时她不仅把它变绿，还让它散发异香。那根树枝他插在他的船尾作为纪念，因为他一路顺风，他归功于她。所以直到今天，他们把她尊为圣人，在船尾带上她的像，入海航行者向她献祭。"①

门多萨撰写的这段有关妈祖的身世、出生地和显灵的神迹，主要的应该是以宋代的资料和后来的传说为依据，虽然和我国文献谱牒中的描述不

---

① [西班牙]门多萨：《中华大帝国史》，第一部第二卷，何高济译，北京：中华书局，2013年，第38-39页。

尽相同或者有混淆之处，却比较客观地反映了当时人民对妈祖信仰的情况。首先，门多萨正确地提到了妈祖出生在福建兴化的富贵家庭，这是直到今日大家都同意的说法。但是妈祖的具体出生地，门多萨说明她是生长在兴化城附近，后来才到对面小岛（指湄洲）上过着独身生活。操着同样说法的还有当时既到过福建又到过兴化的西班牙奥斯定会驻马尼拉主教德·拉达，他于明万历三年（1575）七月下旬途经兴化前往福州。拉达在其笔记《记大明的中国事物》中也有一段关于娘妈的记载："航海家偏爱另一个女人叫娘妈，生在福建省兴化（Hinhua）附近的叫做莆阳（Puhuy）的村子。他们（按：指福建人）说她在无人居住的湄洲（Vichiu）岛（据说上面有马）上过着独身的生活，岛距海岸约三里格远。"不难看出，拉达和门多萨所记述的妈祖出生地是一致的，尽管我们不知道其来源和根据。这就和流行的见解稍有不同，关于妈祖的出生地点，多数学者有生于湄洲屿之说；①也有的认为在莆田贤良港②（今莆田县忠门乡港里村）。明万历年间西人的记载说明妈祖出生于兴化的村子里，孰是孰非？笔者对此缺乏研究，不敢苟同，只是抛砖引玉，以期引起对这一问题有兴趣的学者从多方面进行分析、探讨。

其次，门多萨那段叙述中国皇帝派遣一将官率领船队征伐邻国，幸得妈祖庇护，妈祖因之成为圣人的故事，应是来源于妈祖首次被皇帝封号的记录：宣和五年（1122）宋徽宗得奏"给事路公允迪载书使高丽，中流震风，八舟沉溺，独公所乘，神降于樯，遂获安济"③。除此之外，明代当地民间传说中的妈祖受法于仙，被尊为"龙女"，法力日见玄通，知人祸福等神功奇迹，无疑注入门多萨所撰的天妃形象中，使之更加富有中国民间故事的传奇色彩。由此可见，即使在西方人的心目中，妈祖不仅具有支配海上事件的神力，还是一个有求必应的航海保护神，他们禀报的材料形象地描绘了妈祖对航海事业的精神促进作用。

---

① 如朱天顺：《妈祖信仰的起源及其在宋代的传播》，载《厦门大学学报》（哲学社会科学版）1986年第24期；金秋鹏：《妈祖生日话妈祖》，载香港《大公报》1986年3月12日。
② 据莆田文史工作者林祖韩、俞玉麟最近的调查材料。
③ （宋）丁伯桂：《艮山顺济圣妃庙记》，载《浙江通志》卷217，《祠祀一》。

门多萨1545年生于西班牙，成年后从军至墨西哥并在那里参加了奥斯定会。1574年回国，极力向国王菲利浦二世鼓吹，为了传教及贸易事业，尽快派遣使团到中国。1581年受命携国书、礼品去墨西哥居住，谋求从南美洲出发取道菲律宾至中国，遭到墨西哥殖民官员的反对而未能成行。1582年重返欧洲，后又再到美洲任教职。①《中华大帝国史》一书就是谋求访问中国失败后，根据他在墨西哥搜集的各种资料汇编而成的。他用了十章的篇幅叙述中国的宗教情况。诚如上述，门多萨从未到过菲律宾和中国，有关妈祖的材料当得自他在墨西哥听到的传闻。

三、西传所取路线

自哥伦布发现新大陆与达·伽马开辟通往亚洲的新航路之后，明代中晚期，西方早期的殖民国家船队源源不断地由海上航行到东亚，往返在太平洋、印度洋上的大帆船，虽然携带着"十字架与剑"，但也运送货物、邮件、乘客，传递各种信息。不可否认，明代天妃故事的西传，跨越南洋群岛，通过波斯湾这条贯通东西交通的要道是主要的，但还有一条经美洲到欧洲由殖民主义势力支配的航线也是不可忽视的。

与葡萄牙人并起海上的西班牙人，在16世纪60年代完成对中南美洲、墨西哥的征服以后，占领菲律宾群岛，建立并垄断了以马尼拉和阿卡普尔科（墨西哥）为据点的亚美两洲之间的贸易，使无联系的中国与美洲开始发生间接接触。行驶在这条航线上的西班牙船只，一般是一百多吨到三四百吨的三桅帆船，它们大多是在马尼拉建造的。西班牙人占据马尼拉之后，立即与那里的中国船商发生贸易往来。华商每年将大批丝织物、工业制品、原料、粮食运来菲岛，使远离本国及墨西哥基地的西人可就近获得补给，另外又使墨菲间的贸易急速发展。② 据日本学者箭内健次的估计，

---

① [西班牙]门多萨：《中华大帝国史》，何高济译，北京：中华书局，2013年。
② 陈荆和：《十六世纪之菲律宾华侨》，东南亚研究集刊之一，香港：新亚研究所，1963年。

在16世纪80年代初,进入马尼拉的中国商船每年约有20艘,[①] 当然这些海船大部分是属于福建、广东的。贸易的通道本来就是文化传播的通道,指出这一点是必需的:明代隆庆、万历年间的中国海员把妈祖信仰传播到马尼拉,墨菲间海上通道沟通之后,中国文化就通过西班牙商人和奥斯定会士传播到美洲、欧洲,使欧洲人较多地了解中华的古文明,所以妈祖故事的西传另一路线即是从中国——菲律宾——墨西哥——欧洲。16世纪80年代至17世纪初叶,英法两国同西班牙、葡萄牙、荷兰等国争夺海上霸权,特别是成立东印度公司前后的一段时间,欧洲各国对中国抱有极大兴趣。门多萨关于中国地理、宗教、社会、民俗的著作出版问世以后,很快风靡了欧洲,包括妈祖信仰在内的中国宗教文化就这样传扬到西方。

原载《海交史研究》1987年第1期

[①] 转引自罗荣渠:《中国与拉丁美洲的历史联系(十六世纪至十九世纪初)》,载《北京大学学报》(哲学社会科学版)1986年第2期。

元代奉使波斯碑初考

1953年，泉州南校场的民工在施工中掘获一辉绿岩碑刻，碑作长方形，长64厘米，高25厘米，四周刻连续传枝花纹图案（图版六十五）。此石碑是须弥座祭坛式石墓的构件，碑中刻汉字19竖行：

> 大元进贡宝货，蒙圣恩赐赉。至于大德三年内，悬带金字海青牌面，奉使火鲁没思田地勾当，蒙哈赞大王特赐七宝货物呈献朝廷，再蒙旌赏。自后回归泉州本家居住。不幸于大德八年十……

碑文不完整，显然当时同一须弥座石结构上还有另两块对称的刻汉字的挡垛石，上述文字只是碑文中间的片段，前后都应另有刻行文记事的石碑与之衔接。此碑连同照片最初由吴文良编入《泉州宗教石刻》（科学出版社，1957年）中，且附有简单说明。元代奉使波斯碑的出土是泉州田野考古很有价值的收获之一。我们知道，元廷与波斯交往的记载，几乎都是从《元史》以及其他官方文册中发现的。大德三年（1299）的这次遣派，史乘失载，资料星散，而元史研究者迄今对仅存的这块记载此事的重要碑刻尚未作详细的考查。笔者最近对此段历史有所涉猎，意欲通过研究碑铭，从中西资料的对比上探讨被《元史》修纂者忽略的这次外交使命。考释如有未尽及错误之处，请专家们予以教正。

一、哈赞其人其事

元代奉使波斯碑刻的出土，再次证明了元朝政府与波斯（伊儿汗国）的蒙古宗王存在着频繁的外交（贡使）与经济贸易联系。引人注目的是，大德初年的这次出访，如同至元间元廷遣派杨庭璧使俱蓝马八儿，① 马可·波罗伴送蒙古公主远嫁波斯②一样，都由最大贸易港泉州出洋。

碑中首先叙述了元大德三年以前，赴大元进贡宝货的权臣，因为受元朝皇帝的圣恩赏赐，后又为元廷委派出使，到达了火鲁没思。火鲁没思是波斯湾的忽鲁漠斯（Hormuz）的同音异译，忽鲁漠斯之名始见于元黄溍撰《海运千户杨枢墓志》，《元史·地理志·西北地附录》作忽里模子。火鲁没思位于哲龙（Djerung）岛上，距波斯大陆仅三英里，是中世纪中国和非洲、阿拉伯国家贸易的接触点。据记载，元代泉州和火鲁没思之间有大量的商船定期往返，元廷使节从泉州入海到波斯，都是在火鲁没思登陆的。碑文还具体地提到了当时接见使臣的是波斯王哈赞。有关哈赞在位时的情况、他和元成宗之间的关系及其宗教信仰等，为我们考证这一段史事，该碑提供了有意义的线索。

哈赞（Ghazan，就是《元史》中的合赞）是成吉思汗的继承者的后裔，据波斯古代学者拉施德丁《史集》第三卷《伊儿汗国史·哈赞传》的记载，他于1295年11月至1305年5月在位。《元史》中有关他的记载不多，成吉思汗扫除东西大道上的此疆彼界，蒙古国广阔疆域的开拓主要是依靠军事征服。1252年旭烈兀（睿宗拖雷的第六子）的西征使帝国版图扩展到波斯湾和黑海，一个由宗王统治的波斯伊儿汗国因此建立起来。原本蒙古人对于基督教徒与穆斯林无所轩轾，唯因其侵入了伊斯兰教地域，当然要怀柔反对穆斯林统治者的基督教徒，因此最初几任波斯王，从阿八哈（Abanga）到阿鲁浑（Arghun），都对基督教徒实行保护。这是聂斯脱里（景教）教会在波斯、叙利亚一带繁荣昌盛的时期。③ 它不仅得到旭烈兀及其继续者阿八哈和阿鲁浑等波斯汗的保护，而且还得到宗主忽必烈及其在中国和远东的继承者的保护。1284年即位的阿鲁浑，在伊儿汗宫廷中有相当大的影响。为征服巴勒斯坦和叙利亚，他向欧洲派出以著名景教僧列班扫马为首的一个重要使团，希望稳住同欧洲列强的联盟并取得支持，共同

---

① 《元史》卷210，《列传第九十七·外夷三》，"马八儿等国"。
② ［法］沙海昂注：《马可波罗行纪》中册，冯承钧译，北京：中华书局，1954年。

反对信奉伊斯兰教的萨拉森人。列班扫马是景教宗主教的亲密朋友，与忽必烈朝廷有密切联系，曾被阿鲁浑任命为宫廷中的神父。并且阿鲁浑叫儿子（后来即位的哈赞）受洗礼，取教名尼古拉，以对教皇表示敬意。[①] 不但如此，阿鲁浑1288年4月2日在给教皇的信中许诺，当蒙古和西方的同盟攻占耶路撒冷时，他将在那里接受洗礼。

1295年哈赞杀掉拜都后即汗位，同其父及前诸王公的信仰背道而驰，阿鲁浑的长子哈赞是一个热忱的穆斯林，由此基督教在波斯从一时的兴旺走向衰落。哈赞的大臣努鲁兹当即下令摧毁教堂，屠杀基督教徒和犹太人的首领。[②] 这种惨局一直延长到1297年才出现某种程度的缓和状态，但国王又颁布一项敕令，命令基督教徒要缴纳人头税，出门时必须系腰带。从此以后，在波斯的蒙古人，也同在俄罗斯和土耳其斯坦的蒙古人一样，逐渐地被穆斯林文化的环境所同化了。[③]

那么，哈赞以前的伊儿汗国诸王与汗八里的元廷关系如何呢？

旭烈兀的西征摧毁了印度河以西的所有的东方的穆斯林苏丹国，巴格达、埃德萨、阿勒颇和大马士革先后陷落。《元史》记录了旭烈兀几次向宗主忽必烈遣使报捷："八年戊午二月，诸王旭烈兀讨回回哈理法，平之。擒其王，遣使来献捷"[④]；"伯颜，蒙古八邻部人。……从宗王旭烈兀开西域。伯颜长于西域。至元初，旭烈兀遣入奏事"[⑤]。

这种蒙古宗王与大汗朝廷的友好往来在阿鲁浑执政时代得到发展。至元二十年（1283）忽必烈的宫廷近臣，曾担任过大司农、御史大夫、枢密副使的孛罗奉旨出使波斯伊儿汗国，同行爱薛等一行人从海路抵达忽鲁漠斯，然后北上，大概在1284年末于波斯西北部的阿儿兰见到了阿鲁浑，孛罗羁留波斯未归，为历代伊儿汗效劳。[⑥] 此事《元史》无载，见于程钜夫

---

① 见沙博特：《阿鲁浑汗与西方的关系》，载《拉丁评论》，1894年，第584页；又见格鲁塞：《十字军史》卷3，第722页。
② [英] 阿·克·穆尔：《一五五〇年前的中国基督教史》，郝镇华译，北京：中华书局，1984年，第138页。
③ [英] 道森：《出使蒙古记》，伦敦，1955年，第26页。
④ 《元史》卷3，《本纪三·宪宗》。
⑤ 《元史》卷127，《列传第十四·伯颜》。
⑥ 余大均：《蒙古朵儿边事孛罗事辑》，载《元史论丛》第一辑，北京：中华书局，1981年。

235

撰《拂林忠献王神道碑》："癸未夏四月，择可使西北诸王所者，以公尝数使绝域，介丞相孛罗以行。还遇乱……两岁始达京师，以阿鲁浑王所赠宝装束带进见。"① 元代文献还载至元二十九年（1290）元廷派遣九十人的大型使团"取道马八儿，往阿鲁浑大王位下"②，这段记载和马可波罗使波斯所记大体吻合，应即一事。

孛罗居留伊儿汗国仍然受到后来继位的哈赞王的重用。哈赞曾建立一支由万名蒙古青年组成的御林军，任命孛罗担任万夫长。孛罗经常向哈赞讲述蒙古族的历史，拉施特形容哈赞"非常详细地了解很受蒙古人尊重的蒙古族历史，非常详细地知道父辈、祖辈和男女亲族们的名字，古今各地蒙古异密的名字……除了孛罗以外，谁也不及他知道得那么多，所有的人都向他求教"。③《元史》记载"大德八年秋七月癸亥，诸王合赞自西域遣使来贡珍物"④，哈赞卒于1304年，这年到达大都的使者，可能是前一年派出的。

征诸史籍，不难发现，自旭烈兀至哈赞，伊儿汗国与元廷的联系不能说是频繁的，先是对南宋的战争尚未取得决定性胜利，未打开海上通道。此外，在阿八哈、阿鲁浑时代，由于窝阔台系、察合台系等西北藩王对抗元廷以及稍后忽必烈与海都之间在中亚细亚进行大战，阻碍并切断了通往波斯的陆路交通线。一直到哈赞朝，由于哈赞熟悉蒙古突厥各部落的历史、成吉思汗家族和蒙古贵族的系谱，宗族感情的维系常常使这个伊斯兰君主很称心，和元廷的联系逐步活跃，常常以贵重的舶来品奉献大汗，迎合中国统治阶级爱好奇巧珍玩的心理。波斯史家瓦萨夫记载1298年哈赞遣使节法克尔爱丁及博开伊尔济二人，往东方大汗之廷，献珍珠异物，虎豹等兽，抵大都后，元成宗命给旭烈兀离开后所积四十余年之岁赐，优待诸使，居大都四年而归。西史记载的哈赞使节，与泉州元代奉使波斯碑有否

---

① （元）程钜夫：《程雪楼文集》卷5，《元代珍本文集汇刊》，台北："国立中央"图书馆，1970年。
② 见《经世大典·站赤》，《永乐大典》卷19418 站字韵。
③ 见［波斯］拉施特主编：《史集》卷3，余大钧译，北京：商务印书馆，2017年，第362页。
④ 《元史》卷21，《成宗本纪》。

联系？大德三年内奉命波斯的元廷使节（也就是该碑的墓主）到底是谁？作者将在下面加以论述。

二、奉命波斯的使臣是谁

大德三年内元成宗遣派往波斯的使臣到底是谁？由于碑铭间断，一直悬而未决。

吴文良刊出此碑的照片时，曾引用日本学者桑原骘藏《唐宋元时代中西通商史》中的一段话来加以对照：

> 据西历十四初期窝萨夫（Wassaf）书中所记，谓查摩尔对丁之子法克尔对丁（Fakhr ud Din admad）氏，于西历一千二百九十七年，[1] 曾以波斯易尔干（Ilkhan）合赞（Ghazan）汗使者之资格，由海路往中国，拜谒元之成宗。受赐贵族之女，因滞留中国凡数年。其后于一千三百〇五年，复循海路归国。[2]

这段话显然也是源自前引多桑《蒙古史》。吴文良先生认为这一记载与碑上所记吻合，并据碑中"回归泉州本家居住"推测，指出这一个大使很可能不是泉州本地人，或者是一个色目人。[3] 这一说明很有吸引力，乍看起来时间上很接近，元成宗大德三年，是公元 1299 年。但此说经不起推敲，不妨再查窝萨夫书中所记。同书指出法克尔对丁是波斯湾奇什（Kish）岛（即元代所称怯失）领主的儿子，因受哈赞的派遣始至中国，1305 年仍循海道归国，航至南印度海域时，不幸死于海途中。反观泉州出土碑刻，碑上说得很清楚，这位使节原本滞居泉州，因受大元圣恩奉使波斯，蒙哈赞大王特赐，随后回元廷述命，不久猝然身死，葬在泉州，在泉州遗留墓石便是明证。所以哈赞之使法克尔对丁与泉州石碑上的使者，不是同一人。

---

① 此处中西历对照有误，应是 1298 年。
② ［日］桑原骘藏：《唐宋元时代中西通商史》，冯攸译，北京：商务印书馆，1930 年，第 80 页。
③ 吴文良：《泉州宗教石刻》，北京：科学出版社，1957 年，第 60 页。

另外还有元代文献可以对此作出旁证，见于《元文类》黄溍撰《海运千户杨枢墓志》："大德中，枢护送亲王哈赞使臣浮海西还，八年发京师，十一年，乃至其国。登陆处曰忽鲁漠斯。"① 这一宝贵的资料同西史所记不谋而合，二者显然记的是同一件事。大德八年，是1304年，杨枢所护送的哈赞使臣，浮海西还至其国，并没有死在泉州，当然也不可能葬在泉州。

令人不无遗憾的是，同孛罗出使波斯一样，元成宗于大德三年内派出的这个重要使节，《元史》也缺载。但元代刘敏中撰写的《敕赐资德大夫中书右丞商议福建等处行中书省事赠荣禄大夫司空景义公不阿里神道碑铭》中存在有关于这次出使的线索可寻：

> 有元大德三年冬十月某日，资德大夫中书右丞商议福建等处行中书省事不阿里薨于京师，诏赐宝钞贰万伍千缗，以驿传负其梓归葬泉州，命有司议赠谥，撰墓碑，而其文以命臣敏中。
>
> 臣谨按礼部事状，公本名撒亦的，西域人。西域有城曰合剌合底，其先世所居也。远祖徙西洋。西洋地负海，饶货，因世为贾贩以居。父不阿里得幸西洋主，使与诸弟齿，弟有五人，不阿里称六弟。俄总领诸部，益贵富，侍妾至三百人，象床、黄金饰称是。不阿里殁，公克绍其业，主益宠，凡召命，惟以父名。故其名不行，而但以父名称焉。圣朝之平宋也，公闻之，喜曰："中国大圣人混一区宇，天下太平矣，盍往归之。"独遣使以方物入贡，极诸瑰异。自是踵岁不绝。复通好亲王阿八合、哈散二邸，凡朝廷二邸之使涉海道，恒预为具身桄，必济乃已。世祖熟其诚款，至元二十八年，赐玺书，命某部尚书阿里伯、侍郎别帖木儿、列石往谕，且召之。公益感激，乃尽捐其妻孥宗戚故业，独以百人自随，皆使入觐。既见，世祖大加慰谕，赐以锦衣及妻，廪之公馆，所以恩遇良渥。
>
> 圣上嗣位，特授资德大夫、中书右丞、商议福建等处行中书省事，累赐以巨万计，而数益隆矣。至是年来朝，遂以病薨，享

---

① 张星烺：《中西交通史料汇编》第三册，1977年，第121页。

年四十有九。赐妻蔡氏……①

碑铭中的不阿里，陈高华先生正确地指出就是《元史·马八儿等国传》中的马八儿宰相不阿里和朝鲜史籍中的马八儿国王孛哈里。②伊里渥的《印度史》也提到元初印度马八儿国王子孛哈里，因与王父不睦，离开其本国，到泉州侨居。③如碑铭所述，不阿里本名撒亦的（Sayyid 赛义德），这是伊斯兰教圣裔家族所特有的称号，应为阿拉伯人或波斯人。不阿里的祖先到马八儿国经商落户。《元史》记："海外诸蕃国，惟马八儿与俱蓝足以纲领诸国，……自泉州其国，约十万里。"马八儿"至阿不合大王城，水路得便风，约十五日可到。"④显而易见，马八儿在中国与波斯的海上交通与商业贸易方面占据重要的地理位置。

那么碑铭中的不阿里（孛哈里）是否就是泉州元代奉使波斯碑的主人呢？

首先应当看到，作为权臣、富商的不阿里，一方面"独遣使以方物入贡，极诸瑰异"，在奔元前早已博得世祖的好感。另一方面，由于"复通好亲王阿八合、哈散二邸。凡朝廷二邸之使涉海道，恒预为具舟筏，必济乃已"，在沟通元廷与波斯的关系方面，完全可以充当特使发挥作用。在这里，需要区分的是，不阿里是在至元二十八年（1291）"奔于元，居泉州"⑤。他和亲王阿八合的联系是在马八儿国当宰相时，阿八合于至元十九年（1282）去世，汗位为其弟阿尔马（Ahmed）所篡，两年后宫廷斗争的胜利者阿八合长子阿鲁浑杀掉阿尔马，于 1284 年即汗位。《景义公不阿里神道碑铭》没有记录不阿里与阿鲁浑王廷的关系，很可能不阿里这一段时间与"其国王有隙"⑥。这导致了他在 1291 年"尽捐其妻孥宗戚故业，独

---

① 见《中庵集》卷 4，北京图书馆所藏抄本，此段材料系陈高华先生发现。转引陈高华：《印度马八儿王子孛哈里来华新考》，载《南开学报》1980 年第 4 期。

② 参见［朝鲜］郑麟趾：《高丽史》卷 33，《忠宣王世家一》；《东国通监》卷 40，《忠宣王一》。

③ Elliot: "History of Indian", Vol Ⅲ, pp. 45-47.

④ 《元史》卷 210，《列传第九十七·外夷三》，"马八儿等国"。

⑤ 《东国通监》卷 40，《忠宣王一》。

⑥ 同⑤。

以百人自随",投靠忽必烈。问题恰恰在这里,不阿里投靠元廷,受赐"锦衣及妻"之际,哈赞王还没有登上伊儿汗的宝座。正如我们上面所述,哈赞朝开始于1295年11月,也就是说,元廷和哈赞的"使涉海道",必定是在不阿里奔元以后,"圣上嗣位(1297年即大德元年),特授资德大夫,中书右丞,商议福建等处行中书省事"时发生的。元世祖曾对不阿里大加慰谕,刚登基的成宗同样赏识不阿里,不吝"累赐以钜万计,而数益隆矣"。元政府十分重视泉州在当时海外贸易中所占的特殊地位,自然期待不阿里这样一个过去在马八儿曾经常为朝廷与伊儿汗国之间海道交往提供方便的色目人,在沟通海外各国特别是伊儿汗国方面发挥建设性作用。所以让他"居泉州",委以"商议福建等处行中书省事"。元朝统治者,曾一度建立泉州行省(至元十五年)①。平海省之开设在成宗大德元年(1297)。《元史·成宗纪二》云,大德元年二月改福建省为福建平海等处行中书省,徙治泉州。不阿里在泉州担任这个重要职位正是从大德元年至三年,"至是年(大德三年,1299)来朝,遂以病薨"。倘不是他本人从泉州侨寓处奉使波斯谒见哈赞,或者是由他推荐并与之有密切关系的色目人奉命出使,那么刘敏中所撰不阿里复通好哈散(赞)邸的颂辞又从何而来呢?

再次从出使时间来看,不阿里的经历和泉州出土的石碑的题刻也是基本符合的。不阿里奔元在大德三年以前,很有可能与奉使波斯碑衔接的前一碑刻叙述的就是他归顺元朝之事,碑上说明奉使时间是"至于大德三年内",也就是这次出使在大德三年以前进行,至大德三年来朝归已完成。桑原骘藏曾经据朝鲜史籍证明大德二年(1298)初不阿里还侨居于泉州,元帝赐不阿里以蔡氏(按蔡氏为高丽贵族蔡仁揆之女)。复因蔡氏之故,忠烈王廿四年(1298)不阿里曾以银丝帽、金绣手帕、沉香、土布等献于高丽王。② 以当时的航海技术而论,从泉州到波斯往返大约需二年,我国的海员早已熟练地掌握了海洋季节风的规律,去南海(西洋诸国),"每遇

---

① 《元史》卷62,《志第十四·地理五》:"(至元)十五年,改宣慰司为行中书省,升泉州路总管府"。

② 见[日]桑原骘藏:《唐宋元时代中西通商史》,第79页。

冬汛北风发舶""夏汛南风回帆"。如若就是不阿里奉命出使的话，他也完全有足够的时间，并且具备各种有利条件来履行这一使命。成宗似乎对出使的结果十分满意，"至是年来朝""累赐以钜万计，而数益隆矣"，这在泉州石碑上也有反映，"呈献朝廷，再蒙旌赏"。

从奉使波斯的人选角度来考虑，不阿里充当使臣再恰当不过。如前所述，哈赞是一个热忱的穆斯林，在位期间对基督徒的迫害是骇人听闻的。他不会欢迎异教徒的使节在众目睽睽之下出入王廷。姑且不论不阿里出身于西域的伊斯兰圣裔家族，由于他与哈赞父辈们的关系，当然是其时选择范围中的理想人选。泉州奉使波斯碑构件显然是从伊斯兰教须弥座祭坛式石墓上拆卸下来的。近几十年来，考古工作者的调查表明，这类大型伊斯兰教石墓都是贵族或富商的灵柩。换言之，泉州奉使波斯碑的墓主绝不可能是个本地汉人。因为在元代，南人被贱视，难以充任使节。更说明问题的是，尽管不阿里死在大都，但仍葬在泉州，《景义公不阿里神道碑铭》亦言圣上命"以驿传负其梓归葬泉州"。既然这些情况均相吻合，我们当然可以对不阿里奉使波斯的可能性有更多的认识。

笔者认为，史实难以如此巧合，泉州奉使波斯碑的使者和刘敏中《景义公不阿里神道碑铭》提到的不阿里，有可能是同一人。但这里有一个矛盾，《景义公不阿里神道碑铭》言不阿里死于大德三年十月，而泉州碑石刻"不幸于大德八年十"，没有明确说明死期；如这句话的意思是指死期，那么应该以出土碑文来校正刘敏中所撰，因古籍系传抄本，"三"是否抄错？也可以怀疑。不过，据《元史》卷178："大德七年，诏遣宣抚使巡行诸道，敏中出使辽东、山北诸郡……除东平路总管，擢陕西行书台治书侍御史。九年，召为集贤学士，商议中书省事。"① 大德八年刘正当外任，不在大都，如不阿里死于此年十月，其神道碑不可能"以其文命臣敏中"。而大德三年刘"为国子司业，迁翰林直学士，兼国子祭酒"。奉旨撰文是他的本职，所以，讹"八"为"三"的推测似不能成立。但是反过来说，《景义公不阿里神道碑铭》为刘敏中的署名文章，大德八年刘虽不在京城，

---

① 《元史》卷178，《列传第六十五·刘敏中》。

然以刘敏中的史称"为文辞，理备辞明"，像不阿里这样有身份的权臣，其神道碑经皇帝指名，"其文以命臣敏中"也有可能。其次，值得注意的是，由于泉州碑文不完整，"不幸于大德八年十"可能表明死期，但也可以表明其他的意思（事情）。这块石碑是从伊斯兰教须弥座祭坛式石墓拆卸下来的，据吴文良在20世纪50年代的调查，这种碑位于束腰部分，一般分三节或五节。座的正中石垛通常刻伊斯兰教最重视的"云月"。也就是说该墓肯定还有两方同样大小的刻汉字的挡垛石。已发现的这块碑刻有73字，另两方所刻字数当与此接近。如碑文到此已是说明殁年月日，那么对称的后面衔接的碑就会留下大半截的空白。因此，我个人认为很可能在"不幸于大德八年十"后面插叙了一大段话（文字），其结尾处才标明死期以及建墓的眷属以及时间。

笔者在集辑资料的基础上阐述不阿里的主要事迹及背景材料，据以推论他有可能在大德三年内奉命出使伊儿汗国。但是，由于缺乏足够的资料可证，碑主去世时间问题尚不够明确，且似说他活着从大都回到泉州，与刘敏中所撰存在不一致的地方，目前难以完全解释清楚。所以本文对此只能做一些推论，抛砖引玉，以期引起对这一问题有兴趣的学者从各方面进行探讨。

三、金字海面牌·奉使火鲁没思田地勾当·七宝货物

出土碑刻文字本身，对于研究元代外交往来的礼仪以及牌子制度，无疑具有一定的参考价值。泉州元代奉使波斯碑的使臣，悬带着金字海青牌面，这就是遣使牌子，即蒙古皇帝或元朝廷向直接派遣负有特殊使命的使臣临时颁发的牌子。它的作用是据以执行使命，行使特定的外交权力。金字和银字牌子是有区别的。《元史》卷103载："诸朝廷军情大事，奉旨遣使者，佩以金字圆符给驿。"[①] "诸王公主驸马军情急务遣使者，佩以银字圆符给驿。"如成宗大德三年，使臣答术丁等"钦赍圣旨悬带虎符（虎头

---

① 《元史》卷103，《志第五十一》。

金牌），前赴马合答束番国征取狮豹等物。"① 至于海青牌面，屡见于元初文献，由于从无发现宝物，曾引起争议，它是否铸有海东青图像以及与金银字圆牌的关系，《元典章》卷29《改换海青牌面》条中载有一件公文：

> 至元七年闰十一月，中书兵刑部承奉中书省札付，准都省咨该：今有和鲁火孙文字译该："钦奉圣旨：'海青牌底，罢了那海青者。海青牌替头里，蒙古字写了呵，教行者……'"并移咨各处行省，通行照会各各元发海青牌面备细数目咨来，却行关发蒙古字牌面，倒换施行。②

蔡美彪先生据此说明，海青牌的流传截止至元七年，从此被新铸的蒙古字牌（八思巴文）所代替。③ 泉州出土碑刻却证明大德三年金字海青牌面尚在沿用，并且这种牌子为伊儿汗国所熟知。西史曾记阿鲁浑派出的使者悬带金属制的路牌（Paiza），也就是牌子，用作通行证。

碑中的"奉使火鲁没思田地勾当"，具有公牍文体的一般特征。由于径直硬译蒙古语，常常不用汉语正式术语，而常用俚俗语，如称公务为"勾当"，称地方为"田地"等，《元典章》里即大量使用"田地""勾当"这一类词汇。这整句话的意思，是奉使往火鲁没思地方办理公务。当然，使臣抵达的目的地显然不是火鲁没思，火鲁没思泛指波斯一带。元成宗的使臣觐见哈赞应在贴兀力思（Tauris）或大不里士。据方济各会主教蒙德高维奴遗札，1290年他是在伊儿汗都城大不里士见到阿鲁浑的，1291年再从这里出发，带信给中国的大汗忽必烈。④ 21年后，鄂多立克东游时也说大不里士是一座皇城，全世界几乎都跟该城有贸易往来。⑤

也就是在这个宜于贸易的皇城，"哈赞大王特赐七宝货物，呈献朝廷"。《元史·世祖九》："（至元十九年九月），招讨使杨庭璧招抚海外，南番皆遣使来贡。……寓俱蓝国也里可温主兀咱儿撒里马亦遣使奉表，进

---

① 见《经世大典·站赤》，载《永乐大典》卷19418引。
② 《元典章》卷29，《礼部卷之二·牌面》。
③ 蔡美彪：《元代圆牌两种之考释》，载《历史研究》1980年第4期。
④ ［英］道森：《蒙古传教志》，"序言"。
⑤ 何高济译：《鄂多立克东游录》，北京：中华书局，1981年，第33-34页。

七宝项牌一。"① 有人认为"七宝"即此"七宝项牌",亦即十字架,这是不确定的。《元史》卷36提到至顺三年西域诸王"不赛因遣哈只怯马丁以七宝水晶等物来贡"②。而他处有"不赛因以文豹、西马、佩刀、珠宝等物来献"的记录。可见,哈赞大王特赐的七宝货物,大致是珍宝、银盘、水晶和药物等。

泉州奉使波斯碑的发现进一步表明,泉州是元代中外政治联系和文化交流的一个枢纽。蒙古人虽然是黩武主义者,但对社会发展还是做出一定的贡献,他们从亚洲的一端重新开辟了丝绸之路和海上通道。蒙古骑兵的"飓风"刮过后,他们把大道开放给使节、商人和传教士,使东西方在经济上和文化上进行交流成为可能。

原载《文史》第30辑,北京:中华书局,1988年

---

① 《元史》卷12,《本纪第十二·世祖九》。
② 《元史》卷36,《本纪第三十六·文宗五》。

从若干碑铭看清代中前期泉州的海关及贸易

明代中叶以降,由于国内外形势有了新的变化,泉州港的海外交通逐步走向衰落。到了清代中叶,泉州港已经从宋元时期名闻遐迩的"东方第一港",下降成为我国地区性的港口,这就使泉州港海上交通的航线、贸易的主要对象和贸易方式等,也随之发生了变化,其主要活动区域逐渐被局限于印度洋以东的南海各国、日本和国内沿海。泉州的海上交通贸易出现了一些新的特点,其中私商活跃海上和人口海路外流是突出特点,关于这个方面,文献记载比较丰富,论列颇多,囿于篇幅,不再胪述。但是,有关清代中前期泉州曾设置海关以及管理贸易的情况,由于商品流通范围的扩大,闽南海上贸易扩展,泉州商人赴台湾,从事沿海的长途商品贩运活动等问题,尚有待进行深入的研讨。笔者参加了最近的泉州海关史调查,主要根据泉州现存的部分碑刻铭文,结合新发现的材料,就这些问题作初步的考察。

一、关于泉州海关的设立考略

明、清两朝,基本上奉行闭关禁海的政策,即使在开海贸易时期,也颁布种种条约以约束人民出海经商。但是,海外贸易既然作为一种社会经济的必然要求,就不是统治阶级的意愿所能阻挡。清初至康熙二十三年(1644—1684),尽管屡颁禁海迁界的法令,但依然保持同某些国家的船舶往来,如暹罗的贡舶,荷兰商船的来华,英船入航厦门,"并在泉州、漳州、厦门以及福州等四处，大肆收购砂糖，并在别处收购，甚至造成砂糖缺货"①。当然，这种合法的贸易额是甚微的。康熙二十二年（1683），清朝统一了台湾，三藩之乱又已平息，为废除海禁创造了条件。于是康熙二十三年（1684）正式停止海禁："今海内一统，寰宇宁谧，满汉人民相同一体，令出海贸易，以彰富庶之治，得旨开海贸易。"②第二年，宣布江苏的松江、浙江的宁波、福建的泉州、广东的广州为对外贸易的港口，并分别设立江海关、浙海关、闽海关和粤海关等四海关，负责管理海上贸易事务。③允许沿海人民出海捕鱼、贸易，并许外国商船到这些地区停泊、互市，由海关征收进出口税。这是中国历史上正式建立海关的开始。

关于康熙二十三年设立四海关的地址，史料未统一，一般史书记载为云台山、宁波、漳州和澳门，《清史稿》云："开江、浙、闽、广海禁，于云山、宁波、漳州、澳门设四海关。"④道光《厦门志》卷7则载闽海关始设于厦门："厦门海关始于康熙二十二年，台湾既入版图，靖海侯施琅请设海关，二十三年设立，派户部司官一员，榷征闽海关税务，一年一更。雍正七年，议归巡抚管理。"⑤乾隆《泉州府志》载："国朝海关之设始于康熙二十二年……泉州府属海关税务，巡抚委道府征收，今归镇闽将军辖办，其隶属泉郡者在南关外及同安县厦门港各处，凡商船越省贸易及贩往外洋者，出入官司征税。"⑥道光年间编修的《厦门志》有关海关的记述显然参照了乾隆《泉州府志》，但府志并无明言闽海关始设于厦门，而广东巡抚李士祯《抚粤政略》里又说海关"福建驻泉州"，他是于康熙中期在任上所记，说明康熙时福建的海关设在泉州。至今仍然竖于泉州南门外清

---

① [日]林春胜、林信笃：《华夷变态》中册，日本东洋文库，1958年，第1179页。
② （清）嵇璜、刘墉等撰，纪昀等校：《清朝文献通考》卷33，《市籴》，台北：新兴书局，1965年，第5155、5156页。
③ 李士祯：《抚粤政略》卷1，《议复粤东增豁税晌疏》记："江南驻松江，浙江驻宁波，福建驻泉州，广东驻广州次固镇。"转引自黄启臣：《清代前期海外贸易的发展》，载《历史研究》1986年第4期。
④ （清）赵尔巽等撰：《清史稿》卷125，《志一百·食货六》，北京：中华书局，2003年，第3675页。
⑤ （清）周凯修、凌翰等纂：《厦门志》卷7，《海关》，台北：成文出版社，1967年，第124页。
⑥ （乾隆）《泉州府志》卷23，《榷政》。

海关旧址前的《奉督抚两院示禁碑》，为李士祯所记的可靠性提供了重要的旁证。该碑刻制于康熙五十五年（1716）九月，其意在于保护商民的利益，重申泉州海关货税的有关规定。碑文的内容不仅表明泉州海关设置已久，还揭示了"盘踞泉口"已久的关役复萌故习，"觊法肆虐，违例横征，商民受害"，于是乎"随经本司提到各犯证，逐加刑讯，赃真证确，依律议拟杖流……仍将违例横征各款逐一查详，勒石永禁"。由上述可见，泉州海关在康熙二十三年（1684）即已设立，证据是确凿的。

事实上，即使在明清之际遭受战乱和"迁界"破坏的情况下，泉州的海上贸易虽然受挫，但并非停顿。同时，泉州在漳州的商人在这一时期异常活跃，其商人和商业资本，不仅胜于本省其他地区，也可以与苏松杭地区、珠江三角洲地区、徽州地区相媲美。

早在明嘉靖年间，从事与西人贸易的以广东、泉州及徽商为多，见诸于《海防辑要》："嘉靖三十五年，海道副使汪柏乃立客纲、客纪，以广人及徽、泉等商为之。"据法国人裴化行《天主教十六世纪在华传教志》一书记载，此时"商业的利润被原籍属广州、徽州、泉州三处的十三家商号垄断着"。此时泉州有许多从事贸易的商人或招商世家，由于海外贸易利益丰厚，纷纷出洋贸易。顾炎武说："泉漳二郡商民，贩东西二洋……比比皆然。"① 据崇祯元年（1628）兵部尚书的题本称："今岁洋船之出洋者，已四十三只，而到漳者十只，到泉者二只，他处泊广东十只，温州一只。"② 日人岩生成一统计，明清之际，中国到日本贸易的船有泉州、漳州、安海、南京、苏州等。由于泉州具有海河港市四者俱备的优越条件和长期的海外贸易的传统，清政府完全有可能重新选定泉州设立海关，严格管理贸易。

1986年11月，厦门海关、泉州海关、泉州海交馆成立"海关史迹联合调查组"，在距清海关遗迹不远处的富美宫邻近，发现了清嘉庆戊寅年（1818）《重修馆口道头碑记》。馆口即是清之海关，该碑原立于海关口道

---

① （清）顾炎武：《天下郡国利病书》卷96。
② 《明清史料》，戊编第1本，第4页。

头,后被挪移到巷子里砌于路面。很有价值的是,该碑陈述了泉州海关关长主持重修海关道头,并解囊资助的经过:"水陆高下,升降必由夫津涯,道头之设,自古为然,而创造修葺之功,诚不可苟也……于是本关莅任斯土,不忍坐视,重兴义举。幸荷诸公踊跃……""本关王、文、虞公捐洋银贰拾伍大元""除用外尚不敷银大元,交给西为捐凑,本关文捐凑"。碑文首次披露了嘉庆年间泉州海关机构里三个关长的名字:"泉关宛平王浩、长白文哲、武林虞标同劝捐勒石。"有清一代,泉州海关的职官,史乘地方志缺载,这方碑刻的发现部分弥补了海关史料的不足。《厦门志》卷7"关差"载:"乾隆五十三年,福建海关税务着将军管理。自归将军后派旗员一名,总管税务。"[1]碑文的长白文哲,文哲系长白人,故文哲显然就是旗人,由将军指派到泉州海关负责管理泉州海关的税务。在同一碑上,开列的捐款名次里,出现了"四税行"。清代中前期,由于商品经济的发展,官府常常以征取商税来抵偿正赋,可见税源充足,并可看到新兴的税行与海关的配合及与海关的联系。

到了乾隆二十年(1755)发生了英人驾船闯入宁波、定海和天津的事件,清廷为了阻止外国商船进入内地口岸,宣布撤销宁波、泉州、松江三海关的对外贸易,"夷船将来只许在广东收泊贸易"[2]。从此,中国的海外贸易主要集中在广州口岸进行。乾隆二十三年(1758)上谕:"如系向来到厦番船,自可照例准其贸易。"故东南亚各国的商船,仍然不断到福建厦门等地,使厦门的对外贸易地位急速地超过泉州。

上述的史实充分说明,泉州在康熙二十三年(1684)即已设立海关,并在海上交通贸易中发挥了应有的作用。

二、泉台贸易成为泉商的主要对象之一

联合调查组新发现的嘉庆《重修馆口道头碑记》,表明了泉州行商既

---

[1] (道光)《厦门志》卷7,《关差》,厦门市地方志编纂委员会办公室整理,厦门:鹭江出版社,1996年,第155页。

[2] (清)王先谦等编:《东华续录》,乾隆四十六年。

多且实力雄厚，泉州乃人阜物丰的商聚地，商人们在海关的管理和限制下，积极开展海上贸易；碑文的内容同时表明，泉州港海上交通的航线与对象已经发生了变化。捐钱修造海关道头的二十多家郊商铺户的商业组织结构中，列于榜首的首推专营台湾鹿港生意的"鹿郊"，再次是苏郊、福郊、宁郊等，从事"越贩诸番"外洋生意的郊行，一家也没有。及此可见自乾隆二十二年（1757）撤销泉州海关的对外贸易之后，泉州对海外的贸易被很快削弱乃至近乎消失，泉商的目光逐渐转移到隔海相望、交通便利的台湾，"其舟楫相通者，惟泉厦耳"[①]以及内地的市场。

自古以来，台湾和大陆的政治、经济、文化的关系都非常紧密。康熙二十二年清朝平定台湾，翌年，清廷划台湾为一府三县，并宣布解除海禁，允准商民出海。这样，因郑（成功）清（廷）对峙而中断了二十多年的大陆与台湾之间正常的交通及贸易往来又重新恢复了。

随着台湾的内附，大约50年的时间里，大陆人民，主要是闽、粤两省的移民纷纷渡海赴台，"台地开垦承佃，雇工贸易，均系闽粤民人，不啻数十万之众"[②]。生产的发展必然带来商业贸易的繁荣，乾隆时的台湾"贸易甚盛，出入之货岁率数百万圆。而三郊为之主。三郊者，南郊苏万利，北郊李胜兴，糖郊金永顺也，各拥巨资，以操胜算。"他们的商品运送四方"南至南洋，北及天津、牛庄、烟台、上海，舳舻相望，络绎于途"[③]。难怪道光《厦门志》云："台湾，内地一大仓储也""以台地之有余，补内地之不足。台疆初辟，地力甚厚，三熟、四熟，收获丰稔。漳、泉、粤东之民趋之若鹜。"[④]

面对海峡两岸贸易往来的日益繁盛，清政府于乾隆四十九年（1784）开放台湾鹿港与泉州府蚶江通航。"海道仅四百里，风顺半日可达"，更为泉商东渡台湾提供了便利的地理条件。据现立于晋江县蚶江乡供销社（原海防官署旧址）的《新建蚶江海防官署碑记》（嘉庆十一年刻）云，"大

---

① 《续修台湾府志》，载高贤治主编：《台湾方志集成·清代篇》第1辑9，1995年，第722页。
② 《台湾府志》卷20，雍正十五年吴士功疏语。
③ 连横：《台湾通史》卷25，"商务志"，北京：商务印书馆，2012年，第478页。
④ （道光）《厦门志》卷6，"台运略"。

小商渔，往来利涉，其视鹿仔港，直户庭耳"，因之出现了"群趋若鹜"的局面，这一现象反映了以商业活动著称各地的泉商，在海外贸易受到限制之后，因狭小的区域性市场难以适应需要，赴台经商成为扩大贸易范围的新市场。

在泉州一带，专营台湾生意之商行与日俱增，并形成了郊商组织的贸易网络。泉州府晋江石壁村林式霁，只身一人航来海到台之淡水，数十年间："省之贡院、台之考棚、淡之城郭，公俱与有力……今持筹者权有二千余金，预为买沃计。"[1] 从这段资料中，可看到持筹握算的泉商运营贸易致富后，在商业界拥有很大势力，商业资本向土地流动的一些踪影。晋江林慎亭是专做台湾生理的郊商，他先于乾隆三十三年（1768）在泉州府南安水头开典铺，"手边计存有一百七十千"，于是转营台湾生理："越年就典铺之本，再整淡水生理，作有三年。获息合余，复整鹿郊数年，亦甚得利。……再整兴裕、兴盛、万顺、淡鹿三号生理，……所以数年之间，生息亦算不少"[2]。泉州人多田少，人稠粮缺，致使相当一部分人不得不外出经营工商业以谋生，通过转贩，把原料、商品、手工业生产都连接在一起加以牟利，于是富商大贾相继出现。晋江林诒铉，在台关帝庙口开张糖行，财源颇聚。乾嘉以还，由于城镇发展，营建大兴，在泉州，郊商不仅设立仓栈，而且砌造码头，清嘉庆年间泉州最大的商业码头位于晋江边的海关口，因此在码头附近聚集着许多郊商。海关主持重修道头时，捐助银两的商业组织共有鹿（港）郊等22家。

泉台之间的经济联系及其所导致的商业发展，促进了泉州商人集团的迅速扩展，从事台湾生理的行商和商郊骤增。据泉州市文管会收藏的《泉郡鹿港郊公置铁钟铭文》，道光十七年（1837），泉州仅鹿港郊就有46号营商。他们是：美记号、建源号、泉记号、振泰号、裕成号、胜裕号、万泰号、振利号、复吉号、复升号……商品经济的活跃，商人从各方面攫取着利润。但在频繁交往、应付官府摊派、酬酢宴乐的商业活动中，都互相

---

[1] 庄为玑、王连茂：《闽台关系族谱资料选编》，福州：福建人民出版社，1984年，第438页。
[2] 庄为玑、王连茂：《闽台关系族谱资料选编》，第442-443页。

争奇斗胜，夸耀财富，而以闽南地区尤为突出。咸丰十一年（1861）重修开元寺准提大殿，"诸有捐项芳名、宝号及一切收入用出数款开列于左，有条不紊，阙人共鉴。"据《重修准提大殿碑》，所开列的行郊中，排在前四位的有："宁（波）郊金顺兴三十员，淡（水）郊金晋顺二十员，笨（港）郊金合顺十二员，梧栖金万顺六员……"①其中三家为专营台湾生意的郊行。泉商不仅深入繁华市镇的淡水、笨（北）港，甚至还渗透到非规定通航的港口如梧栖、鸡笼等，为无照小船出入运载之所。迨至同治十一年（1872）日本入台湾琅琦前夕，与台湾贸易仍是繁盛，转输频数。再据《奉宪富美渡头碑》："出示谕禁事，同治十一年四月初一日，据聚津铺民姜琅、李总、陈九、邱赐、蔡潦、邱注等赴县佥称，窃富美渡头凡系南北台湾、外洋船运单五谷杂货等物，均归富美脚夫夯挑起水。"富美渡头为清代泉州从事沿海贸易的重要码头，由从事台湾生意的郊商所控制，他们拥有专门的码头，设货栈，拥有属下的脚夫，可"自行起栈"。

　　清代中前期的台湾商业之盛，以府城为最，次为鹿港和艋舺，故有"一府、二鹿、三艋舺"之称。随着商业的繁荣，台湾地方最具特色的商业集团——"郊"的组织开始形成②，犹如在泉州一样。各主要港口和商业市镇皆有郊的组织，配运泉州、厦门、漳州、汕头等处货物曰南郊，郊中有三十余号营商；熟悉台湾各港采籴者曰港郊，郊中共有五十余号营商，共推李胜兴为首。③行郊商皆由内地殷户之人出货所遣，正对渡于泉之蚶江、深沪、獭窟、崇武者曰"泉郊"，《彰化县志》中云：鹿港大街"街衢纵横皆有，大街长三里许，泉、厦郊商居多，舟车辐辏，百货充盈"④。郊商在商业界拥有很大的势力，当时台湾岛内外的商船航运贸易，几乎都被郊商所包揽。1985年，泉州市文管会在修建东海乡法石圣殿（又称真武庙）时，于墙垣里发现了清咸丰年刻制的《重修圣殿葫芦亭等碑

---

① 庄为玑、王连茂：《闽台关系族谱资料选编》，第469页。
② 李祖基：《近代台湾地方对外贸易》，南昌：江西人民出版社，1986年，第1页。
③ 《台湾私法商事编》，《台湾文献丛刊》第91种，第11页；周宪文：《台湾经济史》，第6章，"商业"，台北：台湾开明书店，1980年，第2页。
④ （清）周玺：《彰化县志》，《台湾文献丛刊》第156种，第40页。

记》。该碑记录了捐赠银两的36家营商或民户，尤为突出的是来自台湾淡水的五家船商和营商："兹将重修圣殿葫芦亭等，并庆成奠安，置办物件，典园开列于左……淡水金益胜，船商；淡水金顺胜，船商；淡水金财胜，船商；淡水金大胜，船商""淡水何大昌号捐银贰拾元"。法石的圣殿始建于宋，为当时郡守"祭海之所"，清代泉州海关隶属的法石口馆，也在其地，为船舶从后渚港进入泉州城的必经之处。从这里可泛海到台湾或其他地区贸易。此碑的出土再次证明台湾船商、郊商在泉州频繁的商业活动并参与祭海，泉州是当时吞吐台湾商品的主要市场之一。而族谱的大量资料证据也表明，台湾地方上的移民和商人，均以泉籍为多。①

当时台湾与大陆各地进行交换贸易的货物种类繁多，其中台湾输出的物产"货之大者，莫如油米，次为麻豆，次糖菁"② 等。《彰化县志·风俗志》亦云："远贾以舟楫运载米、粟、糖、油。"清代台湾输往大陆的大宗货物乃米、糖、油，稻米主要运到大陆对岸的沿海各省，此外还有樟脑、茄藤、薯榔、通草、苎、麻等土产出口。史载："漳泉皆滨海之处，地方斥卤，所产米谷，即甚丰稔之年，亦不敷民食，全赖台湾米贩源源接济。"③

台湾在清代属于新开发地区，手工制造业较不发达，"食货百物，多取于漳泉，丝罗绫缎，则资于江、浙"④。从泉州运往台湾的，则以陶瓷器、棉花、烟草、土布、纸等纺织品及日用杂物为大宗："海船多漳泉商贾……泉州则载瓷器、纸张""海壖弹丸，商旅辐辏，器物流通，实有资于内地"。⑤

如上所述，泉台之间的贸易，对泉州的手工业与农业商品化的进程，无疑是起了促进作用的，沟通了本地市场和台湾市场的联系，扩大与开拓了本地市场。随着海峡两岸通商贸易的发展，台湾市场已经成为全国市场

---

① 庄为玑、王连茂：《闽台关系族谱资料选编》，《闽台关系族谱资料分析（代序）》，第16页。
② （清）陈培桂：《淡水厅志》卷11，《风俗·商贾》。
③ 《台案汇录丙集》，《台湾文献丛刊》第176种，第197页。
④ 陈淑均：《噶玛兰厅志》卷5，台北：大通书局，1984年。
⑤ （清）黄叔璥：《台海使槎录》卷2，《赤嵌笔谈·商贩》，《台湾文献丛刊》第4种，第47—48页。

的一个重要组成部分，同时又促使泉州经济活动的多样化，进而引发了农产品加工业以及交通运输和服务性行业的兴起和发展。

三、清代中前期泉商的活动范围与贸易品

通过泉州现存的数方碑刻铭文，我们可以略窥清代中期泉州商业资本比较活跃。行商们丛聚于海关附近，设仓储建货栈。泉关关长主持修道头时，商家踊跃捐款。正是在这一时期，闽南海上贸易的迅速发展给人留下深刻的印象，其主要贸易对象，除了前述与台贸易实居首位外，泉商的活动踪迹几乎遍及东南沿海各著名要津和城镇。兹据清嘉庆海关所立《重修馆口道头碑记》、清道光泉之惠安人陈金城所撰《上海泉漳会馆碑记》、清咸丰《重修开元寺准提大殿碑》与《重修圣殿碑记》、清同治《奉宪富美渡头碑文》所示，从事跨地域经济联系，海上长途贩运的郊商主要有：苏郊（苏州、松江地区）、宁郊（宁波）、申郊（上海）、南北郊（往北至辽东半岛、天津、山东半岛一带，往南至汕头、广东等地）、福郊（福州）、厦郊（厦门）等。若干碑文中所记纵然不够全面，却还可以大略勾画出某些方面的轮廓，弥补官书、正史中记述的不足。

清代中前期，由于生产力和商品经济的发展，国内市场正在突破区域性市场向全国性市场发展。国内市场的范围非常辽阔，遍及全国各地，这时商人的活动不限于本地、本省或附近地区，而是跨省越区，远距离流通，不仅内地商业交往密切，市场广泛，就是边缘地区经济联系也很紧密。

经商善贾是泉州人的传统，清代方志言："泉州枕山负海……地狭人稠，仰粟于外。"[①] 人多田少，又是促进商业与商人资本发展的一个因素。泉商在清代的商业活动有利于东南沿海商品流通的扩大和商品经济的发展。康熙以降，泉商航海奔波于广东、江浙等地的名都大邑，有的世代从商，老死于外地。东南门户的广州，清代前期成为国内外的贸易中心。康

---

① （乾隆）《泉州府志》卷20，《风俗》。

熙五十九年（1720），广州专营"外洋贩来货物及出口贸易货物"的十三行商人组成公行。据梁嘉彬《广东十三行考》对行商籍贯的考证，除珠江三角洲商人外，多为闽商。行商中的潘同文、伍怡和、叶义成、潘丽泉、谢东裕、黎资元等八人，均是福建迁来的商人①。而这些著名的福建籍商人，大多是泉州、漳州人。泉州南安《溪东李氏族谱·三房上柱私谱》记有："十三世裕叔公即珍公次子……在广配晋江安海西安祖颜丑观，父老曰公才艺过人。……至于才艺则天识奇才，下明地理；龟卜难断，公则如神命，理极微，公甚透彻。"而且"口能言四夷之语，心通各省之谈，他精会计，明货物，……而为十三行总通事"。看来"口能言四夷之语，心通各省之谈""精会计，明货物"是泉商"善服贾"，在强手如林的商界中取得成功的重要秘诀。明末李光缙议及泉之安平商人时亦云："兄伯年十二，逐从人入粤……已徙南沃与夷人市，能夷言，收息倍于他氏……吕宋沃开，募中国人市，鲜应者，兄伯遂身之大海外而趋利。"② 以上资料足见泉商的经商本领是很高强的，善于利用机会，富有勇敢冒险的精神。

清代中期，泉州沿海贩运的行商的活动范围更加广阔了，"窃以南北迢遥，贸易必资乎舟楫"（《重修馆口道头碑记》）。经济发达的苏松地区以纺织生产名闻全国，"濠通南北之船，山列东西之篓。百货之所杂陈，万商之所必走"③。松江棉布产量很高，在秋天旺季，日可销15万匹，北销东北、河北，南销福建、广东。苏州城内各地商人建立了四十多所会馆，泉商在此也非常活跃。康熙四十六年（1707）于阊门外张家园南建有温陵会馆④，作为商人聚会之所，以共谋商务利益。地域性会馆的建立，显示了泉商在该地拥有相当的社会经济实力。泉商从这里购集棉花、棉布、粮食，而贩入蔗糖、木材、水果、靛蓝等货物。泉州的《奉督抚两院示禁碑文》有一段说的虽是禁止海关差役违例横抽："棉花每包横抽私礼

---

① 梁嘉彬：《广东十三行考》，上海：国立编译局，1937年，第59页。
② （明）李光缙《景璧集》卷3，"寓西兄伯寿序"，转引自傅衣凌：《明代泉州安平商人史料辑补》，载《泉州文史》第5期，1981年，第3页。
③ 佚名撰：《韵鹤轩杂著》，上海：上海机器书局，1877年。
④ （乾隆）《吴县志》卷106，《陈万策泉州会馆天后宫记》。

一分九厘，布每匹横抽私礼三厘，小杉每根横抽私礼五厘，古纸每百斤横抽私礼五分二厘，麦豆油麻每百斤横加私礼一分，糖每担出入骗担银一分六厘，俱干法纪，均宜革除"，但同时也反映了商船出入运输的货物种类。这种转输活动把全国各地联结成为一个统一市场。如"（福建）漳、泉人满，每告籴于粤，航海而至"①。福建生产的牵牛花子、使君子、钗石斛和泽泻等药材也都"贩江浙间，获利颇多"②。泉商所贩运的主要商品已不是宋元时期的珍奇宝货之类的奢侈品，而是人民生活所必需的工农业产品。这种商业的发展势必促进工农业产品的商品化，粮食作物区、经济作物区与手工业产区之间的商品交流已大大发展。

泉州的行商、郊商中，以碗商、糖商、米商、绸彩商、商船行等较著名，它反映了以普通日用消费品为主的国内贸易的迅速发展，行业齐全，人数众多，商人利用庞大的商业网络，迅速集散货物。这些商人通过贱买贵卖的商业贩运活动，集中了社会相当的一部分货币财富。试举绸彩商为例，据乾隆三十六年（1771）《奉宪示禁碑》："据该绸铺陈锦春、顾源裕、颜顺裕、黄昆源、王名世、许德成等佥呈词称奉，拮有微本，开张绸铺营生，先年被县胥役公强派扰累，经同布铺户具控……"而到了咸丰年间，绸铺早已发展为大的绸彩行，泉商从"商贾云集""五方杂处"的苏州采购绸缎，衣饰、布匹运回泉州行销，成为邻近地区该行业的批发交易中心。据《重修准提大殿碑文》，彩行有源安、联泰、丰厚、裕茂、泉益、义裕、晋源、德发、长发、茂昌、顺昌等45号营商。富有的糖商同样引人注目。且再看同一碑铭，糖行有隆裕、顺美、瑞裕、成三、瑞发、源利、义盛、恒有、锦益、义和、珍益等28号营商；干果行有承美、元和、裕隆、长元、顺茂、祥茂、广泉、万盈、万泰等22号铺商。干果行是清前期迅速发展起来的，这种水果的专门化种植又与加工手工业相结合，成为一种更大规模的商品生产，供应国内外市场。碑上还出现较重要而又带有地方特点的源兴窑行、通裕税行。另据《重修馆口道头碑记》，解囊捐项的

---

① （清）王沄：《漫游纪略》卷1，《闽游·厂漆》。
② （清）施鸿保：《闽杂记》。

尚有碗郊、四税行、杉行（吉成、珍兴）、商船行（捷利、阮进益、蒋全记……）。泉州以水运为主，船商也是一个重要作业，"沿海长途贸易每个航次可获利数千两银子，利润率在100%左右"[①]。商业的繁荣给商人的经营活动提供了最好的市场和机会。

综上所述，我们看到了清代中前期国内市场扩大，大陆海岸的商业路线增长，商人资本量增大，长距离贩运贸易活跃。这种贸易，还是一种以粮食为基础的、以布为主要对象的小生产者之间交换的市场结构。但泉商的商业活动对福建沿海社会经济是有影响的，其卓著的经商本领以及人口的海路外流，使泉州成为我国著名的侨乡及台湾同胞主要的祖籍地之一。

（本文撰写过程中，得到泉州历史研究会会长陈泗东先生的大力支持，谨在此表示感谢！）

原载《海交史研究》1988年第1期

---

① ［新加坡］吴振强：《厦门的兴起》，新加坡大学出版社，1983年。

考古与航海文化研究

图版四十八　法石乡发现的宋元石碇

图版四十九　古船试掘现场

远 驿 集

图版五十　清理后的古船后部

图版五十一　竹帆残片

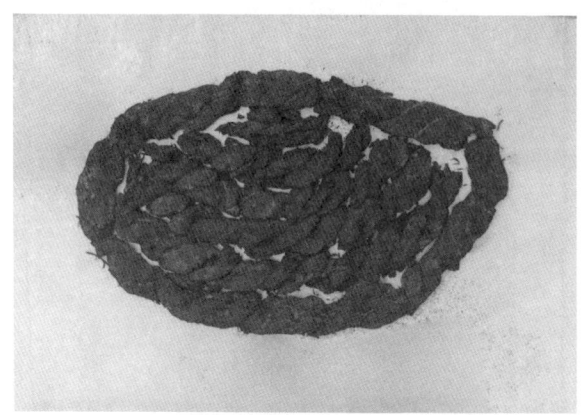

图版五十二　棕绳

图版五十三　弧形木构件

图版五十四　左：形木构件；右：凸形木构件

图版五十五　小口瓶

图版五十六　瓷片

图版五十七　木桶

图版五十八　雕花木饰

图版五十九　浔美村发现的两件宋元时期石碇

图版六十　博多港出水的蒙古碇石

图版六十一　博多善导寺内放置的碇石

图版六十二　《蒙古袭来绘词》蒙古军船船舯的绞车

远 驿 集

图版六十三 《蒙古袭来绘词》部分船艚所系的石碇

图版六十四 《蒙古袭来绘词》部分船艚所系的石碇

图版六十五 元代奉使波斯碑

译　文

译　文

刺桐城墙的十字架

[英国] 约翰·福斯特 著

1952年11月，我从一位大约两年前由福建泉州回到英国的医生①那里得到一份笔录。他的中国朋友送给他许多佛教、穆斯林、基督教石刻的照片，这些照片是他近年来收集的，并希望在西方出版。一下子我认出有15张无疑是基督教的十字架，其中5张两边有天使像，7张带有很多碑文。此外，还有一本由石刻收集人吴文良编的《泉州古代石刻集前言》。此书曾寄给阿·克·穆尔教授（A. C. Moule），请他帮助翻译吴的部分专论，联系其他有关的学者破译这些石刻上的文字并确定这些新发现的含义。我认为与其在每段引文的结尾注明它的出处，不如在此先向他的大力鼎助表示感谢。

一、先前在泉州及其附近找到的十字架

有3个十字架是1638年在罗马天主教教堂内发现并一直陈列在该教堂内。它们的中文版木刻图至今尚存，并由穆尔教授刊登在《一五五〇年以前中国的基督教》一文中，并附有叙述发现经过的文章的译文。

1. 据说第1块石雕来自泉州西南面几英里的西山。后来被放在泉州的东郊畔，所经年代已无可考据。后来人们将此石雕运走并立在泉州西北25英里的永春州。这个十字架安置在刻有几何图案、与十字架宽度相等的承座上。

2. 第2块石头据说是从泉州东边城墙不远的东湖湖岸——第9世纪佛

---

① 苏特医生（W. Short），曾经是格拉斯哥大学的外科讲师。

教寺庙东禅寺找到的。

3. 第 3 块石头是由一个中国官员的父亲从第 9 世纪佛教水陆寺得到的。关于以上这两块石雕，皆无记载表明天主教徒们将它们迁移到哪座教堂去。这两个十字架都有木刻图，平底，石雕旁边都是三拱弧形，尖拱部空间为十字架所占据。在（2）有传统的云彩图案，在（3）有 3 朵带叶子的莲花。

4. 第四个十字架是 1905 年由塞拉菲·莫雅教父（Serafin Moya）在泉州奏魁宫①找到的，1927 年曾得到艾克博士（Gustav Ecke）的验证。艾克在 1935 年出版的书中提到此石雕，说它们仍保存在原地②。他说石高 1 英尺 8 英寸，据中国人说是在番佛寺附近找到的。这块石头形状很像（2）与（3），同样以十字架填上尖拱，底部是一个在云彩的背景下盘腿而坐的、长有翅膀的人像（双翅，有羽毛），双翅出自肩上，戴冠，双掌合十于胸前，胸部有莲花，莲花上是十字架，还有一个通常是在佛像上方能见到的断字。根据这些新发现，另有两个资料就可能有新的含义，它们说这些石头来自城墙，不仅有十字架，还有天使的图像。以上诸石雕，除了（4）外，皆不曾在古代中国的基督教遗物出现过。弗朗多（Ferrando）依据 17 世纪的证据，称："在第 8 世纪当人们建造泉州城墙时，他们发现一个十字架，安放在朝东的一边，高有 6 英尺。"

对此，玛尔蒂尼（Martini）约于 1655 年也曾写过，但他指的是漳州，而不是泉州。但穆尔怀疑："他是把两个地方的名字搞错了"，玛尔蒂尼说："何况在这个城中还发现了许多很清楚的基督教徒的遗迹，仅在城墙上就有不少石块刻有救世十字架的标记；还有圣母玛利亚的像，并有天使在地上跪拜。"

用不着怀疑，泉州就是马可·波罗所称的刺桐，他称泉州是"世界上两个最大的商港之一"。马可·波罗没有谈到这里是否有聂斯脱里基督教。但是作为当时主要外贸港口的泉州，只要是元朝当局允许存在的外国生活

---

① 伯希和在《通报》1914 年 10 月发表的照片，穆尔在《中国基督教史》里引用。
② Gustav Ecke and Paul Demieville, *The Twin Pagodas of Zayton*, Harvard University Press, 1935.

方式或外国宗教，都能在此地找到它们的代表。我们知道泉州仅次于汗八里（指北京），是天主教方济各会的主要中心。早在14世纪，就有不止一个大教堂，大约在1320年又增建一座，据玛黎诺里（Marignolli）说，1347年他访问泉州时已有第三个教堂。对于这么重要的地方，穆尔曾评论道，"至今尚存的历史文物少得令人惊异"。当他写书时，只知道以上提到的第4个石雕，甚至连这个他也以为早已不复存在了。事实说明他搞错了。

二、新发现

吴文良在他的专论里，谈到他对泉州古物的兴趣的由来。在1920年，部分的城墙为修筑铁路而拆毁。"一位自称管理这项工程的杨姓人说，他们曾从城墙上挖出雕有山谷图饰的灰色石块，但都扔掉了。他把遗留的碎片拿回家。几年之后，我偶过其屋，见其大门的石阶与庭院，铺着的碎石片上，都有很美很优雅的图案。"到了1925—1927年，吴文良就学于厦门大学，在艾克博士的帮助下，考古系复原了这些像、柱的残片，相信这是属于一座建于公元686年的寺庙的。该寺庙后来在738年，根据当时的年号，改名为开元寺。

在1938年，日本的侵略威胁着中国的这一区域。"迫令闽南沿海的11个县应拆毁城墙，我同学校迁移到内地，不能再亲临此城考察，我相信他们挖掉许多石刻，战争以后，以前城墙上的石头，甚至深至城基里的石头，都被挖去用在建筑上"。

在这样的深度，有更多的石刻出土，不仅有基石，还有来自于以前寺庙的柱、石刻。吴提到宝林院，这是一座由印度佛教僧侣罗护那于987年由外商捐建的寺庙。这个建筑通称为番佛寺。在元朝覆灭时与其他外国建筑物同时被毁。

吴解释道，1368年，随着蒙古势力的消失和明朝的建立，持续一个时期的排外运动，外国人的坟墓被毁，墓石做建城的石料。以上叙述引自玛尔蒂尼及弗朗多所著文章，不管是怎样断章取义，有一点确属事实，即从城墙的石头里面发现许多基督教墓石。弗朗多叙述"朝东的一面"与吴底下说的城墙的东边有基督教石头相符。先前发现的四块石头并不知道是城墙来的，它们或者是在排外时期遗弃的零碎的墓石，拆城时才知道它们是在那儿。没有考古学家光顾过，也没有人关照。直到战争结束，吴老师才从西部内地回来，这期间有多少石刻损失掉。

"这些现存的外国人石墓与墓石在东门外散布很广……就我见过破损的至少有几千。"我们应该感谢有吴这样一个颇具历史眼光的人。诚如他的出版物所提供的，有可靠的判断，提供实物、照片并予说明。他说基督教石刻是在东门至北门邻近找到的，深至地基，最深的有20英尺。

穆斯林石刻是在"东门城墙及附近地下"。婆罗门教文物是在涂门与南门之间，"这正好说明是南边城墙中段"。

本文侧重于基督教石刻，但其他两个宗教各有两个实例也包括在内。在描述基督教石刻的16张照片之前，让我们先看看有关两方佛教的和两方穆斯林石刻的说明。

插页Ⅰ图1，吴在照片背后写着："一个有卷头发的印度僧人，据说是唐朝时期来的。"这个雕刻肯定不是中国式的产物。这个佛教资料，吴将它与上文提到的那个建于公元987年的宝林院联系在一起。

吴没有做说明，但在他的专论里有很多文字谈到最近修复的两根石柱［图版二（1）（2）］，他认为其设计和工艺与1927年修复的相似，而艾克声称是印度式样，这并非没有理由说正是如此。

这个墓石有阿拉伯文浮雕（图版四十），经判断有3英尺高，感谢拉宾（C. Rabin）博士把它翻译如下：

在赦罪慈爱的真主名下

在他上面的每一个人将死亡，

保留面向他的上主，

那拥有尊贵和荣耀的。（《可兰经》55，26-27）

插页Ⅰ图4：一方类似的石刻（图版四十一），由同一译者翻译如下：

译　文

他们说我们乃属于真主，
我们将回归到它那里。
死在异乡的人啊，
你是光荣的殉教者。(《可兰经》2，156)

这些词句至少使我们相信那是外国人的墓石。

三、19方设想是基督教的石刻

在介绍这些石刻时，我们从以下三方面入手：①尺寸；②图案；③含义（有文字的情况下）。关于第③点，涉及语言问题、转译问题和释义问题。

插页Ⅱ：前文提到的第4个泉州十字架正是刻在这等形状的石碑上面，艾克说其高度是1英尺8英寸，但显然它应是2英尺6英寸，甚或是3英尺。十字架由一个跪着的人供捧在胸部上。

其莲饰图案相当奔放，具有其特有的艺术感。在古代埃及，古代至近代印度，及远东大部分佛教皈依者眼中，莲花联系到创造、重生、新生，特别是超越自然的生命。它们可以在埃及的丧葬艺术品中找到，而且被印度教当作安放神像、被佛教当作安放菩萨以及公元781年以前基督教当作安放十字架的承座。在这石刻的两边，对称的轻松设计显得很和谐，莲座上雕刻着十字架。

这石与上文提到的第三个泉州十字架非常相似，17世纪的木刻图案，几乎像是该石刻的翻版，连莲花茎的弯曲度以及每片叶和瓣的位置也完全一样。唯一的差别是木刻像没有那么正规，比较自然，好像画家习惯于写生，而不是根据石刻作画，难以判定这是否就是1638年从天主教堂移出的石刻。假如是从城墙挖来的，那应该是1368年以后筑在城墙里并一直留在那儿。无疑雕刻家不只一次地应用这种图案。

插页Ⅲ：这很明显是属于前面所说的那一类，大小相近。形状的差别是上框较阔，十字架较宽。

其基座仍然是莲花，由不对称但很和谐的云彩为背景。

以上两块石雕的图案组合形式——莲花加云彩，上面悬着十字——在781年的聂斯脱里教派的石碑上亦可见到。

　　插页Ⅳ（图版三十二）：这块石头的大小跟前面的一块相同，摄影的角度也一样。十字架的基座为传统的云彩图案。这在中国更为普遍。道教、佛教都普遍地使用云彩图案。基督教据说自新旧约以后也都采用云彩图案表示"降临"，如底下引证："上主从云端降临"（《出埃及记》），"浓密的云层是它的伏护"（《约伯记》），"有一朵云彩接了它回去，便不见了"（《使徒行传》），"人子从云端下来"（《马可福音》）……这块石雕与上文提到的第二块泉州十字架相同，含义明了，雕法简单。木刻图案则在云彩中多些线条。

　　插页Ⅴ：下部的刻石为组合体；没有什么标记说明它属于基督教石刻。吴文良之所以把它也包括进去，或者是由于其被发现的地点。右上方石刻，同样有花形图案与圆环。上头的两块石刻应是墓碑，其图形见插页Ⅵ（图版四十一）和Ⅶ更为清晰。没有标明大小。吴在他的专论说，顶部那些狭窄的部分形成背部（如右边的一块），另一块较圆（如左面的那块），左边的那块雕刻得较粗糙，只有一个平面十字架，底下的那朵莲花也不优雅。

　　插页Ⅵ、Ⅶ：在这里本文恐怕需要较完整地引用吴对这类型石墓的描述，虽然不是所有细节都适宜于这两个例子。

　　"这种不同大小的石墓都是五层。大小和高度依据作为成年人或小孩的坟墓而有区分，最大的有10公尺长，4.3公尺宽，3.4公尺高。"

　　这些数字看来不一定符合我们图中所见的两个实例。

　　"墓的顶部雕着一朵莲花支撑着十字架。第二块雕着波纹图案［插页Ⅵ（更为明显）］，第三块浮雕着阿拉伯字母。第四块是美丽的菩提树叶。第五块是很巧妙交错的 ju-i 花图案。最小的墓石长约2.5尺（=3英尺），1.4尺宽（=1英尺 $7\frac{3}{4}$ 英寸），1.5尺高（=1英尺4英寸），装饰也不尽相同，有的虽有花形图案，但无阿拉伯文字。"

　　刻在这两块石头上的莲花和十字架，与上文提到的第一个泉州十字架的木刻图最为相近。两处的莲花承座皆为双层，上层花瓣朝上，下层花瓣朝下。房山十字架当中的也有一个具有这种图案。

吴的论文指出，五层石墓中的第三层雕有阿拉伯字母的实例已有好几个。假如是这样的话那意义就大了。这说明，事实远远不像所说的那样："东方至今尚未发现有基督教阿拉伯文。"然而，他所提供的这一物证却令人生疑。因为这些阿拉伯文字来自《可兰经》。感谢我的同事 ReV. E. F. F 主教的下列这段译文：

从石头的左侧开始，写道："在你永生之前，我们不曾指定任何人，那么……"我们推测在背面大概继续写道："……你死了，他们岂会永生？……"因为正面有写道："至高贵者，每一个人都会死亡"。

这两句，用"至高贵者"（或"至高贵者，说"）断开，都可见于《可兰经》21、35、36。

冒昧地说，在远东，特别在复杂交错的蒙古时期，这样的联系是不可能的。可以这样设想在中国，由于基督教徒普遍都能接受莲花图案，而不考虑到这种图案与佛教的联系。那么在穆斯林的丧葬艺术中，有时也采用了十字架，而忘掉了它来源于基督教。然而十字架与莲花在与其相应的宗教中的意义是不能相提并论的。莲花组成的基座吸引人们注意到一尊佛或一尊菩萨，而十字架本身就是注意力的焦点，很难设想穆斯林与基督教同时存在，基督教徒会将《可兰经》的阿拉伯文字放在自己的墓石上，同样很难设想穆斯林把十字架这个标记加到《可兰经》上。《可兰经》否认耶稣被钉死在十字架："他们没有杀死他，他们没有将他钉上十字架"。（《可兰经》4、156）

很有可能这些石头是被错误地拼凑起来的。显然，前面提到的阿拉伯文字也拼凑得太蹩脚。

吴还描述到另外两块石头，但两者在照片上皆不易辨认，第二块一面有阿拉伯文，另一面有汉文。他写道："我所得到的这些带有十字架的石刻，是大德七年雕刻的（即1303年），另外还有一方破残的石碑，正面刻着阿拉伯文，背后的一行汉字为"奉训大夫永春县达鲁花赤"。

273

吴文良附注说这官员是蒙古人，元朝每一个县配有一个"奉训大夫"，由蒙古人担任该职。他还说另一边阿拉伯文没有译文，但他推测应是"在那个时代居住在泉州的某外国人的名字"。一个可能的假设是这位官员的名字用阿拉伯文刻在一面（很难说是蒙古人），而他的官职用汉字刻在另一面。当中国的对外交往再度开放时，令人感兴趣的是可从照片、拓片中证实阿拉伯文字是否包含《可兰经》中的一切。抑或是否可以将十字架看成是在当时的泉州商贾中确有讲阿拉伯语的基督教徒。

插页Ⅷ：这是一个破损的石墓，假如底石每块有1英尺长，那么最顶上的墓脊最低的估计也有2英尺6英寸长，再下那一层则有3英尺。若把图案中的人头作中点，那么在遭破损之前，墓脊应是3英尺9英寸。

吴文良把这些都包括到基督教墓石里去，因为在这里找到其他的石头无疑都是基督教墓石。其云彩纹饰的左右，有波斯冠冕头饰，飘带在空中拂动，显得多么神圣。仔细地检查下面的石刻，仍然是个谜。底下的石刻有两个字（按理应该有3个字），琢磨起来应是汉字"大力"。

插页Ⅹ：从扶着它的手的大小看，这块石刻估计有12寸×18寸。

图案是一个十字架，基座有翅膀，中间有莲花与其他花形图案，石头已经风化，右边有个大缺口，不像还有什么字迹。

插页Ⅹ（图版四十二）：我偶然注意到，本插页中的石碑与插页Ⅶ后景中的那块大小尺寸差不多，而且旁边立着的正是插页Ⅸ（图版四十三）提的那块。十字架安放在同样的莲花上，加上华盖，此乃表示尊贵的标记。同样形式的华盖在艾克拍照的佛像中找到，甚至连那宽幅边纹也都相似，诚如在"Nairanjana 的洗礼"中。

这块石头的大小、形状、边饰都是相同的。但有一点可以说是新发现：在五块石雕（插页Ⅹ、ⅩⅠ、ⅩⅤ、ⅩⅥ、ⅩⅦ）中。这是唯一一块在十字架两旁有一对天使围绕着。这些新发现较为珍奇，值得把逐块石刻的描述分开处理。很明显地在其他3块石刻中可以看到天使的细肢。有的刻在十字架的横臂上，其他的则在底下飘飞，或者为莲座支持着。天使所处的位置似乎富有艺术性，准确地与华盖的出现协调起来。

石雕底部刻有莲花，上边有两个顶着华盖的柱子（它们共同填补了石雕的下半部空间），莲花和华盖意味着神圣，至于柱子的象征难以说明，所以不可能明白其意义。

插页 XI（图版四十四）：这是一方图案最为精彩的石刻，这可以算是在中国发现的基督教古物中图案最丰富的一个［除了在扬州城墙新近发现的喀德邻·维利翁尼（Katerina de Vilionis）墓石外］。很罕见的是这一对天使没有翅膀，据辨认可看成是蒙古人物造型，有耳环装饰，有清晰的胡须。同样罕见的是十字架下莲座的装饰。轻柔的罩袍与飘带使整个画面富有虚幻的效果。同时，头饰也有不同。在前面提到的第四个泉州十字架中，带有双翅的天使的冠盖没有中尖，在插页 XVI 的天使像，则没有两个边尖，扬州的喀德邻石刻天使带着三尖冠。我请教过美术专家，他们强调受波斯来源或者远东环境影响这一观点。爱丁堡的塔尔伯特·奈斯教授（Talbot Rice）说："他们主要来源于波斯，插页 XVI 与插页 XI 特别有这种联系，这些遨游的天使完全是波斯式的，我想他们是在亚历山大东征之后的时代从波斯来的，它们挟带萨珊艺术，如在塔契·波士坦。经过伊斯兰教艺术而发展为雕刻图案主要款式，特别是小型的绘图……它的具体例子是东方化了，但我觉得它的源宗是肯定的。"可以设想大量的遗物证明波斯艺术受到中国或远东的影响。这些石刻提供了重要的尚存的例证，说明中国、波斯、伊斯兰艺术的互相影响。

另一方面，伦敦奥堡格学院的屋都克斯（Otto Kurz）博士说："这些墓石的天使已经中国化。"插页 IX 就特别明显，完全是中国式的雕刻家用佛教的传统 *Apsarasas* 来代替基督教的天使。事实上，*Apsarasas* 时常出现在佛教徒的墓碑上作为同样意义的装饰。关于这些论述，历史学家有两个保留的观点值得注意。克斯博士喜欢广义地使用"完全中国化"一语，或包括"蒙古人的"，因为据知道在这个时期中国的基督教曾指非汉人，而是外族人的宗教。其次，对奈斯教授所言中国古代遗物受到波斯的影响，穆尔注意到："可以假定，所有这些石刻都是中国艺人采用外国的图案为外国人雕刻的。它们跟受过希腊文化影响的早期佛教图案装饰大有不同。"

插页 XII（图版四十五）：这是所发现的石刻中唯一有目击者可考的一块。单比拜（Dan Beeby）牧师写道："我们在拆下来的城墙工地上找到它，埋在其他碎石块中。在那一段城墙，我们找到北宋的瓷片，但我相信也有明朝的釉下彩。"

当时，他们采集的是瓷片而非墓石。

其主要特征仍是云彩上有十字架。奈斯教授描述其承座是旋涡图形与云彩图形的过渡，边缘是相当古典形式的旋涡，这石刻比其他的更不具远东模式。

但复杂的是，本墓石却雕有汉字并指明年代如下："泰定仲春吉月"，穆尔说是1324年2月25日。

至于主体文字，据吴文良辨认是西藏喇嘛教八思巴发明的新蒙古文字母，与1345年在楚江关（Chu jung kuan）和1348年在沙州发现的一样，这件事尚等待着专家们的考察。

能翻译八思巴文的人不多。穆尔教授请哈佛大学的克里夫教授给予帮助。他肯定这些八思巴文是汉字的音译。在中国土地上用西藏字写中国音是一个委婉的做法。克里夫（Cleaves）教授译出：

（左边）一公刘

（右边）氏墓志

这里有6个中国字，头两个字"一公"，他想是一地名，可能同音的字有好多，所以翻译为"一公的刘先生的墓志铭"。而穆尔教授认为头两字应该为"一公"或"艾公"，可能是表示官职或人名。

吴在论文里说他所拥有另一相似的石刻中也有八思巴文，用汉字证明年代如下："至大四年辛亥秋朔日谨志"（1311年8月13日）。

插页XIII（图版四十六）：在原照片里，石头边有一个人的腿，据此可以推算该石刻高约14英寸。该石特别之处是顶部的形状粗糙，好像这一部分尚未完成。不然就是其上方还应安放着其他部件，此边缘就变成不外露的部分。

从形状和装饰看，图中的十字架臂端有3个环，容易使人联想到公元781年的景教墓碑，这是在一系列十字架中唯一没有承座的。

戈德曼（A. E. Goodman）牧师认为碑上字迹是景教叙利亚文，开头是一句纯正的叙利亚文："在圣父、圣子和圣灵的名下"。他接着说："碑上

译　文

出现完整的名字'亚历山大';此外足有3、4个字也是叙利亚文,其余的我无法证明也是叙文。要在叙利亚字母组合中找出叙利亚文字,是很容易的事。至于这些字母组合成一种什么语言,我怀疑是一种中、东亚地方的方言,这种方言偶尔夹杂着叙利亚文字。"

特别要感谢伦敦的东方及非洲研究学院的施固尔(Segal)博士与戈德曼所做的繁重工作,他们承担了这么多字源不肯定、字意不明确的文字的翻译工作。我把它们写在底下,(1)是施固尔先生的,而(2)是戈德曼先生的译法。

(1) ①以圣父、圣子与圣灵的名义

②亚历山大·萨沙(?)上主(?)信徒

③宗教

④塔布特(地名?),萨沙(?)

⑤萨沙的儿子(?)

⑥时日来临(?)

⑦传(?)

⑧你们

⑨信奉异教

⑩亚门

戈德曼先生也注明其译文,仅仅是推测而已。

(2) "以圣父、圣子和圣灵的名义亚历山大 在下面 今天 信奉异教 心正所愿(亚门)"。

插页 XIV,原照片上同样有一个人站在石刻背后,看得出尺刻大小超过膝盖,说明高度可能有1英尺10英寸。

十字架和前一个相似,不同的是下面有云彩承座,但图形跟旋涡差不多。文字仍然是叙利亚文,许多东方研究学家检验过,只有戈德曼先生试把它译出:

在圣父、圣子的名下 在圣灵名下

我们的土地

277

插页 XV、XVI：原照片上有一人扶着石头的边缘，整块石头大约有 $12\frac{1}{2}$ 英尺长，不到 1 英尺宽。

吴文良描述道："这两块石头很粗糙很厚，长方形，边缘有花卉图案装饰。"

顶部的雕刻相似，有十字架、莲花与天使。插页 W 的雕刻比较简单。艾克博士用来描述泉州的一些佛教雕刻的字句是中肯的："粗糙但很深刻""衣饰的条纹传神"。两块石刻上，天使都带冠冕，插页 XV（图版四十七）则使人联想到第四个泉州十字架上带有翅膀的人像。插页 XVI（图版三十）天使的翅膀有羽毛且胳膊延伸着，很像在扬州新发现的石刻，不过后者的天使是光头的。十字架臂端饰有三个圆珠，中间也刻着一个，所以更接近于 781 年景教石碑上的十字架图案。

关于碑上的字迹，吴补充道："我想这是蒙古文，或奥加土耳其文或叙利亚文，三者当中必居其一。但不管是哪一种，都有待内行人去翻译。"

许多研究东方学的学者看到这张照片，除了排除是叙利亚文外，还没有对这些字提出进一步的见解，更不用说翻译出其意义。

插页 XVII（图版三十六）：从原照片看，此石刻与插页 XIII 拍摄于同一地点。我估计此石大约是 1.10 英尺长，1.6 英尺宽。

其顶部或许是圆的或许是尖的，但已经破损掉，粗糙的浮雕也已经磨损，十字架的下半部分残留着，天使的胳膊依稀可辨，也许带有翅膀或者飘带，但可看出是在飞翔，下边有莲花状的承座。

碑文的顶行左边有十字形，底下半行也有，也是在左边。这说明该文字是从左往右读，什么语言符合以上规范？答案只能是拉丁文，记住这点，然后我们可以辨出依然清晰的第一词是 HIC。令人兴奋的是，我们记得在这个时期，在这个城市的拉丁教堂，有三个方济各会教徒连续担任刺桐的主教，他们是：哲拉德（Gerard），裴莱格林（Peregrne of Caslello）和安德烈（Andrew of Perugia）。按圣鄂多立克（Odoric）的记载，还有四个来自北印度塔纳的殉葬者（1322 年）："（在刺桐）吾人小级僧侣在该地有两处居所，我把为信仰耶稣基督而殉教的僧侣的骨骸寄放在那里。"

译　　文

　　在这儿，第2行里有十字开头是"P—R…"我本人想起一定是裴莱格林。后来格拉斯哥大学人类学教授福特西（Fordyce）亦检验过，我的另一发现是第十行的第3字"Sepultus"。一些研究东方的学者曾提出这些字完全不是拉丁文，而是阿拉伯文，所以我首先关心的是语言的确定。通过依利亚的介绍，刚在梵蒂冈圣彼得公墓完成考察工作的四位考古学家中的英格尔贝特·克柯尔斯奇鲍姆（Engelbert Kirschbaum）和安东尼·菲尔拉（Antony Ferrua）神父，还有中世纪碑铭专家安基洛·西尔瓦尼（Angelo Silvagni）对此予以检验，他们都同意说这是拉丁文。既然穆尔在这项工作中一直是我的老搭档，我想最好用他自己的话说明其观点："推测，即使仅仅是从美好的愿望出发，也是合理的、有价值的事情"。

　　由于我本人花了更多的时间来推敲这张照片，所以我想我本人的见解也值得谈一谈。这张照片光线太强，下部的字迹不清楚，更糟的是，有的地方有空洞，福特西教授说这些雕刻与其说是碑文不如说更像意大利书页。这是可以理解的。我们设想（中国）雕刻师对自己并不熟悉的字依样画葫芦，或者由于书写人不惯于写这种比平时写的大的字，以至于有些地方粗些，不那么整齐。对这一雕刻，我试译出如下：

　　　　此处安葬

　　　　安德烈·佩鲁贾

　　　　圣方济各会士……

　　　　……（耶稣基督的）宗徒

　　　　（在……年月）

　　关于年代，特别使人失望，似乎可辨，又没有把握读出，因为安德烈主教死期不明。温加尔（Wyngaert）写道："据约翰·可拉（John of Cora）记载，安德烈死于1330年，佛罗伦萨的伯多禄兄弟（Petrus）在信中提到刺桐主教的书信。"我的确看过类似的叙述。但是温加尔把来源弄错了。正如穆尔指出的：约翰·可拉确实说过，约翰·孟德高维奴（John of Montecorvino）在汗八里（北京）建造三个教堂，在刺桐建两个。在后期刺桐的主教一个叫安德烈·帕里斯（？佩鲁贾），另一叫彼得·佛罗伦斯（Peter of Florence）。没有证据表明彼得继承安德烈。安德烈在1326—1327

年所写的信现在还保存着,"我的身体尚甚康健,或仍可任宣教事业数年。惟年已高迈,兼时有不豫,故发已斑白矣"。

在碑文底下的那半行罗马数字中,开头是 M,最后是 ii 很清楚,但不能十分确定 ii 字前头是 v 或 x,看来更像是后者,假如此石可以证明是安德烈的墓碑,我相信他应是1332年死的。

四、带有两个天使的十字架图案

在中国的基督教文物中,5 块石刻具有这种图案。而这种图案的格式在中世纪之前便已为人熟知并广泛应用的。

天使的图像是受到古典雕刻术"带有翅膀的胜利"所影响,在西方这种影响自从公元 5 世纪以来就一直占优势。在远东发现的这类雕刻中,凡有翅膀的人物造型,有 3/5~4/5 都是与这种样板有关联的。只是有的接近,有的稍有差别。插页 IIII 是个例外。天使主题的图案的另一个来源是基督教纪元之前出现在丧葬艺术中的神仙。早先的图案是,一个神仙(有时带有双翅),双手捧着死者的遗像。后来,捧着像的人物就由天使代替。在早期的地下陵墓壁画能找到这样图案,教堂的祭坛与大理石雕塑里也有。距今最近的一个是第 6 世纪的 Etchmiadzin 福音的封面。这些天使的翅膀、胳膊、延伸的罩袍很多和插页 XVI 相似。这种艺术类型归属于叙利亚或亚历山大学派。

这个"带有翅膀的胜利"同时影响到萨珊与基督教艺术,第 7 世纪早期塔契·波士坦神龛雕塑是值得注意的例子。在圆形拱门的两边,各有一有很大翅膀的人像,一手拿着酒杯,另一手拿着花环延伸到拱门的中心。拱门本身代表国王的王冠,边缘是葭苕叶片的花环,末端有飘动的围巾(飘带系着萨珊国王的王冠),在拱门的正中央,即王冠的正中央,有一蛾眉月,其位置表示在国王的额头上两个天使伸手向着明月,正如基督教雕刻中天使向往十字架一样。拱门的下边是布满生命之树的图案。

奈斯教授将"生命之树"与"带叶的十字架"联系在一起,并相信后者是由前者演变而来的。如十字架下面带有承座、旋涡、翅膀,都和"生命之树"有着传统的联系。旋涡图案正好发展成远东基督教采用的云彩。他认为两个天使当中的十字架正是如此发展而来的。景教传统认为伊甸的生命之树,雅各的牧杖,摩西的笞鞭与骷髅地的十字架是有连续性的,这些见解比"景教"这个名称还早,可以追溯到第4世纪Ephraim Syrus赞歌以前。由传统影响到其艺术形式,这至少存在着令人感兴趣的可能性。

谈到基督教纪元前的传统对天使造型,对这种画有十字架与天使的图案所产生的影响,我们是不应忽略新约中有关"两个天使"这一段文字的。当十字架和坟墓都还空着,受钉人被抬起,有"两个穿耀眼服饰"的人告诉墓边的妇人(《路加福音》)。关于这一段,有的是这么写的:"两个穿白衣的天使"(《约翰福音》),在耶稣升天之后,他的门徒们看见"两个穿白服饰的人"预言他的复活(《使徒行传》)。不可否认,这使人联系到《新约》中那两个叫加百列和米加勒的天使。

艾克在研究泉州佛教雕刻时,特别注意到所出现的"西方式的纯自然的大翅膀,本地偶像无疑受到摩尼教或景教的影响"。他说在厦门的店铺里,还可以找到绘在棉布上的带着肥胖翅膀的婴孩像,那一定是由西方天使形象演变来的。他说这话时,在中国发现的基督教文物中,带有翅膀的天使图案的,还只有前面提到的第4个泉州十字架这唯一的一个。

有了这个新发现所提供的线索,我们就不必再考虑是否受摩尼教的影响。因为至少这些雕刻之一,即插页XVII,不属于景教,而属于天主教方济各派,所以我们可以把景教影响改为"一般基督教"影响。

五、关于年代和发源的结论

从一块墓石上,除了姓名和年代外,我们不可能指望知道得太多。但年代确是我们最想知道的。吴文良的图片,不管是基督教的还是穆斯林的,能揭示出年代的也很少。经判断为基督教的7块石刻中,也只有两块刻有年代:插页XII(图版四十五)注明1324年,插页XVII(图版二十六)应是14世纪或者是1332年。吴文良在他的专论里提到另外两块标有年代的墓石,但没有附照片。其中一块是八思巴文与中文混刻,按中国年代推

281

算是1311年，另一块刻有阿拉伯文和汉字，年代推算为1303年。这些在前面都说过了。在他提供的30块穆斯林石刻资料里，19块没有年代；两块有年代，但已经破损，3块无法破译。6块带有年代的是：

（1）609A. H. = A. D. 1212；

（2）621A. H. = A. D. 1224；

（3）701A. H. = A. D. 1302；

（4）725A. H. = A. D. 1324；

（5）789A. H. = A. D. 1387；

（6）14世纪=准确年代不能破译。

第（5）块数字的推迟是值得注意的。元朝的崩溃是在1368年，可以设想随之而来的是排外运动。有关肃查基督教教会的时间，吴文良提到两个日期，即1369年与1389年。而这块穆斯林墓石上的年代是1387年。我们可以设想大量外国人坟墓之被摧毁，不是始于排外运动初期，而是20年之后。

一切征象都表明，以上文物属于元朝时期，而无任何证据可以证明它们是唐代聂斯脱里教派（景教）的遗物。

还有一个问题：哪些墓石属于东方教派？哪些属于西方教派？有3块可以给予肯定的答案：插页XIII、XIV上用叙利亚文表达的三位一体格式是景教的，插页XVII的"HIC…sepultus"是西方的教会语言。

迄今在中国的基督教石刻文物中尚未找到可以肯定是属于元朝景教的东西。房山的那两个十字架——当是此地之物——它们当中有一块刻有简单的叙利亚铭文，表明当是景教的。我们知道这个地区的景教存在于元朝时期，而不是更早。插页XIII（图版四十六）、VIV（图版三十四）的这两块墓石肯定是景教的，因为有叙利亚铭文，而且文中可辨的日期，都是在13世纪或14世纪，断然"属于元朝"。

但前文提到马可·波罗在谈到泉州时，不曾提及这里有景教派基督教存在。穆尔也告诉我尚未发现中国方面有关此事的记载。吴文良也肯定地说他没见过，只能说这些文物属于拉丁基督教。吴文良说根据陈垣的考证，在1369年、1389年泉州有6个教堂被破坏。除了陈垣跟他的资料外

译　文

(不管它们能证明什么)，我们从现有的这两块墓石上，便可肯定地说泉州确存在过景教派基督教。

连接十字架的莲花和云彩柱座有时作为（可引述一位美术家的信）"差不多就是景教确切的证据"。在公元781年石碑的十字架，与房山十字架具有这种柱座无疑是景教的。插页XVI有同样的天使和莲花柱座，虽然是拉丁的，沿用了此艺术格式。墓石的图案，很大限度是一个富藏，很像是不同的教派具有同样的艺人。

假使缩小莲花与云彩图案的启示，明显可看到的是波斯的影响。最后，天主教圣方济各会的创始人约翰·孟德高维诺（John of Monte Carvino）根据在波斯的教会经验，受波斯的伊儿汗鼓励来到中国，他们的一些跟随者实在是以前的景教徒。

景教的艺术有时称为神像，假使情况有什么变化，作为中国文物，有天使出现，仅限于泉州，还有扬州新近发现的石刻，所有这些本应属于拉丁教堂。但是，威廉·鲁布鲁克（William of Rubruck）公元1254年早就描述他看到的景教教堂。所以，大部分石刻，至少在目前尚不能肯定是景教的或者是天主教方济各派。

无法再确定更多的正面叙述，对这些已知的重要文物作如此引申尚差强人意。首先希望更广大的读者对这已有的石刻作更深入的研究，不仅是雕刻，更有其相关涉的深刻含义。其次，对远东学者的和平交往又再开放，有些问题我们希望请教与答案。

由于苏格兰大学的迦里奇托拉斯（Garnegic Trust）的慷慨帮助，我的这一篇论文，才会有这样丰盛的图解。

本文由杨钦章译自《英国皇家亚洲学会杂志》(Crosses from the Walls of Zaitun, by John Foster, *Journal of the Royal Asiatic Society*, Parts 1-2, 1954)，译文载《海交史研究》1989年第2期。

拉达出使福建记

[西班牙] 德·拉达撰　　[美国] C. R. 博克塞编著

我们在1575年6月12日和军官奥蒙（Aumon）[①]离开马尼拉港，乘坐当地的一艘桨船，因为中国人把他们的船留在潘格希南（Pangsinan），那是在他们去会晤长官的时候。我们也把先生（Sinsay）[②]留在马尼拉，让他能够把在该港被俘的船员及男女俘囚送往那里另一艘中国商船。我们在极恶劣的气候下航行，用了八天才抵达博利瑙（Bolinao）[③]群岛，距潘格希南这一侧有七里格，我们发现先生在两天前已经到达，因为他们的船比我们的要好，而且他已到潘格希南去会晤了战地长官[④]，收回士兵们欠他卖给的货物钱。我们也想去潘格希南，但恰好刮大风，我们无法乘那艘从马尼拉坐来的船航行，被迫在我们赴潘格希南的同一天折回博利瑙。担心在我们旅行前风会增大（七八月时这在这些岛上是经常发生的），就决定让我到潘格希南去，取得奥蒙的一艘船，并找到我们将携带的在那里的中文译员。于是乘坐两艘船中较小的一艘，把大的和较好的留给战地长官，让他能返回博利瑙，并带着译员和先生，我们最后在上述的1575年7月[⑤]26日离开博利瑙，开始我们的中国之行。

离开博利瑙港，我们顺风航行到下一个礼拜天，这时我们看见了中国

[①] 即王望高（Wang Wang-kao），他是把总（Pa-tsung），管辖两三千人的指挥官。（原注）
[②] 这个人我不能把他考证出来。（原注）按下文所记，这人是一名商人，大概因经常往来于中国沿海和菲律宾之间，所以被泉州官府派去办点事，而从他的名字Sinsay看，很可能这不是他的真名，倒像是闽南人对有学问的人的尊称，也就是"先生"。——中译者注
[③] 按此地属菲律宾。——中译者注
[④] 即西班牙派驻菲律宾的军事指挥官儒安·德·萨尔多多。
[⑤] 6月26日之误。马德里历史研究所图书馆收藏的一个同时代拉达行纪的抄本说他们在6月24日离开潘格希南河，三天后离开博利瑙。

译　文

的土地；7月5日礼拜二，我们进入中左所（Tiongzozou）① 而为吾主的荣誉起见，我不愿保守如下的秘密：在一天一夜的风暴中我们发现自己处于危境时，中国人告诉我们说，因有我们这些教士在场，上帝解救了他们，为我们之故，他们放弃了通常在这种情况下向附在船尾的偶像举行的仪式，因为我们曾告诉说那是徒劳无益的，他们应向唯一真实的上帝求救。如果他们确实向他们的偶像礼拜，那他们是偷偷干的，不让我们看见。而军官奥蒙向我们的圣像深深鞠躬，拜倒在地，甚至说他愿成为一名基督徒。现在回过来谈我们的旅行，在我们抵达陆地前20里格，海水看来很白，因为我们测得水深不及80㖿，所以接近海岸时越来越浅②。在中国，他们已经知道我们的到来，消息是从一艘不久前到达的商船透露的。泉州（Chinchiu）③ 长官得知所发生的事［曾独自派了几艘船去追捕李马洪（Limahon）］④，船已返回，因泉州的船没有找到李马洪而大为不快，当他听说我们的人重创海盗的好消息时，更是气上加气。这位长官知道先生（他在长官手下任职）陪我们前来，就把他的一个儿子拘捕，并派遣一名军官和6艘船拦截我们，用正当或卑劣手法逮捕先生。在他们到达前，我们在河口发现12艘守卫的船，两边各六艘。这些船的指挥官赶上来看我们，了解情况；他派人送信上岸火速向泉州⑤长官通报我们到达港口。当泉州的六艘为收捕先生的船到达后，因这事引起一阵冲突，起初使我们惊慌，后来才知道是怎么回事。然而，泉州的人最后没有做什么就走了⑥。

那个港口的入口是壮观的，因为除了大到能够容纳大量的船只外，它

---

① 中左所（厦门方言Tiong-tso-so），厦门城的古名。这是由菲利普斯（G. Philips）做出的正确考证，见China Review, XIX, P. 44、246、325，及Toung Pao（第一辑），VI, P. 457，但遭到伯希和的质询。明代中国地图如《筹海图编》（1562）都清楚地把厦门城和岛叫中左所。

② 前引马德里抄本说他们在7月8日抵达中左所。同一史料还说他们估计厦门在纬度24°，距博利瑙140里格。厦门在纬度24°36′，比估计的距离博利瑙的路将近多一倍。

③ Chinchin一般指泉州，但从上下文看，这里似指漳州（Chang-chou）。

④ 一般认为他就是著名海盗林凤，Limaho即闽南话的林阿凤。闽南人称呼人的名字习惯于加个阿（a）的发音。——中译者注

⑤ 这里的Chinchin当指泉州。因中左所守军隶属于泉州府，再据下文看，拉达一行是奉兴泉道之命而来，接待的自然是泉州官员派来的人。——中译者注

⑥ 这个插曲在门多萨的《中华大帝国史》中有更详细的叙述。

很安全、清洁，而且水深，它从入口处分为三股海湾，每股海湾中都有很多船扬帆游弋，看来令人惊叹，因为船只多到数不胜数。在我们到达中左所（约在港口上游三里格）镇之前——奥蒙是那里的人，三名军官出来在海上接待我们，据说他们每人手下管辖一千人。他们告诉他说，他们是代表泉州长官而来的。一再寒暄后（他们有时用过多的礼节和恭维令人生厌），他们端出一些果品和茶点。这套在我们船上进行的仪式完毕，两名军官返回城去，第三名军官，名叫杨老爹（Yanlautia），则留下来，显然奉命充作我们的向导，陪我们在岸上活动，直到我们离开。我们抵达中左所前不久，大约五千名守军①，拿着矛，火绳钩枪②及其他武器，都出来接我们。他们停留在城外河旁不远的一个小山头上；当我们接近时，他们离开他们的岗位，沿岸行进到登陆处。我们的船最后停泊时，用我们携带的火绳枪鸣礼，别的停在那里的船也鸣礼回答。该镇的长官立刻送给我们两份正式的许可证，其中说明我们已得到允许在我们愿意时登岸。因此，我们登陆，发现那位长官已在等候我们，并给我们准备了抬在肩上的椅子。但因我们不愿像这样入城，他就命令为我们备马，我们也拒绝乘马，而坚持要步行，因为我们已离城镇的屋舍不远。赶来看我们的人群是那样多，以致我们不能跟他们打交道；不仅在这里，也在我们途经的所有城镇，来去的时候，人们都拥塞在我们居住的馆舍和街道，尽管我们一直住在大房子里，有许多庭院和房间，我们却无法关闭门户。我们唯一的办法是把他们强行赶走，但赶出去后，他们又爬到院墙上，聚集在邻近屋舍的墙头和房顶，有时他们留下来观看我们直到夜晚。

这里详谈了上述的事，避免在发生类似事时每次都重复谈。因为沿途几乎始终如此，总而言之在城市和大镇是这样。他们把我们安置在中左所一处大公共馆舍里（每座城镇都有馆舍，不止一所，而是三四所或者更多，视其地大小而定）。官员在那里按他们的方式为我们设宴，充分供给各种必需品，既有我们的，也有其他西班牙人及我们仆人的；泉州长官已

---

① 兵员数字似有误，据（乾隆）《泉州府志》，中左所万历时存操海军六百二名，屯种军一百九十四名。——中译者注

② 米古额·德·洛阿卡在谈到他们抵达时，特别强调厦门的中国人没有火绳钩枪。

译　文

吩咐这样做，不只在这里，而是沿途一直到我们抵达福州（Hogchiu）城。

除了我们〔教士〕和西班牙人洛阿卡及萨尔密安托而外，我们队伍中还有另一名西班牙人叫尼古拉斯·德·库安卡（Nicolas de Cuenca），战地长官派他去给自己买一些东西，另有一个叫儒安·德·特里阿纳（Juan de Triana）的童子，照料衣物及其他必需的东西，再有一个本地的中国基督徒，名叫贺南道（Hernando）充作译员，此外有12名菲律宾印第安人当仆人。在我们住宿的所有馆舍，都有该城的管事，供给我们各种需用之物，还有别的中国人，在厨房服役和干其他所需工作。

我们抵达中左所的第二天，一个名字叫赖老爹（Naulatia）的军官隆重前来拜访我们，他给我们每人肩上披上两段绸缎，有点像袈裟那样搭在胸前①。中国人对那些值得敬重的人才行这种仪式，他们也给奥蒙和先生这样做，因为后者虽然是名商人，他仍得到他们的尊敬。此外，他曾在潘格希南与李马洪接触，而且一直和我们的士兵一起，从那个暴君的船队被焚毁，首次向他进攻，直到和奥蒙返回马尼拉，随我们赴中国为止。因为决定第二天要赴泉州，我们就都做准备，我们自己，及陪同我们前去的军官和其他中国人都如此。

次日晨，当我们按时起程，我们从中左所出发，这是一个有三千户的镇子，然后乘奥蒙军官的船溯流而上，他不愿在送我们去见总督前离开我们，接着我们抵达在一个叫同安（Tangua）②的县，当我们从陆路返回时，我们发现它距（厦门）港有7里格，中左所的全部戍军和军官赖老爹乘3艘船送我们到中途，然后他们返回去。我们十分惊奇地看到沿河两岸有许多城镇，彼此相距那样近，简直可以说那是一座城，而不是许多城。不仅在这里，我们还发现在赴福州的整个途中（约60里格），人烟都同样稠密。他们说在中国的其余地方，情况也一样，唯一例外的是广东（Guanton）省，葡萄牙人在那里进行贸易，因为地处贫瘠和多山的地区，人口不那么密。我们经过的其他那些城镇，当地的居民开耕土地达到连岭

---

① 我没有在资料中发现别处有这个风俗习惯。
② 铜（同）安县，在厦门北港湾的尽头。菲利普说当地的读音是Tang-oa。

287

岩、石山都播种的程度，尽管看来在那里得不到任何收成，因此我认为这是全世界人口最多的国家。我们抵达同安时，该城为 Corregidor 即大长官，他们语言中称为知县（Ticon）①的，接待我们就像他是我们迄今遇见的最重要的人物，我相信他是这样的，因为我们从中左所一路经过的城镇都归他管辖。因这个缘故，他没有亲自来，而是派遣了几个有面子的市民到我们留宿的馆舍来访问我们，并且问我们，第二天我们离开时是否要经过他的府宅，进去参见他。当天晚上，兴泉道（Inzuanto）②（他们如此称呼泉州的长官）送来一份函件，那是一块大牌子，上面用大字写着他的命令或特许，其中他命令说，我们所到之处都要供应一切必需的东西。还命令说，我们教士可乘有盖的大椅子，像舁床一样，每把椅子四人抬，那是有资格的人坐的。士兵和仆人都供给马匹，每人后面有一名中国人步行照看。除这些外，每个城镇都要供给我们搬运行李的中国人（苦力）。而且我们到任何地方去，都要有一个人举着那块特许牌，让所有人知道兴泉道已经命令接待我们，为我们的到达做一切准备。尽管我们教士讨厌给人抬在肩上，陪同我们的中国人仍解释说我们不能拒绝，因为兴泉道会大生他们的气，下令严厉惩处他们，除非他们彻头彻尾执行他的命令。再者，他们说，如果我们不那样给抬着的话，旁观者会认为我们是贱民，因为那里所有的贵人都坐在椅子上让人抬着走，哪怕仅在城内互访也一样。

　　第二天礼拜五早晨，我们中途在知县的府宅停留（因为他曾派人要求我们这样做），我们并且感谢他在他的城里给予我们的礼遇和款待。他给我们每人披上两小匹绸子，一如赖老爹之所为。给我们披绸的只有他们两人，因为别的送给我们更多好丝绸的人，即兴泉道、军门（Comlun）③和

---

　　① 知县（Chin-hsien），厦门土音读作 Ti-koani。（原注）按此人为徐待，万历三年任，后升御史。——中译者注
　　② 兴泉道（Hsing-chuan-tao），厦门方言读作 Heng-tsoan-to，管理兴化和泉州的长官或检查官。
　　兴泉道即分巡兴泉道，应为乔懋敬，参见《福建通志》总卷33，"职官志"。——中译者注
　　③ 军门（Chun-men）厦门方言作 un-lon。对闽浙（Min-che）（福建和浙江）总督的文雅称呼，省的军队指挥官。据《筹海图编》（卷4，第7页），全称是总督军门（Tsung-tu-chun-men）他的驻地通常在浙江。

译　　文

提督（Teutoc）①（这些是皇帝委派的人名，下面将述及）没有给我们披绸，那必定是陪同我们的军官向他们报告说我们不喜欢这样披戴，而且对此加以嘲笑。这个同安镇大约有一万或一万二千户人家②，有白方石筑的墙。他们说此镇连同附近的村子约有十五万人，显然这并不夸大。从我们所见来判断，我们觉得它是我们所过之地供应最好的，而且人很多。因为我们经过一条半里格多长的街道，两侧沿街是一个真正的鱼市场，售卖各种鱼类，数量之多简直好像不会有足够的人把那里的鱼消耗光。他们说这是市场的一般情况，我完全相信，因为在我们返回时发现那里东西极丰富，好像没有人买什么似的。

我们一离开同安，马上就发现很多奉兴泉道之命前来接迎我们的士兵。我们前进了约两里格远，遇到一个军官率领一支四百人的队伍，排好队形，佩戴着他们在那里使用的武器，他们是兴泉道派来护送我们到泉州的。他们这样列队护送我们，擂着鼓，吹着喇叭、长号、短号，几不停吹奏，直到我们到达泉州，整个旅程用了两天，全部时间都如此。从同安到泉州有13里格，如我在前面所说，一路上人烟稠密，或者尤有胜之。

我们抵达泉州时，奉兴泉道之命，他们把我们安置在他们称为和尚（Huexio）③的僧侣寺院中，充分供给我们各种必需品，一如在其他城镇。抵达的当晚，我们去拜访长官，感谢他对我们的照顾以及他吩咐给予我们接待和大方的供应。在街上我们遇到知府（Tihu）④（他是该城的行政长官），他对跟随我们的〔中国〕军官十分不满，因为他们让我们步行，他请我们到他的府邸去，不叫我们离开，等到他们把轿子抬来送我们。我们

---

①　提督（Ti-tu），厦门方言作 The-tok，全称是提督军务兼巡抚都御史。他的驻地在福州。（《筹海图编》卷4，第7页）。
　　接待西班人的提督为刘尧诲。——中译者注
②　据（万历）《泉州府志》，明万历三十六年"同安县户七千五百六十五"，这个数字当然不包括为逃避苛捐杂税等原因未申报的户口。——中译者注
③　和尚（Ho-shang），泉州方言读作 Hae-Siun。这里可能指开元寺。
　　自南宋开元便有权贵寓居。据刘志诚提供，1984年5月在宿燕寺出土一方宋南外宗宗室墓志，记有"宜人于嘉泰四年卒……于开元寺释迦院，享年六十有七"。
④　知府（Chin-fu），厦门方言作 Ti-hu。——中译者注
　　按此官员即邱浙，参见《泉州府志》卷26，"文职官上"。——中译者注

到达兴泉道的馆宅时，他们在那里很多前厅中的一间接待我们，然后再进入他的起居室。他遣人通过他前次派给我们的译员告诉我们说：我们是奉他之命如此远行而来，如果我们想见他，我们要像他的官员一样向他卑躬敬礼，那就是跪下来参见他——而如我们不愿这样做，那么我们可以径直返回去。我们都认为，为尽力达到我们被派前来的目的，我们不应拘泥于形式；因此我们同意按他们的礼节行事，因此他们让我们进去跟他谈话。①

在兴泉道馆舍门口，他的卫队携带武器排成两行，可以说形成一条过道，从门口进入，到达他所在的大厅前，有两个大庭院，或者不说是一个庭院，中间被一扇门和一条铺道隔开来。除了这条作为主要入口的道路外，各个庭院还有另两条靠墙的很宽的道路。右手一条是为那些因公进入之用，左手一条则是出去之用，因为中间的那条大道仅供长官及他的仆从或随员之用，那是在他乘轿出去的时候。除这两个庭院，再有另一个院子或前厅，稍高，全部铺平，经几级阶梯可达。两侧排列着头戴盔，手执刀剑、盾牌的传令官，这是军官和士兵执勤之地，因为即使是我们在前提到的知府（他仅次于兴泉道）也被留在这里而不得进入厅内，老百姓更不能接近，而在另一个院子办他们的事。从这第二个院子，我们登上另几级，到达一个大厅内，约一半多远，兴泉道坐在一把椅子上，面前是一张桌子，摆着书写用具和纸。同时在他背后站着一个书童，拿一把大扇子给他扇风。这是老一套的办公方式，不只长官、连总督、巡抚、将帅及所有大官都如此。不同之处在于，按照品级高低，院子大小有异，卫队人数有多有少。我在这里说明这一点，免得在描述其他跟我们打交道的官员时重复。我们进入后，兴泉道从椅子里站起来，向前走到厅门的阶级处，我们跪下来，他深深弯腰，同时我们问他可否站起来，把我们呈递的信函交给他，还有另一封我们在城内收到的信，其中有送给他的礼物单。他马上命令我们返回我们的住处，说他会在第二天派人去取礼物。他这样做了。他通过取礼物的人召洛阿卡、萨尔密安托及故地长官派遣的另一名士兵，和

---

① 洛阿卡明白说他和萨尔密安托都强烈反对行叩头礼。他说兵士们仅仅在教士们的坚持下才同意这样做。

译 文

我们的译员一同去向他详细报告有关李马洪的情况①。

第二天,他派人来请我们赴盛宴,那是在他馆宅里按他们的方式举行的,但他没有出席,而是由他的几位将官代表。后来,他派人叫我们离开,告诉我们说他要我们去见总督,他们称之为军门的,住在福州城内。尽管我们想直接跟他谈判我们为之而来的事,他却对我们说,我们可到那里去跟军门谈判,军门会很快给我们妥善安排。他就这样把我们打发走,并派给我们军官和人马,护送我们,供给一切必需品,直至我们到达福州城。(我们所到的)泉州城,有五万多户②,不包括那些住在城郊的,城郊多而大。城的四周有石头筑的高墙围绕,有一座十分出名的桥③,六百多步长,整个用极好的石板铺平,每块20步长,一个半瓦拉(Vara)厚,或多点少点不准④。

我们在礼拜二离开泉州,走了六天,在礼拜天抵达福州,约有四十里格的旅程,途中经过很多城镇和大地方⑤。尽管该地区山石崎岖,大部分道路却很好,路面很宽,我们经过兴化(Hinhua),如他们告诉我们说,几年前它被日本人劫掠。日本人把它破坏到这种程度,不仅平毁了郊区的房屋,乃至城墙内有的地方至今仍无人居住。关于这一点,他们说有三万多户⑥的地方仍无人烟。我们抵达福州城时,他们先已得到我们来临的消息,便出来半道相迎,并且送我们到下榻处,那是在城外一个大郊区,据说有两里格远。奉总督之命,一位将官到这儿来看我们。第二天我们去拜访他,同时(略而不谈他住的官衙,那看来像是一座大城)我们进入,见到总督即军门,向他致敬,一如我们在泉州向兴泉道行的礼仪。然而,军

---

① 洛阿卡说会谈结果是不令人满意的,因为雇佣的译员不能说官话。
② 据(万历)《泉州府志》,万历三十六年泉州府总计户四万八千七百零四。西班牙人所记应是指全府人口。——中译者注
③ 这座闻名的桥即泉州城郊的洛阳桥。
④ 瓦拉(Vara),原为三罗马尺通常译作"码",但在西班牙和西班牙殖民帝国,各地所表示的长度有很大的差异。根据洛阿卡较详的记述,这座桥应为城南的送子桥,在赴漳州的大道上,建于1200年,有1500英尺长。它在1341年和1472年重修,有石栏杆及各种雕刻的图像。
⑤ 洛阿卡(第九章)说他们从泉州到福州走了7天,而马德里研究所抄本说走了5天。
⑥ 类似的记载见于《兴化府莆田县志》卷5,"赋役志":"嘉靖四十一年本县军民等户二万五千八百五十一,口一十四万七千三百一十六,是年倭变后井邑萧条"。

门在他的椅子上没有移动,那椅子简直是大宝座。不过他极其有礼、辞令极动听地回答我们,感谢我们善意地从遥远的国土去拜访他。收下我们寄送的信函后,命令他的将军送我们到住宿处,那是些很漂亮的大房子,在城内靠近城墙的地方。他吩咐守令照顾供给我们各种必需品,并惩罚任何骚扰我们的人。当我们待在宿舍时,傍晚有40名武装士兵前来极安静地为我们守卫①。

第二天,总督派人来取礼物,为我们举行盛宴,有三员大将奉他之命以他的名义出席,席间所有护卫的士兵都列队在屋院内外伺候他们。下一天,我们送给总督一份陈情书,因为他曾命令我们这样做,其中我们通知他有关我们到来的事,并且说我们不是来谈世俗的事,更不是为追求现世的东西,而且从事有关天堂工作的,因此我们要求他允许我们宣讲包含一切福祉的真实上帝,这也是我们西班牙天主教国王的愿望,我们向总督保证国王的友谊。因为不先学习中国的语言,我们就不能向他们解释这个最重要的教义,我们请求他允许并同意我们在他的国家居留,由他给我们指定地方,那我们可以学习中国的语言、风俗和习惯。总督收下我们的陈情书,表示同意我们向他提出的一切请求,但是他补充说他无权作出决定,他要把这件事提交给住在北京宫廷里的皇帝,让他在那里的阁僚去审视,以决定如何处置如此重要的事件。总督通过我们的译员询问关于我们本身、我们的礼仪、国力和风俗等许多稀奇古怪的问题。他对我们的回答十分震惊,因为中国是那样骄傲,以致他们认为他们在整个世界上数第一。他十分惊奇地知道我们也有印刷,而且我们用印刷术出书,跟他们的一样,因为他们在我们之前许多世纪已有印刷术了,为了能够相信这一点,他向我们要一本印刷的书,我们在这种情况下没有什么可以满足他的好奇心,就送给他一本祷告书,因此他才不敢肯定只有他们才享有印刷术的天才发明权。然而,最引起他注意的是十字架及柱头上的耶稣基督图像,还有圣母及各位圣徒的其他图像,那是作为书签用的,因此他保留了它们,而且告诉我们说他对此很珍视。总督又问到我们最虔诚和最熟悉的祈祷是

---

① 洛阿卡说是60人。

译　　文

什么。我们告诉他说"圣父""圣母"及"圣经"。他要求解释，显得很有兴趣地倾听，表示要记住，他还用了很多时间提出这样那样的问题。

到了打发我们走的时候，他首先为此召开福建省首脑人物的会议，他们决定我们应返回马尼拉，因为我们不可能停留在中国以待把这件事上报皇帝，而在这次会上他们已向皇帝去函。他们对我们从马尼拉携来的信函，用同样的理由作答，总督命令供给我们回程的一切必需品，并派了几名军官护送我们。我们把信内提到的礼品送上后，离开了福州城，在那里停留了35天[1]。此城是我们在中国看到的最大的城市，据我们所知，它有15万户[2]，而且是福建的省会。它四周全是粗大理石筑的城墙，约3呏高，4呏宽。全城的房屋是用方石建造，屋顶用瓦。有的区有很深的水渠，城内有很多水道，像墨西哥城，船只运载必需物品可以由此进出。它有4个大郊区，我们进入的那个郊区是两里格长，他们告诉我们说别的郊区要更大些。

我们经过来时走过的城镇，所有必需品一如来时准时供应，乃至更丰富。我们所到之处，他们都隆重出来迎接，为我们举行盛宴。为了赶路，他们给我们教士8人抬的轿子坐，而洛阿卡和萨密安托坐4人抬的，我们一行中其他奴仆则乘马，旅行所需的也安排妥当。为此，一名随从举着那块写着上述通告的牌子，在前面开道，所以我们所至之处都要供应一切，由国库开支。我们到达的各个地方，他们以明显待客的礼仪出来欢迎，官员和守令按他们的方式为我们设宴，极其友好和殷勤。这种接待难以忍受，因为沿途各地连续不绝，他们通过我们的译员，向我们提出的意外问题，更是如此，那些问题不好理解，更难做出满意的回答。

1575年8月22日离开福州城后，我们在9月初抵达〔厦门〕港[3]。很快备妥行装，我们在同月14日启航，在变风中航行，抵达一条河流，距澎湖（Pehou）岛仅很短的距离，向那里行进。进入之后，因河流十分宽大，

---

[1]　洛阿卡说是37天，他对在福州停留期间的叙述较详细。
[2]　记录的数字有夸大。据《万历福州府志》，"万历初户九万八千九百八十四，口二十五万六千五百二十九"。——中译者注
[3]　洛阿卡说他们在23日离开福州，8月29日抵厦门。

我们听当地人说海盗李马洪已于一个月前率领他的船队停驻在里面，他在极凋败的景况中离开吕宋来到那里，因为那是他的老巢，好使他自己从所遭受的损失中得到恢复和补充。他从潘格希南得到的 37 艘船只留下 12 艘；其中仅他乘坐的那艘体积较大，另两艘更小，余下的既小又无设备，大多连帆都没有。我们对这个消息迷惑不解，因为我们相信李马洪已被摧毁了，而不管怎样，我们暂时存疑以待我们了解到确实可靠的情况。奥蒙和先生召集了一次将官和军官的会议，以决定在这种情况下我们该怎样办。有人认为应该把情况通知中国，派一支船队来擒拿他。另一些人，包括奥蒙和先生，表示我们应向这个海盗进袭，因为我们有足够多的人，而且我们的船大而结实。据一些渔人的说法，李马洪的船并不在一处，有的在河里，有的则在帕拉洪安（Palahoan），寻求粮食，砍竹造帆。然而，我们的将军意见很不相同，反对这样做，理由是他没有奉命开战，如果他是为此目的被遣而来，他们会给他更多的船和战士，而且李马洪的老兵十分勇敢，能征惯战，威胁中国，他自己的兵则大半是新兵，经验不够。他又说他只是奉命把神父送往吕宋，调查封锁李马洪的情况，所以他不能再干别的什么，但如其他人要去打仗，他们可以去，他不会阻拦他们，哪怕他不愿跟他们一起去。这样他们可以按他们的意见去做，因为他本人对他们不会有多大用场，他愿乘一艘渔船返回中国，向总督报告情况及他返回中国的原因。他们当中对这件事有不同意见和争论，最后他们自己相信（多半是出自权宜之计）渔人提供的有关李马洪的情报是假的，他不可能像他们所说那样离开潘格希南，因此他们禁止任何人再跟渔人谈这件事，而我们应加快行程，不经过 Tacan 岛①，以免遇上风暴威胁。

我们在 10 月 11 日午夜离开澎湖，黎明我们来到一处叫 Gucnio② 的几个小岛，向南西行，偏向西南四分之一。第二晚遇到强风，两艘船因此离群，其中一艘是奥蒙的，我们在它前面，另一艘是小船。最后，经过几次风暴和困难，整个船队航行五天后到达吕宋岛，尽管有的船在 10 月 28 日，

---

① 可能指台湾西南。
② 大概指澎湖外的小岛。
可能指高雄外的小岛。——中译者注

译　　文

有的在9月1日才抵达，最后一艘到达的是将军 Siahoya Qxiaguac[①] 的船。当听说李马洪逃跑的消息是真的时，他和其他将官都十分生气，但在后来，从他们的言谈行动可以看出，海盗的逃跑没有使他们高兴，因为如他被杀死，他们的职责和工作马上就告结束，而他们当时希望能够延长些时候。

〔附录〕

拉达记本在大明的中国事物

（摘录有关泉州的部分）

他们的房屋样式总是矮的，没有楼，尽管我们在极少几处地方看见有些小户建有上层，同时在城门上有顶层和大厅。也有偶像的塔，四方建筑相当高，周围有许多壁窗，里面安放着偶像。我们在泉州看见两座，另两座在福州，还有三座在几个山头上。最后三座中的一座就在海港的入口，他们叫姑嫂塔（Gousou）的大山上，从海上老远就看得见作为港口的海标。

就他们的食品说，他们不是大食肉者，根据我们的经验，他们的食品主要倒是鱼、蛋、蔬菜、汤和水果。我们看见类似我们所有的东西（除其他很多不同的品种外）是鱼、小麦、大麦、米、豆、玉米，还有母牛、水牛，他们说在内地也有羊；我们还看见猪、山羊，以及像我们有的那样的鸡及另一种鸡，肉是黑的，更加好吃，还看见阉鸡和黑尾鹨……在水果方面有黑白葡萄，但我们没有看见用葡萄酿的酒，我不相信他们知道怎样用它酿酒。也有许多品种的橘子和柠檬、大佛手柑、梨、苹果、野梨、桃、李、桑、坚果、栗、枣、南瓜、黄瓜、西瓜、白菜、大头菜、萝卜、大蒜、葱及该国特有的其他许多蔬菜和果品。他们有大量的糖，而且制作很多非常好的蜜饯。

---

① 这位中国将军考证不出原名。

295

〔泛谈在泉州等城市所见〕大街很宽，都有很多牌坊，有的用石头精致筑成，有的用木材。因为每个大人物都以留下这样一座牌坊作为纪念而引以为荣，上面刻有他的名字和建造年代，及他完成的其他丰功伟绩。有摊贩出售书、纸、刀剪、帽、鞋、草鞋等，因这些大街很宽，中间有足够的空地，摊贩和屋舍之间有房可通，尽管摊贩从街的一头摆到另一头。其他街道则全是肮脏的小巷。

我们在泉州城及其属区看见过一种货币，那是一种盖戳的铜钱，中间穿一个孔。

原文与何高济合译，载《海交史研究》1986年第1期

译者按：本旅行报告译自博克塞（C. R. Boxer）汇编的《十六世纪的南中国》（*South China in the Sixteenth Century*，Hakluyt Society，1953）书里共收集了三个16世纪欧洲人到福建、广东的行纪，《拉达出使福建记》就是其中之一，系根据西班牙圣奥斯定会修士加斯帕·德·圣奥斯定所著《菲律宾群岛的征服》（马德里，1698）中收录的原报告译为英文。

博克塞是美国芝加哥大学教授，主要研究欧洲和东方的交往史，著述颇多，在西方学术界享有盛名。1982年曾经前来我国，到北京、西安、泉州访问并进行学术交流。他治学严谨，在译注本书时，尽管不谙中文，仍特邀中国学者给他译出有关史料。

《拉达出使福建记》是实地访问的奥斯定会主教的原始记录，写于1575年末或1576年初，门多萨（Mendoza）编辑出版的著名的《中华大帝国史》（罗马，1585），其第二部分第二卷主要取材于此文。行纪中不乏有价值的第一手资料，它比较具体生动地记载了当时福建沿海港口城市、农村的状况和官场的礼仪规制，对于我们研究明代中西交通史、天主教入华传教活动以及福建地方史，具有一定的参考价值。

附录

杨钦章与国际学者交流往来的信件选录

译 文

Western Australian Maritime museum

Cliff Street Fremantle
Western Australia 6160
Telephone (09) 335 8211
FAX. 430 5120

Date: 23 May 1988

Your Ref:

Our Ref: 2   JG:DH

Mr Yang Qin Zhang
Museum of Overseas Communications
Quanzhou
Fujian
Peoples Republic of China

Dear Mr Yang,

I have written to two collegues of mine in England to ask if they would help to faciiitate your visit to London in July to the Indian Ocean Colloquium. They are Mrs Margaret Rule of the Mary Rose Trust and Peter Marsden of the Museum of London.

If you contact them on your arrival in United Kingdom I am sure they will help you.

Yours sincerely,

Jeremy Green
Head
Dept Maritime Archaeology

A Branch of the Western Australian Museum, Francis Street, Perth.
Other branches: Fremantle Museum; Geraldton Museum; Albany Residency Museum.

澳大利亚海洋考古学家 Jeremy Green 的复信

CENTRE FOR INDIAN OCEAN REGIONAL STUDIES

Director - Dr Kenneth McPherson

[Tel: (09) 351.2161/2184 or 350.7482]

21st May, 1987

Mr Yang Qinzhang
Quanzhou Museum of Overseas Communications History
Fujian
CHINA

Dear Mr Yang Qinzhang

Thank you for your letter of March 3rd and the enclosed journal. By now I hope that you will have received copies of the Newsletter with your article. I hope that it meets with your approval!

I would welcome further news on Hindu relics found in Quanzhou and more articles from you providing they have an Indian Ocean link.

In late 1988 I will be taking some extended leave and wonder if it might be possible for me to visit your museum. Such a visit would certainly help cement links between our institutions. An earlier visit might be possible if you were to officially approach the Australian Embassy with a request that they sponsor such a visit as a means of furthering our joint interest in the history of the Indian Ocean region.

Yours sincerely

DR KENNETH McPHERSON
Director
Centre for Indian Ocean Regional Studies

澳大利亚印度洋史专家 Kenneth McPherson 的复信

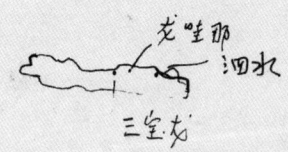

法国汉学家苏尔梦的复信

远 驿 集

2-2-1-136 Nishi-midorigaoka
Toyonaka City, Osaka 560
Japan

May 14th, 1981

Mr. Yang Qin-zhang
Secretary
Museum of Overseas Intercourse
Quanzhou
Fujian
People's Republic of China

Dear Mr. Yang:

It was certainly my great pleasure to have made your acquaintance when I first visited to Quanzhou two weeks ago. Many, many thanks for your warm hospitability and kindnesses you have shown us then. Owing to your thoughtfully arranged schedule at Quanzhou, we really enjoyed a lot of beauty of scenealy, informative details of historical relics and exchange of opinions about the history of port of Quanzhou with you all. The memory of the above is still cherished in many hearts of us as a brightest highlight of this trip. Thnak you so much again.

As I promised you then, I herewith send you pictures of different types of Chinese boats that plied between southeastern ports of China and Nagasaki around at the turn of eighteen century. With regard to the details of the original source please refer to the article written by Prof. O. Ohba. First, the picture was painted in the form of scroll and preserved in the collection of 松浦史料博物館 in the city of Hirado 平戸, Nagasaki prefecture. Then, recently the Nagasaki Municipal Library made a faithful copy of it for the use of visitors. The pictures enclosed are made by that library. In addition to the pictures of boats I also enclosed a series of pictures of utensils of boats which appeares in the same scroll. I hope you will receive one whole series of pictures of boats and utensils, and send duplicated pictures of utensils to Director Lin. If there is anything I can do for you here, please don't hesitate to let me know. I sincerely hope that we will continue to correspond with each other, and to exchange opinions on our mutual topics.

As to your specialized topic of the study of Sino-Indian cultural relations, I recommend you to write to Prof. Karashima Noboru 辛島昇 who is an intimate friend of mine and a first class specialist of Indian languages and culture in Japan. His address is :38 Jyōmyō-ji, Kamakura City, Kanagawa Prefecture, Japan (JIP code 248). 日本 神奈川県 鎌倉市 浄明寺38. You can write him either in Chinese or English. He is also interested in knowng about the influence of Hindu culture in Quanzhou.
With warmest regards to you all,

Most sincerely,

Yoshinobu Shiba

日本汉学家斯波义信的复信

302

译 文

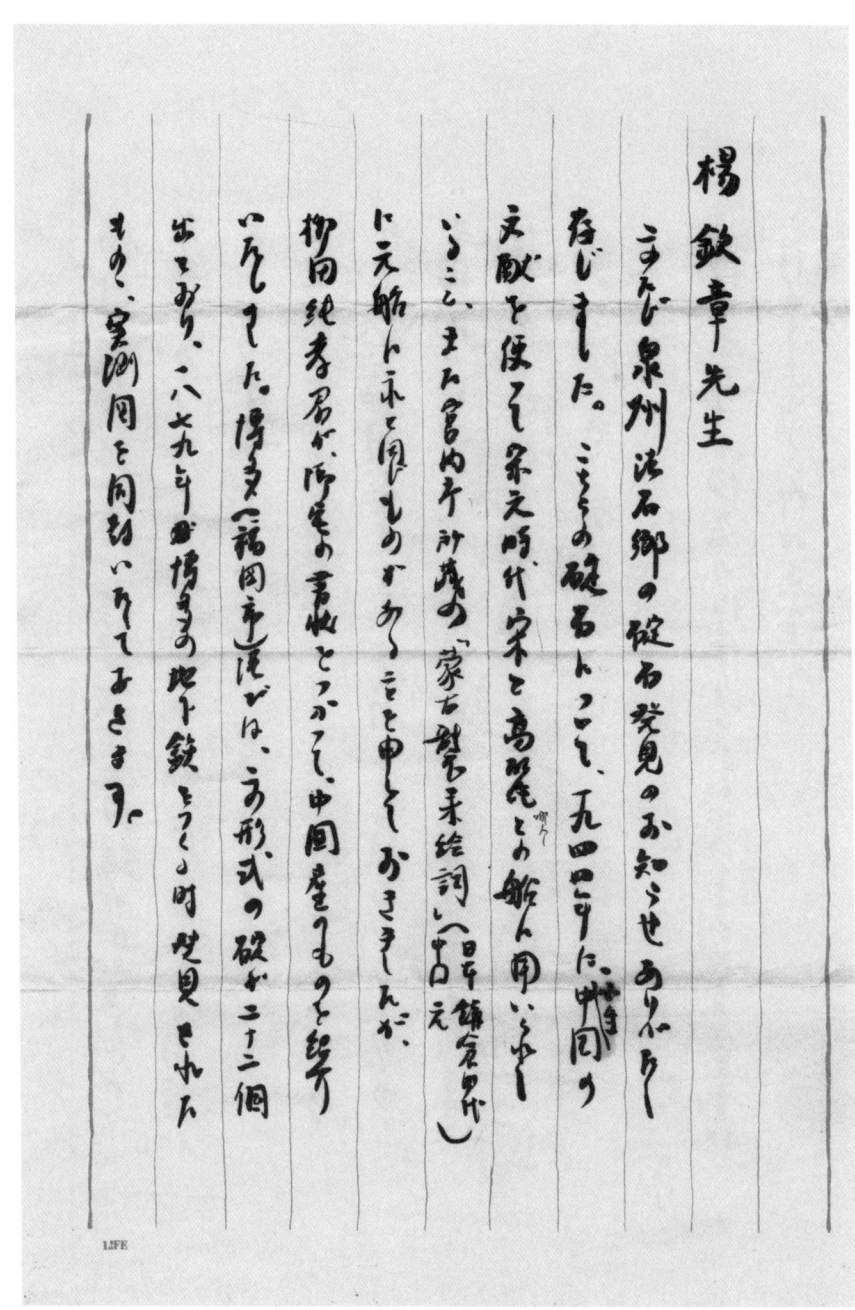

日本考古学家冈崎敬的复信 1-a

303

远驿集

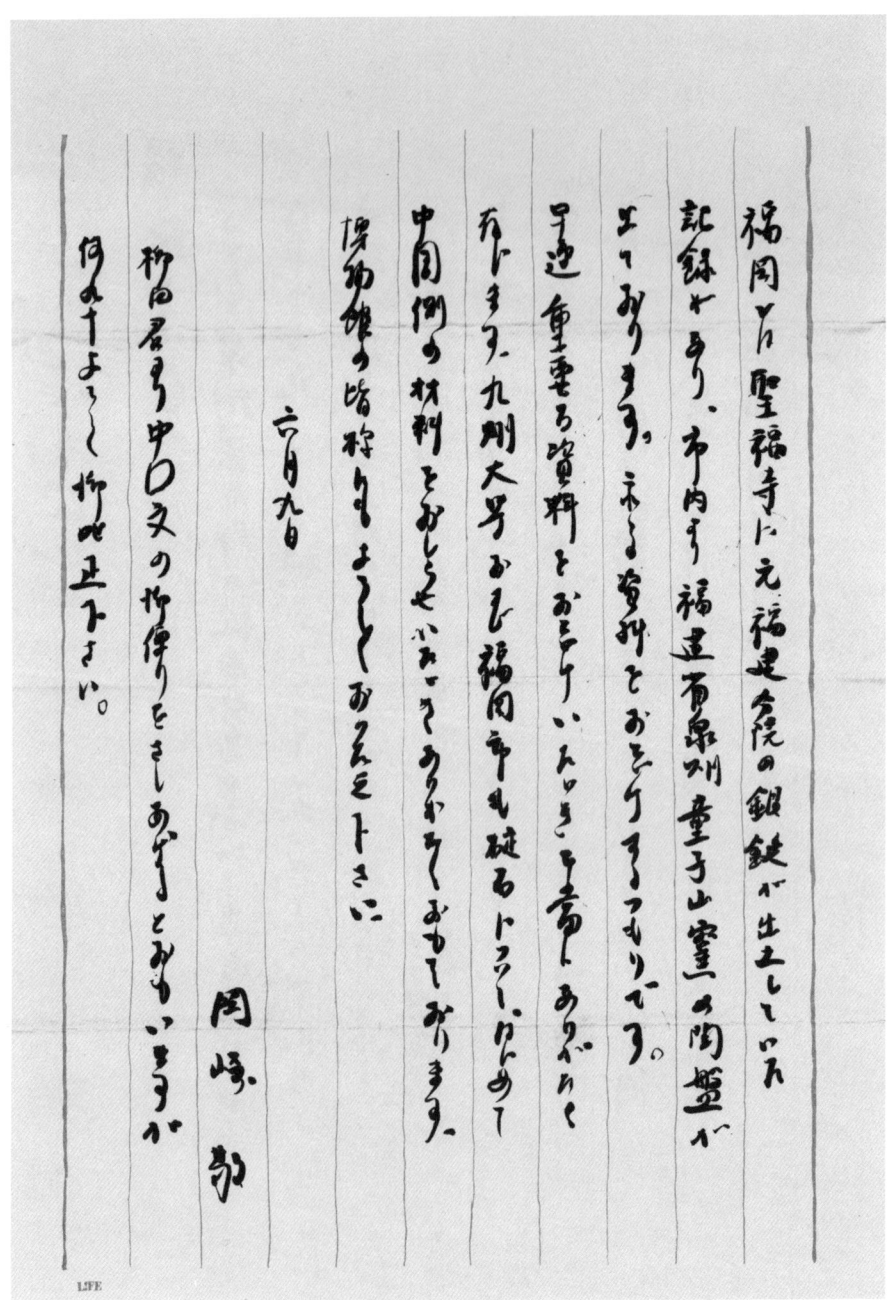

日本考古学家冈崎敬的复信 1-b

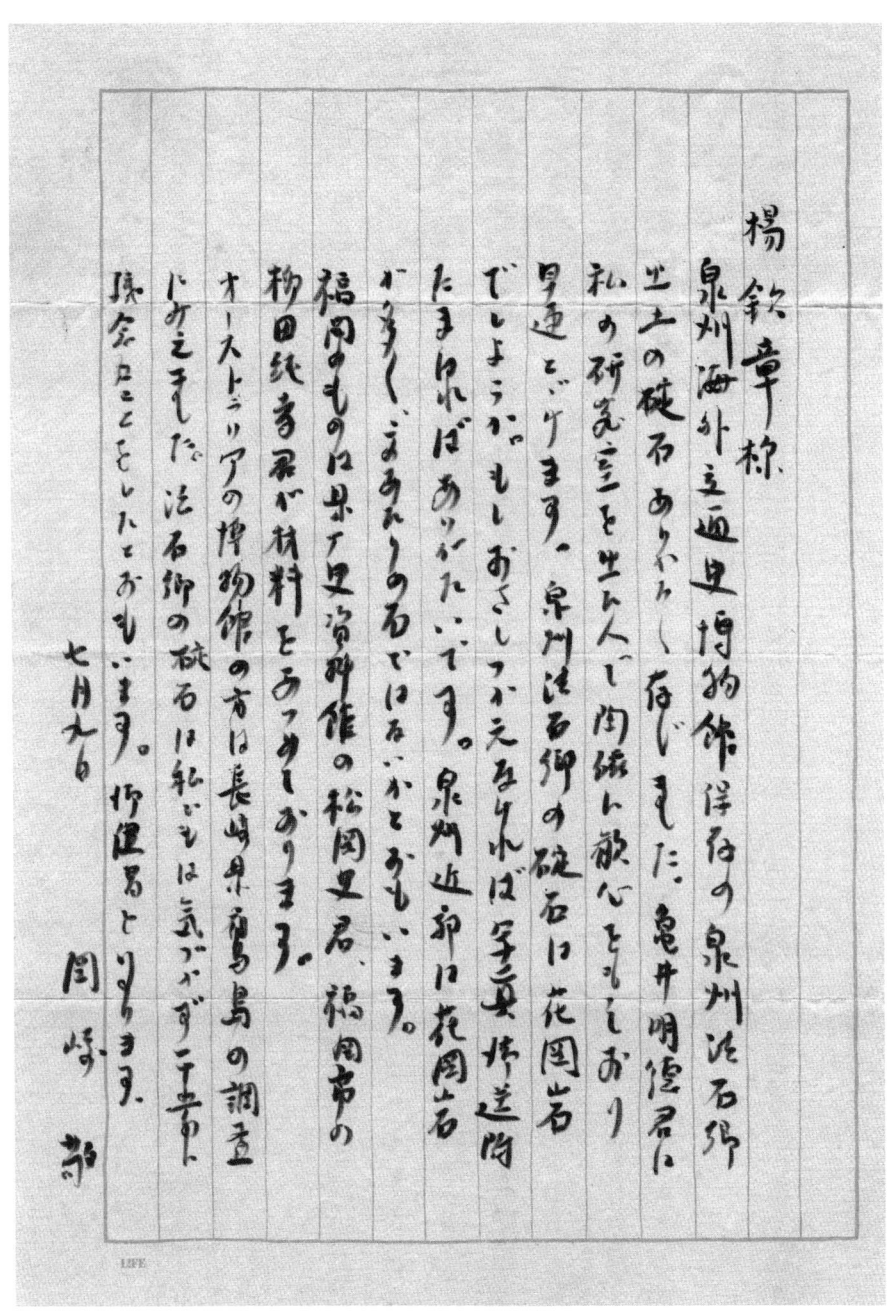

日本考古学家冈崎敬的复信 2

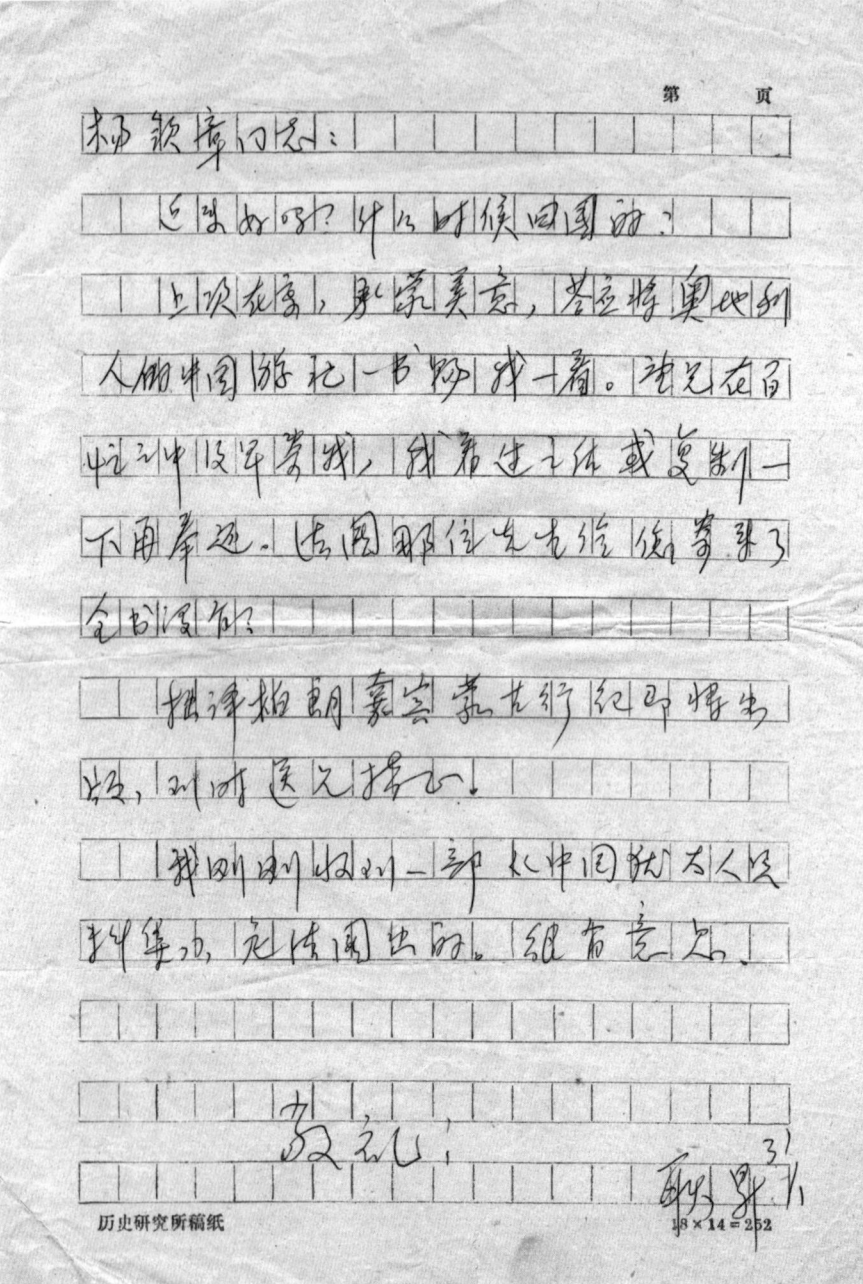

中外关系史研究专家耿昇的复信

译文

著名学者苏基朗的复信1

1982年1月14日

钦章兄台鉴：

多谢10月5日来信及前此三期州海交史研究第三期。

由于澳大利亚去年底罢工频仍，书信延误不少。另一方面，本论文仍在写作之中，希望赶在明年八月前缴交回港。故此没有立刻回复，请谅！

10月5日来信所提及之九种书刊，由于此间图书馆全用英文，那些作者而译名我虽曾找过其原名，很难找。但从题目目录入手翻查结果，则没有那些书。如果你能提供原文书名、著者姓名，或可再试试。

去年七月、八月曾先后寄了营造法式的一篇文章，Vishnu 图片、一篇"Manichaeism"的文章，"Handbook of India Art"一章寄给你。未知能否收到？似乎10月5日时它们仍未抵达！

随此奉上两篇对泉州景教有关文章，都是很旧的，这年没有读这方面的外文文章。另一篇拙作，大约和泉州有关系。请你赐教。还有一份赠送海交馆，烦你转致。

工作和生活如何？祝一切顺利！

苏基朗

著名学者苏基朗的复信2